燕山大学经济管理学院学术著作出版资助

多维视角下
区域研发投资对经济高质量
发展的作用机理研究

DUOWEI SHIJIAOXIA
QUYU YANFA TOUZI DUI JINGJI GAOZHILIANG
FAZHAN DE ZUOYONG JILI YANJIU

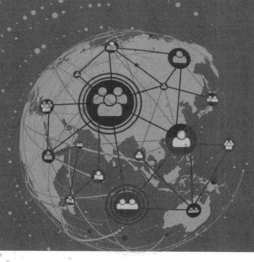

中国财经出版传媒集团
经济科学出版社
Economic Science Press

图书在版编目（CIP）数据

多维视角下区域研发投资对经济高质量发展的作用机理研究/张美丽著. -- 北京：经济科学出版社，2023.6

ISBN 978 - 7 - 5218 - 4689 - 8

Ⅰ. ①多… Ⅱ. ①张… Ⅲ. ①技术开发 - 投资 - 作用 - 区域经济发展 - 研究 - 中国 Ⅳ. ①F127

中国国家版本馆 CIP 数据核字（2023）第 064266 号

责任编辑：周胜婷
责任校对：王京宁
责任印制：张佳裕

多维视角下区域研发投资对经济高质量发展的作用机理研究
张美丽 著
经济科学出版社出版、发行 新华书店经销
社址：北京市海淀区阜成路甲 28 号 邮编：100142
总编部电话：010 - 88191217 发行部电话：010 - 88191522
网址：www. esp. com. cn
电子邮箱：esp@ esp. com. cn
天猫网店：经济科学出版社旗舰店
网址：http：//jjkxcbs. tmall. com
固安华明印业有限公司印装
710×1000 16 开 15 印张 230000 字
2023 年 6 月第 1 版 2023 年 6 月第 1 次印刷
ISBN 978 - 7 - 5218 - 4689 - 8 定价：92.00 元
（图书出现印装问题，本社负责调换。电话：010 - 88191545）
（版权所有 侵权必究 打击盗版 举报热线：010 - 88191661
QQ：2242791300 营销中心电话：010 - 88191537
电子邮箱：dbts@ esp. com. cn）

前　　言

党的十九大报告明确指出我国经济已由高速增长阶段转入高质量发展阶段。追求经济高质量发展必须依靠科技创新，而区域合理且高效的研发投资是提升区域创新绩效和实现区域经济高质量发展的关键。但是，由于在实际经济发展过程中，存在区域研发投资规模不达标、结构不合理或者分配不完善等问题，导致区域研发投资并未有效促进经济高质量发展。基于此，本书从数量视角、内部结构视角和空间分布视角等多维视角分别探究区域研发投资规模、结构和集聚对经济高质量发展的作用机理，以及从组态视角剖析区域研发投资作用下经济高质量发展的实现构型。本书的主要研究内容如下：

第一，在归纳、梳理国内外研究成果的基础上，界定区域研发投资、区域经济高质量发展、作用机理和实现构型的含义，总结区域研发投资和区域经济高质量发展的特征，阐述本书中区域研发投资的多维视角及其含义，梳理本书研究所依据的新经济增长理论、创新发展理论、新结构经济学理论、资源集聚理论和构型理论，测算与分析我国区域经济高质量发展水平，并在此基础上构建并分析多维视角下区域研发投资对经济高质量发展作用的逻辑框架。

第二，基于新经济增长理论和创新发展理论，从知识资本增加以及技术创新能力提升和制度创新能力提升等角度，分析区域研发投资规模对经济高质量发展的作用路径；运用系统 GMM 方法实证检验区域研发投资规模对经济高质量发展的直接促进作用以及环境规制和交通基础设施的调节作用，利用中介效应模型验证区域知识资本的中介作用，深入剖析区域研发投资规模对经济高质量发展四个维度的异质性作用。

第三，基于新结构经济学理论，从人才结构和区域原始创新能力角度阐述区域研发投资结构对经济高质量发展的作用路径；利用系统 GMM 方法实证检验区域研发投资结构对经济高质量发展的直接作用关系，利用门槛回归方法分析区域基础研究投资比例对经济高质量发展的门槛效应，实证分析区域研发投资结构对经济高质量发展四个维度的异质性作用。

第四，利用区位熵方法计算我国区域研发投资集聚度，构建区域融通创新程度的测度指标体系；基于资源集聚相关理论从规模效应、协同效应和外溢效应三个方面分析区域研发投资集聚对经济高质量发展的作用路径；运用系统 GMM 方法实证检验区域研发投资集聚对经济高质量发展的促进作用以及创新人员积极性和区域融通创新程度的调节作用；采用空间杜宾模型验证区域研发投资集聚对周边区域经济高质量发展的外溢效应，明确区域研发投资集聚对经济高质量发展四个维度的异质性作用。

第五，基于构型理论，对区域研发投资作用下经济高质量发展的实现构型进行理论分析，利用模糊集定性比较分析方法实证分析区域研发投资作用下经济高质量发展的实现构型，对确定的实现构型进行典型案例分析，通过比较不同的实现构型明确变量之间的相互替代关系。

第六，在理论分析和实证检验区域研发投资规模、结构和集聚对经济高质量发展的作用机理的基础上，根据区域研发投资作用下经济高质量发展的实现构型，分别从提高区域研发投资利用率、优化区域研发投资结构、加强区域研发投资集聚效应和促进研发投资与区域其他资源有效组合等多个角度提出促进区域经济高质量发展的对策与建议。

本书的研究结论将为各区域从研发投资角度促进经济高质量发展提供理论依据与政策指导，有助于我国创新驱动发展战略和区域协调发展战略的深入实施。全书由张美丽撰写，在本书的编写过程中，笔者参考了国内外学者的著作以及研究论文，相关参考书目附于本书的参考文献中，在此，对参考文献中的作者表示诚挚的敬意与感谢！

由于能力有限，书中难免存在不足和疏漏之处，敬请各位专家和读者批评指正，不吝赐教，以便今后及时完善。

目录

第 1 章

绪　　论

1.1　研究背景、目的及意义

1.1.1　研究背景

改革开放 40 多年以来，我国经济取得了巨大的成就，根据《中国统计年鉴 2021》公布的数据，2020 年我国国内生产总值为 1015986.2 亿元，与 1978 年的 3678.7 亿元相比提高 275 倍，人均 GDP 为 72000 元，与 1978 年 385 元相比增长 186 倍。但经济的快速增长也带来环境污染严重、资源消耗过多、经济结构失衡和区域城乡发展不平衡等问题，为了满足人民日益增长的对美好生活的需要，解决发展不平衡不充分的问题，2017 年，党的十九大报告指出"我国经济已由高速增长阶段转向高质量发展阶段"。经济高质量发展要以满足人民日益增长的多方面需要为主要目标，不仅仅是人民的物质需要，更是安全、环境、民主、公平、法制、正义等多个方面全面发展的需要（金碚，2018）。同时，为了实现"碳达峰"和"碳中和"的目标，我国经济发展急需转变发展方式，建设质量第一、效率优先的现代化经济体系。

进入从高速增长向高质量发展转换的关键时期，仅仅依靠投资、消费和出口传统的"三驾马车"已难以为继，需要依靠科技创新转换增长动力、转变发展方式，形成新的发展动能，不断提升经济发展的质量和效益。世界各个国家逐渐将创新战略作为提升综合国力和增强国际竞争力的核心战略，我国更是特别重视科技创新在经济社会发展中的重要作用。党的十八大明确提出，我国要实施创新驱动发展战略；十八届五中全会提出"创新、协调、绿色、开放、共享"的新发展理念，并将创新发展列为新发展理念之首；党的十九大报告提出要"加快建设创新型国家"；党的二十大报告指出，到2035年，要"实现高水平科技自立自强，进入创新型国家前列"。2020年，习近平总书记在召开科学家座谈会时，提出加快科技创新是推动高质量发展的需要，同时科技创新要面向经济主战场，① 充分体现探究科技创新对经济高质量发展作用机理的时代价值和现实必要性。

研发投资是至关重要的创新投入要素，合理配置并有效利用研发投资是深入推进创新驱动发展战略的关键举措。近几年，我国不断加大研发经费投入，研发投资强度稳步提升。根据《中国科技统计年鉴2021》公布的数据，2020年，我国研发经费支出总量为24393.1亿元，比上年增长10.2%，研发经费强度为2.4%，连续8年超过了2%。但持续增加的研发投资尚未引起相应的经济发展（庞瑞芝等，2014；郑钦月等，2018），其中区域研发投资不合理的分配与结构设置是解释这一现象的重要原因（苏屹等，2019；王文和孙早，2020），研发投资在地区间以及使用类型上的不合理分配严重阻碍了经济向着高质量发展。党的十九大报告指出"构建以城市群为主体的大中小城市和小城镇协调发展的城镇格局"以及长江经济带和丝绸之路经济带等区域发展战略的深入实施，彰显资源的空间集

---

① 习近平. 在科学家座谈会上的讲话 [EB/OL]. (2020-09-11) [2023-03-24]. http://www.gov.cn/gongbao/content/2020/content_5547627.htm?ivk_sa=1024320u.

聚对经济转型发展的重要作用（邵帅等，2019；卢飞等，2021）。2020 年国务院政府工作报告进一步指出，要提高科技创新支撑能力，稳定支持基础研究和应用基础研究，引导企业增加研发投入，促进产学研融通创新，扩大有效投资，重点支持既促消费惠民生又调结构增后劲的"两新一重"建设，健全市场化投融资机制，让投资持续发挥效益。可见，扩大研发投资规模、发挥区域研发投资集聚效应对经济高质量发展意义重大。此外，不同研究类型的研发活动对知识生产和经济发展的作用差别很大，基础研究主要是探索新的科学技术知识，应用研究重视具有应用目的的新科学知识的发现，试验发展不增加新的科学技术知识，而是利用或集成已有知识创造新的应用（严成樑和龚六堂，2013）。研发投资在基础研究、应用研究和试验发展中的比例不同会导致不一致的经济发展效果。因此，有必要揭示区域研发投资结构对经济高质量发展的作用机理，以提高研发投资利用率、增强研发投资驱动经济高质量发展的潜能。经济高质量发展是涉及经济、社会、生态等多个方面的复杂系统工程，需要有效利用研发投资以增强科技实力，同时也需要政府对基础设施的大力扶持以及市场的有效运行。总之，经济高质量发展是在研发投资和政府支持等多个因素的共同作用下实现的，因此，从组态视角探索区域研发投资作用下经济高质量发展的实现构型非常有必要。

我国地域辽阔，区域间因资源禀赋差异而具有不同的比较优势和经济发展水平，且创新活动的集聚效应因区域而不同（Cooke，1992），这强调了从区域视角探究研发投资与经济高质量发展关系的重要性及必要性。我国实施区域协调发展战略，强化举措推进西部大开发形成新格局，深化改革加快东北等老工业基地振兴，发挥优势推动中部地区崛起，创新引领率先实现东部地区优先发展。此外，我国省级区域是包括城市和农村的完整经济系统，从省级区域视角探究研发投资对经济高质量发展的作用机理有助于把握经济高质量发展规律，并且有利于从区域研发投资视角促进区域经济发展质量协调、有序、稳定地提升。

1.1.2 研究目的及意义

1.1.2.1 研究目的

本书的研究目的在于：通过从数量视角、内部结构和空间分布视角探究区域研发投资的规模、结构和集聚对经济高质量发展的作用机理以及从组态视角剖析区域研发投资作用下经济高质量发展的实现构型，为我国省级区域从研发投资角度促进经济高质量发展提供政策依据。具体来说，就是通过构建我国区域经济高质量发展测度指标体系并进行科学测算，基于新经济增长理论、创新发展理论、新结构经济学理论和资源集聚相关理论，分别从数量视角、内部结构视角和空间分布视角阐述区域研发投资规模、结构和集聚对经济高质量发展的作用路径，并实证检验区域研发投资规模、结构和集聚对经济高质量发展的作用关系；此外，基于构型理论，从组态视角明确区域研发投资作用下经济高质量发展的实现构型，并补充与拓展创新发展相关理论，从区域研发投资角度对促进经济高质量发展提出有效的对策建议。

1.1.2.2 研究意义

本书基于新经济增长理论等相关理论，探讨区域研发投资对经济高质量发展的作用机理，具有重要的理论意义和现实意义。

1. 理论意义

进入经济高质量发展新时代，随着创新驱动发展战略的不断推进与深入实施，学者们开始关注科技创新或创新要素投入对经济高质量发展的作用机理，但鲜有研究从研发投资的多个维度深入探究经济高质量发展的提升策略，本书从多维视角探究区域研发投资对经济高质量发展的作用机理具有重要的理论意义。

首先，从数量视角、内部结构视角、空间分布视角和组态视角的不同维度深入探究区域研发投资规模、结构和集聚对经济高质量发展的作用机理以及区域研发投资作用下经济高质量发展的实现构型，有助于从创新投入要素角度为创新驱动发展战略的成功实施提供理论依据。

其次，本书基于新经济增长理论、创新发展理论、新结构经济学理论、资源集聚理论探究区域研发投资对经济高质量发展的作用机理，将新经济增长理论和新结构经济学理论的研究内容从经济增长拓展到经济高质量发展，将创新发展理论和资源集聚理论的相关思想应用于区域研发投资和区域经济高质量发展，拓展了其应用范围。

最后，基于构型理论探究区域研发投资作用下经济高质量发展的实现构型，将新的组态视角运用到区域经济高质量发展的实现过程中，丰富了区域经济高质量发展实现机制的研究视角。

2. 现实意义

有效利用区域研发投资成为深入实施创新驱动发展战略的重要举措，但仅仅依靠提高区域研发投资规模已远远不够，还需关注区域研发投资的内部结构和空间集聚状况。因此，本书从区域研发投资的规模、内部结构和空间集聚以及与区域其他资源共同作用的多维视角探索区域研发投资对经济高质量发展的作用机理，具有重要的现实意义。

首先，有助于区域政府提高区域研发投资的利用率。阐述区域研发投资规模和空间集聚对经济高质量发展的作用机理，有助于区域政府认识到为了促进区域经济高质量发展，必须提高区域研发投资规模，同时注意区域研发投资的空间分布。此外，还应注意加强区域环境规制、交通基础设施建设以及提高创新系统中的创新人员积极性和区域融通创新程度，以提升区域研发投资对经济高质量发展的作用效果，提高区域研发投资的利用率。

其次，有助于创新主体科学选择地理位置和研究类型。探究区域研发投资空间集聚和内部结构对经济高质量发展的作用机理，有助于区域企业、高校和科研院所根据自身特色在基础研究、应用研究和试验发展三种研究类型中合理分配资金比例。同时，也有助于新成立的创新主体科学选择地理位置，以提高创新绩效、科研成果的转化率和营业收入。

最后，有助于区域政府选择合适的路径实现经济高质量发展。不同区域的资源禀赋和经济发展基础存在差异，通过利用模糊集定性比较分析方法明确区域研发投资作用下经济高质量发展的实现构型以及变量间的替代关系，有助于区域政府根据区域特点选择合适的实现经济高质量发展的构型。同时，在资源有限的情况下，选择替代条件以实现经济高质量发展。

1.2 国内外研究现状分析

1.2.1 国外研究现状

1.2.1.1 经济高质量发展相关研究

国外文献还未直接开展经济高质量发展的相关研究，但是国外关于经济增长的研究成果，同样为经济高质量发展的研究提供丰富的理论依据。

在经济增长的驱动因素方面，乔（Chow，1993）剖析了中国 1952～1980 年期间经济增长的主要驱动因素，得出在这一时期，资本积累是中国经济增长的主要驱动力。克鲁格（Krueger，1978）和科博（Corbo，1985）指出，提高国家或者地区的对外开放程度能够提升经济增长率，政府可以通过提高对外开放程度来促进经济增长。兰道（Landau，1983）和巴罗（Barro，1989）研究发现，政府可以通过提高投资支出占 GDP 的比重，促进经济持续增长。库兹涅茨（Kuznets，1988）以中国台湾、日本和韩国为例探究经济增长机制，得到政府减少对企业行为的约束和管制、促进民营企业竞相发展，可以使经济实现稳定持续增长。鲍莫尔等（Baumol et al.，1989）、巴罗和利克（Barro & Lee，2010）等运用不同的研究方法进行实证分析，验证了人力资本积累对经济持续增长具有重要促进作用。贝辛杰（Baginger，2012）研究发现由于周期性和可自由支配的财政政策的变化，产出波动性与经济增长呈负相关。曼纽尔和德里（Manuelli & Seshadri，2014）通过计算人力资本质量，得出人力资本的质量差异是促进一国和一地区经济发展的关键因素。

在经济发展质量方面，国外相关成果主要集中于两个方面。一是基于索罗（Solow）提出的增长理论，以全要素生产率代表经济发展质量。索罗增长理论认为资本、劳动和技术是促进经济增长的主要因素，仅仅依靠资本和劳动投入可以引起经济"量"的提升，但无"质"的改善，只有依靠技术带来的全要素生产率的提高才可以促进"质"和"量"的双重提高（郭晨，2019）。贝海碧等（Benhabib et al.，1994）利用多个国家的面板数据，实证发现全要素生产率的增长速度与人力资本存量密切相关。在索罗增长理论的基础上，阿吉翁等（Aghion et al.，1999）构建了同时包括研发和生产两个部门的经济增长理论。恩盖和皮萨里德斯（Ngai & Pissarides，2007）在构建多部门全要素生产率差异的内生增长模型的基础上，有效识别了美国第一产业和第二产业的经济发展模式。巴尔塞弗扬和迪斯茨（Barseghyan & Dicecio，2011）利用跨国面板数据探究人力资本对全要素生产率的影响，得出人力资本可以显著正向促进全要素生产率增长。二是从生态环境、人民生活和社会制度等方面综合衡量经济发展质量。巴罗（Barro，2002）认为经济增长质量应该包括环境条件、政治制度、生育率、收入公平性和预期寿命等多个方面。伯格等（Berg et al.，2012）发现经济增长的可持续性与收入分配的平等程度、民主制度、出口导向和宏观经济稳定显著正相关。马丁内斯和莫拉克拉（Martinez & Mlachila，2013）探讨了撒哈拉以南非洲地区经济高增长时期的发展质量，探究经济增长是否对保健、教育和贫困指标的改善等社会理想的结果产生影响，研究发现伴随着经济增长，社会保障水平的增长质量明显改善。莫拉克拉等（Mlachila et al.，2017）从增长基础和社会维度两个方面选取指标，并利用等权重法构建经济发展质量综合指数，认为经济高质量发展意味着经济增长率高，并且是对社会友好的增长。

1.2.1.2 研发投资对经济发展作用的相关研究

由于国外还未探究关于经济高质量发展的相关内容，本书仅仅梳理研发投资对经济增长数量和经济增长质量作用的相关机理，为区域研发投资对经济高质量发展的作用机理研究提供理论依据。

1. 研发投资与经济增长数量

在研发投资规模与经济增长数量方面，格里利兹（Griliches，1986）发现研发投资有利于提升美国制造业生产力。卢卡斯（Lucas，1988）和罗默（Romer，1990）认为研发投资是技术进步的主要源泉，研发投资所带来的知识积累与技术进步可以推动经济持续增长。格罗斯曼和埃尔普曼（Grossman & Helpman，1990）认为将投资用于研究和开发，可以提高未来生产力，有助于经济的长期发展。利希滕贝格（Lichtenberg，1992）和伊顿（Eaton，1993）以跨国数据为研究样本，证明了研发投资和经济增长数量之间的关系，发现国家之间生产力的差异有一半原因来自研发投资和科研人员的差异所致，研发投资的回报率是设备投资的 7 倍。琼斯等（Jones et al.，1995）从研发投入视角，阐述创新驱动经济增长的过程，即研发投资可以产生新技术，进而使员工工资提高，促进经济发展。罗默（Romer，2004）认为研发投资所带来的技术进步和知识资本是经济增长的重要驱动力，因此，将研发投资作为单独的变量加入知识生产函数中，提出研发增长模型。戴维等（David et al.，2013）采用分位数回归的方法，探讨中国台湾地区与 OECD 成员 1991~2006 年高科技产业研发投资对经济增长在不同分位数的边际效应，研究得出，在不同的人均收入水平下，高技术产业研发投资的驱动效应存在差异。居米什和塞利（Gumus & Celikay，2015）以 1996~2010 年 52 个国家为研究样本，实证检验结果表明研发投资能够正向推动经济增长，在发展中国家短期驱动效果较弱但长期促进效果很强。约翰（John，2015）发现研发投资对发展中国家经济增长具有正向促进作用，其中，对中上收入经济体的作用效果为正，对低收入经济体不显著，且研发投资对经济增长具有不同的短期和长期作用效果。包润德（Beaudreau，2015）探究研发投资对经济增长的物理极限发现，在创新经济增长受到物质条件限制的情况下，提高经济增长率只能通过提高能源消耗率来实现。斯维特拉娜（Svetlana，2016）在其他条件不变的情况下，研发投资强度每增加1%，实际GDP增长率就会增加2.2%。

莱斯奥（Risso，2019）以1996～2014年74个国家为研究样本，发现研发投资强度对经济增长存在门槛效应，当超过0.16%的门槛值时，研发投资强度才能够正向推动经济增长。欧嫪晔（Olaoye，2020）以2000～2016年4个非洲国家为研究样本，采用线性回归和校正标准误差回归模型进行实证分析研发投资和政府治理对经济增长的关系，发现通过研发投资和政府治理进行创新，可以充分促进非洲国家可持续的经济增长。蓓娜列那和麦妮咖斯（Baneliene & Melnikas，2020）探究了全球化大环境下研发投资对GDP增长的影响，考虑资本、劳动力、稀缺资源的消耗、不平等和贫困等因素对经济可持续增长的作用效果，研究发现在经济可持续发展和全球化条件下，在发达的欧盟经济体中研发投资对经济增长的作用效果明显。李荣荣和江瑞（Li & Jiang，2020）以全球前六大碳排放国（中国、美国、印度、俄罗斯、日本和德国）为研究样本，研究发现研发投资是影响6个国家碳排放与经济发展脱钩的主要阻力，与技术进步相关的能源强度效应和研发效率效应是脱钩过程中的主要驱动力。艾伦和森茂（Ailun & Senmao，2020）利用面板数据探究研发投资与经济增长之间的关系，研究发现研发投资与经济增长之间的关系因地区和部门的不同而存在差异，大多数正向的作用效果来自非边缘地区和非国有部门。乔拉（Chawla，2020）以1981～2012年18个国家为研究样本，采用广义最小二乘法模型进行实证检验，发现随着经济增长，OECD国家的研发投资强度也有所上升。

在研发投资结构与经济增长数量方面，国外文献多从研发资金来源角度进行探究。盖莱克（Guellec，2004）以16个经合组织成员国为实证对象，发现来自国外、公共部门和企业的研发投资对产出增长有正向促进作用。杰－彪（Jae-pyo，2017）研究发现通信技术研发经费投入与经济发展数量之间具有双向格兰杰因果关系，将信息通信技术研发投资分为公共部门和私营部门，相对于公共部门 ICI 的研发投资，私营部门的信息通信技术研发投入与经济增长的关系更强。

　　2. 研发投资与经济增长质量

　　在研发投资规模与经济增长质量方面，国外文献主要探究了研发投资规模对全要素生产率的作用机理，现有研究主要基于索罗增长理论采用全要素生产率衡量经济增长的质量（郭晨，2019）。此外，已有研究也采用全要素生产率衡量经济生产效率方面的经济高质量发展水平，因此，本书主要总结研发投资与全要素生产率关系的研究成果。格里利兹和利希滕贝格（Griliches & Lichtenberg，1984）采用美国制造业的数据，实证分析研发与全要素生产率之间的联系。科埃和埃尔普曼（Coe & Helpman，1995）采用跨国数据进行实证研究，检验研发投资与全要素生产率之间的关系，得出本国和贸易伙伴的研发投资能够说明一半的经合组织国家的生产率增长。查尔斯（Charles，1998）采用经合组织中 10 个国家的数据，证明研发投资是全要素生产率增长的重要驱动力。凯勒（Keller，2002）和扎克罗迪斯（Zachariadis，2004）利用 OECD 国家的数据，实证分析研发投资强度可以显著提高全要素生产率。布龙齐诺等（Bronzini et al.，2009）以1980～2001 年意大利的企业部门为研究样本，发现研发投资与全要素生产率存在长期均衡关系，相邻地区的研发活动会对本地区劳动生产率产生影响。伊戈等（Higon，2010）指出英国制造业企业研发投资有利于提高企业的生产率。克雷斯皮等（Crespi et al.，2012）以拉丁美洲的六个国家为例，发现增加研发投资可以提高企业生产率，且有助于提高企业经济绩效。李（Lee，2016）研究发现研发投资可以提高发达国家的生产率，在先进行业的正向促进效果更好。缇茹媛等（Tiruneh et al.，2017）采用动态普通最小二乘法和面板协整估计 1992～2011 年发达国家对 28 个撒哈拉以南非洲国家的研发溢出效应对生产率的影响，发现研发溢出有助于提高非洲国家生产率。波朗德等（Brownd et al.，2018）指出引入研发创新的企业其生产率提高更明显，经济效率更高。特斯马迪斯等（Tsamadias et al.，2019）以 1995～2015 年 OECD 国家为研究样本，发现研发投资和人力资本可以正向促进全要素生产率，且研发投资对全要素生产率的贡献率要大于人力资本和外商直接投资。基耶等（Kijek et al.，2020）基于创新驱动增长理论，探究人力资本和研发投资对全要素生产率的作用效果，发现欧洲区域内人力资本和研发投资的回报率正在下降，研发投资和人力资本对全要素生产率具有战略互补效应。

在研发投资结构与经济增长质量方面，国外文献主要从研发投资来源及研究类型角度探究研发投资结构对经济增长质量的作用，居勒和颇特斯伯格（Guellec & Pottelsberghe，2001）以 16 个经合组织国家 1980～1998 年的数据为实证研究样本，得出商业性研发投资对全要素生产率增长的弹性为 0.13，国外研发投资对生产率增长的弹性为 0.44，公共研发投资对生产率增长的弹性为 0.17。孙晓华等（Sun et al.，2016）采用 1996～2010 年 23 个 OECD 国家的面板数据，探究不同研发类型的资金投入对全要素生产率增长的作用关系，研究得出，试验开发和应用研究方面的研发投资在短期内对生产率增长有正向促进作用，基础研究影响生产率增长的滞后时间较长，甚至可以长达三个时期。

1.2.1.3 要素集聚对经济发展作用的相关研究

国外文献关于要素集聚对经济发展作用的相关研究成果主要集中于探究产业集聚对经济发展的作用机理。马歇尔（Marshall，1920）认为产业集聚的外部性是在企业的内部规模经济和企业间的外部规模经济达到一定水平时必然产生的结果。法恩和斯科特（Fan & Scott，2003）研究发现中国的制造业集聚可以正向促进经济增长。昌和奥克斯利（Chang & Oxley，2008）研究发现地理创新和研发投资对全要素生产率具有正向促进作用，此外，还发现地理创新是全要素生产率的内生推动力，这验证了集群内具有创新溢出效应的描述。哈士古驰和田中（Hashiguchi & Tanaka，2015）研究发现产业集聚对企业生产率具有正向促进作用，且作用效果与劳动者教育程度有密切联系。加拉特等（Garate et al.，2014）研究发现集聚可增加或减少生产力，影响效果视竞争增加与生产力提高的相对程度而定。

卡马尼（Camagni，2016）认为要素集聚能够引起集聚经济效应，不同要素在一定区域的不断相互作用，可以提高产业、城市或者区域的创新绩效和经济发展水平。魏巍等（Wei et al.，2020）通过平滑转型模型探究产业集聚对全要素生产率的作用效果，研究发现，在不同区域的不同密集型产业中，全要素生产率与集聚的关系是不同的，高集聚并不总是促进全要素生产率的增长，各区域适度的集聚有利于促进经济发展。纳斯嗒然等（Nastaran et al.，2020）以伊朗 1986~2015 年 4 个地区的企业数据为研究样本，探究产业集聚对伊朗食品制造业企业生产率的影响，发现产业集聚有助于提高生产率。拉马钱德兰等（Ramachandran et al.，2020）探究产业集聚与印度制造业全要素生产率之间的关系，得出产业集聚能够正向推动全要素生产率提升，大型工厂是与集聚相关的生产率提高的受益者。

1.2.2 国内研究现状

1.2.2.1 经济高质量发展相关研究

2017 年，习近平总书记在中国共产党第十九次全国代表大会的报告上正式提出"高质量发展"一词，指出我国经济由高速增长阶段转向高质量发展阶段。自此，国内学者纷纷围绕"经济高质量发展"进行理论研究与实证分析。目前，国内学者在区域经济高质量发展领域的研究主要包括经济高质量发展的含义、测度、评价以及驱动因素等。

1. 经济高质量发展的含义

我国经济发展目标由追求高速增长转向高质量发展，是从"有没有"到"好不好"的转变，是从规模的"量"到结构的"质"的转变（安淑新，2018）。在经济高质量发展的含义方面，国内学者尚未达成共识。从我国社会主要矛盾变化和新发展理念等宏观角度，任保平（2018）从理论上和实践上对经济高质量发展的最优和高级的状态特征进行描述，在理论上包括资源利用效率高、经济社会效益好和生态环境保护佳等，在实践中包括在质量、效率和动力方面的转变升级以提高生产效率，同时也包括通过科技创新和人力资本共同促进产业转型升级，以及政府合理调控和市场有效运行的经济系统。杨伟民（2018）认为经济高质量发展应该是能够较好满足人民日益增长的美好生活需要的发展，同时是代表新发展理念的发展。金碚（2018）认为高质量发展是在政治、经济、社会和文化等不同方面均能够满足人民不断增长的多元化需要的经济发展状态。林兆木（2018）指出经济高质量发展是在产品质量和服务质量上不断满足人民需求，资源利用率高，经济效益好，以创新为首要动力，以绿色为基本原则，对外开放和协调共享的发展。任保平和李禹墨（2018）认为经济高质量发展应该包含经济发展、城乡建设、改革开放、人民生活和生态环境5个方面内容。李梦欣（2019）和乔美华（2020）认为经济高质量发展是充分体现"创新、协调、绿色、开放和共享"新发展理念的发展。

从供给需求和发展状态等宏微观结合视角，李伟（2018）认为经济高质量发展就是在供给、需求、投入产出、配置、经济循环和收入分配等方面均表现出高质量的状态。马茹等（2019）认为经济高质量发展是在供给体系方面优质高效、以满足人民的美好需求为内生动力、效率更高、稳定性和安全性方面更可靠、可持续性更强和对外开放水平更高的发展。简新华和聂长飞（2019）指出经济高质量发展应该是一种刻画发展状况而不是发展方式的概念，是一种发展的优良状态，并且以"四高一好"的发展界定经济高质量发展的含义。

2. 经济高质量发展的测度与评价

在采用单一指标测度经济高质量发展方面，刘思明（2019）和林春（2020）等采用全要素生产率代表经济高质量发展水平，师博和任保平（2018）建立了从经济增长基本面和社会成果两个方面测度的经济高质量发展指标体系。陈诗一（2018）和黄永明等（2019）采用人均实际地区生产总值代表劳动生产率作为经济高质量发展的测度指标。李元旭和曾铖（2019）采用全要素生产率和劳动生产率两个指标综合衡量经济高质量发展水平，吴婷和易明（2019）采用技术效率代表经济高质量发展水平。余永泽（2019）和蔺鹏（2020）采用绿色全要素生产率作为经济高质量发展的代理变量。范庆泉等（2020）以工业增加值与第二产业从业人数的比值刻画各地区的劳动生产率，以此衡量区域经济高质量发展水平。顾文涛等（Gu et al.，2020）采用可持续发展的三重底线来衡量经济高质量发展。孟猛猛等（2021）采用全员劳动生产率衡量经济高质量发展水平。

关于建立测度指标体系方面，朱佳（2019）和董小君（2020）从"创新、协调、绿色、开放和共享"新发展理念角度选择指标形成经济高质量发展水平的测度指标体系。魏敏和李书昊（2018）从经济结构、经济增长、资源配置、基础设施、创新发展、生态建设、产品服务、市场机制、经济成果和协调共享 10 个方面均实现优质高级发展状态角度测度经济高质量发展水平。马茹等（2019）从供给、需求、经济运行、发展效率和对外开放五个方面形成经济高质量发展测度指标体系。李光龙和范贤贤（2019）、张景波（2020）从经济增长的动能、结构和成果三个维度形成指标体系测度城市经济高质量发展水平。聂长飞和简新华（2020）依据对"四高一好"的高质量发展状况的理解，从产品和服务质量、经济效益、生态效益、社会效益以及经济运行状态五个方面选取指标构建高质量发展评价指标体系。王桂梅等（2020）从经济活力、人民生活、绿色发展、创新效率和社会和谐五个方面选取 17 个指标形成经济高质量发展测度指标体系。刘和东和刘童（2020）从经济总量、经济结构和经济效益三个层面构建经济高质量发展指标体系。谢泗薪和胡伟（2020）从经济的创新、协调、稳健、共享和绿色型发展五个方面来构建经济高质量发展系统指标。周忠宝等（2020）从经济基本面、社会发展和生态环境成果三个维度构建经济高质量发展指标体系。

在经济高质量发展评价方面，魏敏和李书昊（2018）以及欧进峰（2020）利用熵权 TOPSIS 法测度我国区域及城市的经济高质量发展水平。马茹等（2019）运用线性加权法对我国 30 个省份 2016 年经济高质量发展的总指数和分指数进行测算与分析。聂长飞和简新华（2020）采用纵横向拉开档次法对 2001～2017 年我国各省份高质量发展指标体系科学赋权和客观评价，并且运用核密度估计和 σ 收敛模型等一系列方法对我国区域经济高质量发展的趋势进行深入分析。王桂梅等（2020）采用 TOPSIS 法计算我国 31 个省份 2007～2017 年的经济高质量发展指数。李光龙和范贤贤（2019）以及王淑英等（2021）通过熵权法对我国城市或者省级区域经济高质量发展水平进行评价。张景波（2020）和罗斌元等（2021）采用主成分分析法分别测算我国 282 个地级以上城市和 30 个省级区域的经济高质量发展水平。周忠宝等（2020）运用 Index DEA 方法测算区域经济高质量发展水平。唐晓彬等（2020）利用"VHSD-EM"模型对我国经济高质量发展水平进行时空测度和驱动因素分析。夏杰（2021）采用全局主成分分析法测度我国 30 个省份经济高质量发展水平。

3. 经济高质量发展的驱动因素

李元旭和曾铖（2019）研究发现政府规模对经济高质量发展具有直接和间接两种作用，直接方面表现为抑制作用，间接方面能够通过企业家精神的中介作用对经济高质量发展表现为促进作用，同时发现技术创新水平可以通过企业家精神促进经济高质量发展。黄永明和姜泽林（2019）认为金融结构可以正向促进区域经济高质量发展，促进效果存在地区差异性，金融结构在产业集聚影响经济高质量发展的过程中存在显著的门限效应。顾文涛等（Gu et al.，2020）用可持续发展的三重底线来衡量经济高质量发展，指出创业与可持续发展三重底线之间存在着密切的关系，企业家精神和可持续发展三重底线在中国不同地区有不同的影响，商业环境和外商直接投资对企业家实现可持续发展三重底线不仅有直接影响，而且有调节作用。王桂梅等（2020）研究发现政府干预有利于经济高质量发展，在本区域中具有正向溢出作用，在对相邻区域的外溢效应中不同地区呈现不同的作用，具体地，东、中部地区政府干预对相邻地区经济高质量发展呈现抑制作用，西部和东北地区的政府干预对相邻地区经济高质量发展的促进作用不显著。范庆泉（2020）研究发现产业结构升级对经济高质量发展的作用受到动态环境规制政策组合的调节，能够由初期的负向作用调节为正向作用，污染治理效果在产业结构升级与经济高质量发展的非线性关系中存在显著的门槛效应。张美丽和陈希敏（2020）指出，为了使技术创新对经济高质量发展发挥促进作用，金融杠杆应该保持在合理的区间内，过高和过低都不利于其发挥正向调节作用。周忠宝等（2020）采用面板分位数回归方法探究外商直接投资（FDI）对经济高质量发展的影响，发现在 10% ～ 30% 分位点下，FDI 对经济高质量发展影响不确定，在 40% ～ 90% 分位点时，FDI 对经济高质量发展呈现正向促进作用。孟猛猛等（2021）通过实证研究得出专利质量对经济高质量发展具有显著促进作用，且其促进作用受到知识产权保护的正向调节。叶娟惠（2021）和刘传明等（2021）通过实证分别揭示了环境规制和经济高质量发展之间的非线性关系和双向反馈效应。

在科技创新与经济高质量发展的关系方面，现有研究主要通过构建创新驱动综合指数对创新驱动经济高质量发展的作用机理以及二者之间的耦合协调关系进行验证。蓝乐琴和黄让（2019）阐述了创新驱动经济发展的三种类型，并通过"机会窗口"理论探讨中国创新驱动经济发展的区域战略选择。刘思明等（2019）从科技创新和制度创新两个方面综合测度国家创新驱动力，发现无论综合指数还是分指数，对经济高质量发展均呈现正向促进作用。华坚和胡金昕（2019）从人才储备、研发投入、科技成果、技术扩散和成果转化五个方面综合测度区域科技创新能力，并采用灰色关联分析方法对区域科技创新与经济高质量发展的耦合关系进行评价。林春和孙英杰（2020）从科技创新投入、科技创新产出和科技创新绩效三个方面构建创新驱动指标，运用我国 2000 ～ 2016 年的省级面板数据进行实证检验，得出创新驱动可以明显促进经济高质量发展。谢泗薪和胡伟（2020）从科技创新人力投入、科技创新财力投入、科技创新成果产出和科技创新成果转化四个方面构建科技创新综合指数，采用耦合协调模型与灰色系统关联模型探究科技创新与经济高质量发展的耦合协调关系。刘和东和刘童（2020）从创新投入、创新环境和创新产出三个方面构建创新驱动综合指数，评价区域创新驱动与经济高质量发展的耦合协调关系。陈劲等（2020）根据相关理论，并且从企业的创新实践角度，从企业、产业、行业、绿色创新和经济活动五个方面阐述科技创新对经济高质量发展的作用机理。

1. 2. 2. 2 研发投资对经济发展作用的相关研究

1. 研发投资与经济增长数量

在研发投资规模与经济增长数量方面，以国家层面为研究视角，朱春奎（2004）采用协整和误差模型，指出财政研发投资对经济增长的长期弹性为 3. 69，短期弹性为 1. 51。单红梅等（2006）利用国家统计局公布的 1991～2003 年的数据，实证分析研发投资对经济增长的作用关系，发现研发投资对当期和之后的经济增长均呈现正向推动作用。江蕾等（2007）采用广义差分回归模型，以 1953～2005 年我国统计数据为样本，发现研发投资对经济增长的长期弹性为 0. 175。赵志坚（2008）采用线性回归方法，发现 1979～2004 年我国研发投资对经济增长的影响系数为 0. 0439，平均贡献率为 6. 84%。赵立雨和师萍（2010）运用协整方法验证政府财政研发投资与经济增长的关系，发现政府研发投资可以促进经济增长，从长期看，政府财政科技投资对经济增长的促进作用显著大于区域研发活动内部投资总额的作用。张优智（2014）研究发现 LSTR1 方法可以有效揭示我国研发投资与经济增长之间的非线性关系。

从区域视角出发，朱平芳（1999）利用计量经济模型，研究发现上海市研发投资可以显著促进经济增长，短期的影响系数为 0. 3547，长期的影响系数为 0. 9919。陈义华等（2003）研究发现在研发投资对经济增长的短期作用方面，重庆与上海的作用效果差别较小，在全社会研发投资对经济增长的作用方面，重庆的作用效果强于上海；但从长期看，其作用效果弱于上海。李兵和王铮等（2009）将研发投资变量引入 C－D 生产函数中构建新的生产函数模型，在考虑研发投资的基础上，劳动力的作用强度要大于资本的作用强度，北京、上海和天津研发投资效率较高，广东、江苏和浙江等地的研发投资效率较低。严成樑和龚六堂（2013）指出研发投资规模有利于提高经济增长率。李晓佳（2016）认为研发投资规模有利于正向促进经济增长。郑钦月等（2018）指出研发投资能够正向推动经济产出、提升居民福利和促进国际贸易等，其作用效果随时间逐渐减弱，而且研发投资对经济增长的促进作用在不同部门呈现差异，公共部门的作用效果优于私人部门。严成樑和朱明亮（2016）发现研发投资强度对我国经济增长数量具有明显的正向促进作用，政府研发投资对我国经济增长具有负向抑制作用。张利娜（2019）发现研发资本对经济增长具有明显促进作用，其中，西部地区的研发资本对经济增长的贡献最大，全国次之，东部地区和西部地区较低。李兆亮等（2020）运用空间计量经济学方法实证研究我国农业研发投资对经济增长的作用效应，得出农业研发投资对本区域和周边区域的农业经济增长均具有正向促进作用，并且对周边区域的溢出作用强于对本地区的直接促进作用。何飞和蓝定香（2020）指出 R&D 强度对经济增长具有正向促进作用，但影响程度不高。邹婷（2020）发现 R&D 资本存量对 GDP 具有明显的促进作用。

在研发投资结构与经济增长数量关系方面，国内学者主要从区域视角展开研究，陈信伟和姚佐文（2011）研究发现安徽省研发投资对经济增长的贡献很显著，但却存在研发投资结构不合理的现象，基础研究对经济增长的边际贡献最大，但其投入量最小，试验发展对经济增长的边际贡献最小，但其投入量最大。严成樑和龚六堂（2013）探究研发投资结构对经济增长率的作用，发现研发投资结构中基础研究占研发投资总额的比例越高，经济增长率越高；与应用研究和试验发展相比，基础研究对我国经济增长的推动作用更强；与科研机构和企业相比，高等学校研发投资对我国经济增长的正向驱动作用更突出。陈新光等（2015）采用统计数据分析我国研发投资规模和研发投资结构现状，并以此提出了促进经济增长的对策与建议。李晓佼（2016）发现基础研究和试验发展比应用研究更加有助于提升经济增长。孙早和许薛璐（2017）从理论与经验两个层面探究基础研究和应用研究对创新增长的作用机理，得出过多的应用研究会抑制创新增长，而基础研究通过提高企业创新能力而促进创新增长。万莉丽和商宇楠（2018）从基础研究、应用研究和试验发展三种研究类型出发，探究研发投资结构对经济增长的作用机理，发现研发投资结构与经济增长之间具有协整关系，研发活动中应用研究与试验发展能够有效促进经济增长。

2. 研发投资与经济增长质量

关于研发投资对经济增长质量的作用机理方面,冯海波和葛小南(2020)采用全要素生产率表示经济增长质量,发现区域研发投资规模明显提高了经济增长质量,研发投资结构对经济增长质量的作用关系不同,基础研究对经济增长质量的促进作用比较长远,试验发展对经济增长质量的促进作用比较直接,应用研究对经济增长质量的作用效果最弱。此外,国内学者较少直接探讨研发投资对经济增长质量的影响,但关于研发投资与全要素生产率的关系进行了大量研究,全要素生产率是衡量经济增长质量的主要代理变量(王兵和刘光天,2015;黄清煌和高明,2016),同时,全要素生产率也可以代表资源效率方面的经济高质量发展水平(李平,2017;林春,2020),因此,本研究主要梳理研发投资与全要素生产率关系的研究成果,其主要集中在产业和区域方面。

在产业方面,吴敏洁等(2018)对2002~2016年我国制造业进行实证检验,发现研发投资抑制了东部地区环境全要素生产率的增长,摆脱低端锁定的依赖路径成为东部制造业的当务之急。裴凯栋(2019)研究发现汽车产业的研发投资对汽车产业的全要素生产率具有明显正向促进作用。文春艳(2019)研究发现规模以上国有控股行业R&D资本化投入未能正向促进全要素生产率。何明志和王晓晖(2019)指出,财务柔性能否正向调节研发投资对全要素生产率的促进作用,受到企业是否面临融资限制的影响,当企业受到融资限制时,财务柔性为正向调节作用,当企业未受到融资限制时,财务柔性为负向调节作用。何秋琴等(2019)利用我国上市公司2013~2016年的财务数据,发现品牌资本与R&D资本在提升企业全要素生产率过程中存在互补效应。王秀婷和赵玉林(2020)以我国制造业不同细分行业的数据为实证对象,发现产业自身的研发投资是促进全要素生产率提升的关键因素。

在区域方面,吕忠伟和李峻浩(2008)以1997~2005年我国各地区的面板数据为研究样本,发现研发投资强度对TFP增长率的作用关系在不同地区呈现异质性,具体地,东部地区表现为显著推动作用,中部和西部地区的作用关系不明显。吴延兵（2008）基于 1996～2003 年我国各地区工业企业的面板数据，深入剖析自主研发和技术引进对生产率的作用机理。杨钧和苑小丰（2014）研究发现，我国的研发投资可以显著促进经济增长质量提升，作用效果存在地区性差异。向国成（2018）以全要素生产率衡量经济发展质量，实证检验结果表明，研发投资强度对经济发展质量的作用效果具有明显的分工门槛效应。胡长玉（2019）研究发现，研发投资对全要素生产率具有正向促进作用，资源错配在研发投资影响全要素生产率方面扮演重要作用。陈鸣和邓荣荣（2020）利用中国 31 个省份 2000～2018 年的数据，发现农业研发投资有助于提高农业全要素生产率，同时，空间溢出效应在不同地区呈现差异性，具体地，东部地区的空间溢出效应明显，中西部地区各省份的空间溢出效应不明显。宋志贤（2020）基于上海市 61 家开发区的面板数据，实证发现研发投资通过影响技术进步与技术效率促进开发区的全要素生产率提升。

在研发投资结构与经济增长质量关系方面，陈钰芬等（2013）采用 2000～2010 年我国各省份的面板数据，得出试验发展研究对全要素生产率的作用大于基础研究和应用研究的作用。蒋殿春和王晓娆（2015）探究了研发投资结构对全要素生产率的作用，发现在不同执行部门和不同研发活动中的作用效果存在较大差异，具体地，工业企业的促进作用强于科研机构和高等学校，试验发展的促进作用强于基础研究和应用研究。张德茗和吴浩（2016）的研究发现，高校和科研机构的基础研究和应用研究能够显著促进工业企业全要素生产率，沿海地区基础研究对工业企业全要素生产率的推动作用比应用研究强，而内陆地区应用研究对工业企业全要素生产率的推动作用比基础研究强。王晓娆和李红阳（2017）采用 GMM 模型比较分析了美国和中国两个国家不同执行部门的研发投资对全要素生产率作用的差异，得出中国工业企业的研发投资效果最强，而美国的高等学校研发投资对其全要素生产率的作用效果最好。叶祥松和刘敬（2018）研究发现，在短期内，科学研究没有直接提高全要素生产率，技术开发会抑制全要素生产率的提高。焦翠红和陈钰芬（2018）得出研发投资规模能够抑制区域全要素生产率增长，此外，与企业和高等学校相比，科研机构研发投入比例的提高更能够提升区域全要素生产率。刘树林和刘奥勇（2018）得出研发投资结构对全要素生产率的空间溢出效应具有差异性，在不同类型的研发投资方面，基础研究对全要素生产率的空间溢出作用和总作用强于应用研究和试验发展，在不同执行部门的研发投资方面，高校对全要素生产率的空间溢出作用和总作用强于科研院所和企业。

3. 研发投资与经济高质量发展

上官绪明和葛斌华（2020）采用绿色全要素生产率衡量经济高质量发展水平，以我国278个地级以上城市为研究对象，发现研发投资存量可以明显提升城市的经济高质量发展水平，且环境规制与研发投资相互协同可以正向促进经济高质量发展。董小君和石涛（2020）从新发展理念角度建立经济高质量发展综合指数，通过实证研究得出区域研发投资强度可以促进经济高质量发展，东部地区研发投资强度对经济高质量发展的促进作用大于其他地区。罗斌元和马梦（2021）从研发投资和教育经费投入的总和测量创新投资，研究发现创新投资通过产业结构升级来促进经济高质量发展。夏杰（2021）的研究表明，在全国层面，研发经费投入强度对经济高质量发展的作用不显著，在京中西部三大地区层面，东部地区的研发经费投入强度可以明显促进经济高质量发展，中部和西部地区的作用效果不显著。胡旭华等（2021）探究了基础研究与应用研究对经济高质量发展的异质性作用。刘波等（2021）研究发现，研发投资在银行业结构对区域经济高质量发展的作用过程中起到显著的中介作用。

1.2.2.3 要素集聚对经济发展作用的相关研究

研发投资是一种重要的创新要素，在创新要素集聚与经济发展关系方面，刘林等（2013）认为当高等教育与人才集聚进入共轭状态时，可以对经济增长产生共轭驱动力。廖诺（2016）认为人才集聚有助于积累人才资本，从而进一步促进经济增长，并且通过实证分析了人才集聚对经济增长的作用关系。赖一飞等（2016）认为创新要素集聚因地区而异，创新资源集聚通过提升地区创新能力促进高新技术企业发展，推动经济持续增长。张斯琴和张璞（2017）采用空间杜宾模型，验证了创新要素集聚程度对于城市生产率具有重要作用，可以明显提高本城市以及周边地区的劳动生产率。王智初（2018）探究人口集聚对经济发展的影响路径和影响效果，通过实证发现人口集聚对不同地区经济发展的作用关系不一致，具体地，东部地区为促进作用，中部和西部地区为抑制作用。郝大江和张荣（2018）指出要素集聚是区域经济增长的长期推动力，对区域经济增长以及经济结构的调整均具有重要作用。毛华（2018）认为要素集聚通过实现规模经济、促进区域创新和优化资源配置三条路径对绿色全要素生产率产生作用，采用禀赋结构表示区域资本要素积累情况，发现其对绿色全要素生产率具有负向抑制作用。毕朝辉（2018）研究发现创新资金要素的空间集聚水平对全要素生产率的提升具有正向促进作用。张斯琴（2018）研究发现要素集聚能够提高要素配置和利用效率，从而推动区域经济发展，但同时也存在加剧地区间发展不平等的风险。董直庆和赵星（2018）认为要素流动是不同地区间要素集聚存在差异的重要原因，要素集聚度高的区域对要素分布具有虹吸效应，使得要素流动能够显著促进高集聚地的经济发展。周璇和陶长琪（2019）利用空间动态回归模型实证发现要素空间集聚和制度质量均能够显著提高全要素生产率，且在作用过程中要素空间集聚和制度质量存在互补关系。徐彬和吴茜（2019）基于人力资本理论、创新经济学理论，发现人才集聚和创新驱动对经济发展的作用具有滞后性。蔡玉蓉（2020）运用计量经济学方法中的空间计量模型和中介效应模型验证创新要素集聚对制造业结构合理化和高度化的作用关系和作用路径。崔浩琛（2020）认为创新要素集聚存在显著的空间相关性，创新要素集聚通过外溢效应对相邻区域的经济发展起作用，以呼包银榆经济区为例，研究发现创新资金要素集聚水平对当地经济产出效应为负但不显著。彭伟斌和曹稳键（2020）通过理论模型和实证分析揭示了人力资本集聚对区域高质量发展的直接作用，以及通过劳动生产率和贸易壁垒发挥的间接作用。余奕杉等（2020）从专业化集聚和多样化集聚两个方面揭示生产性服务业集聚对城市群经济高质量发展的直接作用和间接作用。王淑英等

（2021）利用各地区研发资金支出与全国研发总资金的占比衡量创新资本集聚度，研究发现创新资本集聚能够正向推动本区域经济高质量发展，但是会抑制周边区域的经济高质量发展，金融发展在创新资本集聚对本区域经济高质量发展的作用过程中起到正向调节作用。谢会强等（2021）从空间效应的角度利用空间面板分位数回归方法实证发现，在经济高质量发展的不同分位点，高技术产业集聚对经济高质量发展的作用效果不稳定。

1.2.3 国内外研究现状评述

通过对国内外关于经济高质量发展、研发投资对经济发展的作用机理、要素集聚与经济发展关系等研究内容的梳理，可以看出：国外学者对于经济增长数量和质量的研究较多，对于中国政府提出的经济高质量发展还未涉及，国内学者关于经济增长数量、经济增长质量以及经济高质量发展均展开了深入研究。在研发投资对经济发展的作用方面，国内外学者关于研发投资对经济增长数量和经济增长质量的作用机理展开深入研究，已取得丰富成果。现有研究为本书的研究提供了丰富的理论依据，但是还存在以下几点不足：

（1）区域研发投资规模对经济高质量发展的作用机理亟待深入剖析。国内学者从政府干预、金融结构和科技创新方面对经济高质量发展的作用进行了积极探索。关于科技创新与经济高质量发展的作用关系方面，国内学者主要通过构建创新驱动综合指数对创新驱动经济发展效果以及二者之间的耦合协调关系进行验证，创新驱动综合指数可以综合考虑创新投入要素、创新产出要素以及创新转化要素等不同方面，但与创新驱动综合指数相比，探究某单一创新要素对经济高质量发展的作用机理将更加具体，对于相关政策的制定将更有针对性。作为重要的创新要素，区域研发投资对经济高质量发展的作用机理有待深入剖析。现有研究关于研发投资规模对经济增长数量的作用机理已进行大量研究，在研发投资规模对经济发展质量的作用机理方面，现有研究主要集中于探究研发投资规模对全要素生产率的作用机理，以及区域研发投资规模对经济高质量发展的直接作用关系，现有研究未全面揭示区域研发投资规模对经济高质量发展的作用路径，且环境规制与交通基础设施在区域研发投资规模对经济高质量发展作用过程中的作用有待探究。

（2）区域研发投资结构对经济高质量发展的作用机理亟待探究。在研发投资结构对经济发展质量的作用机理方面，已有研究主要从不同研发资金类型和来源方面进行探究，鲜有从不同研发投资比例视角刻画研发投资结构，且缺乏关于区域研发投资结构对经济高质量发展的作用机理分析。依据研究类型，研发活动可以分为基础研究、应用研究和试验发展研究，明确区域研发投资在不同研究类型中的分配比例对经济高质量发展的作用机理，有助于优化区域研发投资的内部结构，提高区域研发投资的利用效率。

（3）区域研发投资集聚对经济高质量发展的作用机理亟待深入剖析。在要素集聚与经济发展关系方面，国内外学者在金融集聚、产业集聚和创新要素集聚对经济增长的作用机理方面已取得丰富研究成果，深入探究了人力资本集聚和产业集聚对经济高质量发展的作用机理。关于区域研发投资集聚对经济高质量发展的作用路径和作用关系还需深入剖析，尤其是创新人员积极性和区域融通创新程度在区域研发投资集聚和经济高质量发展关系中的作用，以及区域研发投资集聚对经济高质量发展的外溢效应。深入剖析区域研发投资集聚对经济高质量发展的作用机理有助于充分发挥区域研发投资集聚效应，加速驱动经济高质量发展。

（4）区域研发投资作用下经济高质量发展的实现构型有待明确。为了深入实施创新驱动发展战略，区域研发投资已成为促进经济高质量发展的内生动力。关于区域研发投资与经济发展以及经济高质量发展的关系，学者们进行了积极的探索。但是，已有研究主要从区域研发投资的规模、结构和空间集聚等中的一个维度展开研究，缺乏将区域研发投资的不同维度放在同一个框架进行论述。此外，现有研究主要探究某单一因素对经济高质量发展的独立作用，缺乏从组态视角探索区域研发投资的不同维度和区域其他资源共同作用下经济高质量发展的实现构型，区域研发投资作用下经济高质量发展的实现构型有待明确，以期使区域政府合理规划区域资源，加速推进经济高质量发展。

为了弥补现有研究的不足，本书从数量、内部结构和空间分布以及组态视角等多维视角分别探究区域研发投资规模、结构和集聚对经济高质量发展的作用机理，以及区域研发投资作用下经济高质量发展的实现构型，研究结论有助于全面揭示区域研究投资与区域经济高质量发展的作用关系，丰富和拓展新经济增长理论等相关理论，并为区域政府从研究投资角度促进经济高质量发展提供政策依据。

1.3 研究思路、主要内容和研究方法

1.3.1 研究思路及框架

本书采用"问题提出与理论分析—模型建立与实证检验—对策与建议"的研究思路，按照从数量到结构再到空间布局的逻辑顺序，从区域研发投资规模到区域研发投资的内部结构再到区域研发投资空间集聚以及组态视角下区域研发投资与区域资源的共同作用，从多维视角探究区域研发投资对经济高质量发展的作用机理。首先，界定本书中的相关概念，确定本书探究区域研发投资对经济高质量发展作用的理论基础，构建区域经济高质量发展的测度指标体系，收集数据并利用纵横向拉开档次法测算我国区域经济高质量发展水平，构建区域研发投资对经济高质量发展作用的逻辑框架；其次，阐述区域研发投资规模对经济高质量发展的作用路径，实证分析区域研发投资规模对经济高质量发展的作用关系以及环境规制与交通基础设施在此过程中的调节作用；探究基于不同研究类型的区域研发投资结构对经济高质量发展的作用机理，并从空间分布视角挖掘区域研发投资集聚对经济高质量发展的作用机理；再其次，从组态视角明确区域研发投资作用下经济高质量发展的实现构型；最后，从区域研发投资视角提出促进经济高质量发展的对策与建议。

本书的研究框架如图 1.1 所示。

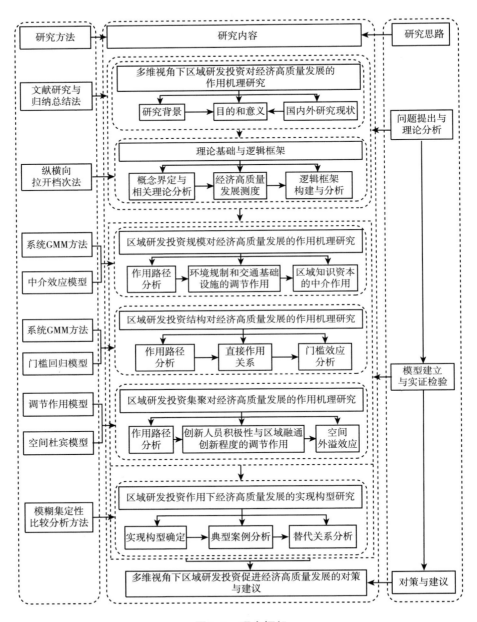

图 1.1　研究框架

1.3.2　主要研究内容

通过梳理有关区域研发投资对经济发展作用的相关文献，总结新经济增长理论、创新发展理论等相关理论，深入剖析区域研发投资对经济高质量发展的作用机理以及提出相应的对策建议，本书的主要研究内容安排如下：

第1章，绪论。本章结合经济高质量发展的新时代背景及创新驱动发展战略的深入实施提出研究问题，总结研究的目的及意义，梳理相关领域的国内外研究现状及不足，明确本书的研究思路、研究内容和研究方法以及创新点。

第2章，理论基础与逻辑框架。本章阐述了区域研发投资对经济高质量发展作用的理论基础以及本书研究的逻辑框架。首先，界定区域研发投资、区域经济高质量发展、作用机理和实现构型的含义，归纳区域研发投资和区域经济高质量发展的特征，阐述区域研发投资的多维视角及其含义；接着，阐述研究中所依据的新经济增长理论、创新发展理论、新结构经济学理论、资源集聚理论和构型理论；然后，从人民需要满足、经济运行良好、资源利用高效和生态环境美好四个维度建立区域经济高质量发展测算指标体系，利用纵横向拉开档次法测算与分析我国区域经济高质量发展水平，为后面第3~6章的实证分析作铺垫；最后，构建本书探究区域研发投资对经济高质量发展作用的逻辑框架，并对所建立的逻辑框架进行理论解析。

第3章，区域研发投资规模对经济高质量发展的作用机理研究。本章从数量视角探究了区域研发投资规模（以区域研发投资强度作为代理变量）对经济高质量发展的作用机理。首先，基于新经济增长理论和创新发展理论探究区域研发投资规模对经济高质量发展的作用路径；然后，基于区域研发投资规模对经济高质量发展的作用关系提出假设，利用计量经济学方法实证检验环境规制和交通基础设施在区域研发投资规模对经济高质量发展作用过程中的调节作用以及区域知识资本的中介作用；最后，对实证结果进行稳健性检验，深入剖析区域研发投资规模对经济高质量发展四个维度的异质性作用。

第4章，区域研发投资结构对经济高质量发展的作用机理研究。本章依据新结构经济学理论从内部结构视角探究区域研发投资结构对经济高质量发展的作用机理。首先，从人才结构和区域原始创新能力角度理论分析区域研发投资结构对经济高质量发展的作用路径；然后，基于区域研发投资结构对经济高质量发展的作用关系提出假设，建立计量模型实证分析区域研发投资结构对经济高质量发展的直接作用和门槛效应；最后，采用缩尾处理方法进行稳健性检验，实证分析区域研发投资结构对经济高质量发展四个维度的异质性作用。

第5章，区域研发投资集聚对经济高质量发展的作用机理研究。本章从空间分布视角依据资源集聚相关理论探究区域研发投资集聚对经济高质量发展的作用机理。首先，对区域研发投资集聚进行测度，从规模效应、协同效应和外溢效应三个方面阐述区域研发投资集聚对经济高质量发展的作用路径；然后，利用系统 GMM 模型实证检验创新人员积极性和区域融通创新程度在区域研发投资集聚对经济高质量发展作用过程中的调节作用，采用空间杜宾模型验证区域研发投资集聚对经济高质量发展的空间外溢效应；最后，对实证检验结果进行稳健性分析，明确区域研发投资集聚对经济高质量发展四个维度的异质性作用。

第6章，区域研发投资作用下经济高质量发展的实现构型研究。本章利用模糊集定性比较分析方法从组态视角探析区域研发投资作用下经济高质量发展的实现构型。首先，对区域研发投资作用下经济高质量发展的实现构型进行理论分析，介绍模糊集定性比较分析方法的适用性及操作过程；其次，对区域经济高质量发展前因条件的必要性进行分析，运用模糊集定性比较分析方法对经济高质量发展的实现构型进行实证分析；再其次，对确定的实现构型进行典型案例分析，通过比较不同的实现构型明确变量之间的相互替代关系；最后，探究并分析经济高质量发展一般区域的实现构型，以此对经济高质量发展的实现构型进行稳健性检验。

第7章，多维视角下区域研发投资促进经济高质量发展的对策与建议。本章分别从提升区域研发投资利用率、优化区域研发投资结构、加强区域研发投资集聚效应、促进研发投资与区域其他资源有效组合等角度，提出区域研发投资促进经济高质量发展的对策与建议，以便从区域研发投资视角有效促进区域经济高质量发展。

第8章，结论与不足。本章描述本书的研究结论，阐述本书存在的不足以及对未来研究进行展望。

1.3.3 研究方法

本书主要使用以下四类研究方法。

（1）文献研究与归纳总结方法。通过文献研究与归纳总结方法确定了本书研究的创新之处与理论价值，界定了相关概念的含义与特征，构建了区域经济高质量发展的测度指标体系，确立了本书研究所依据的新经济增长理论和创新发展理论等相关理论。此外，在本书的其他章节，运用文献研究法进行变量选择与实证模型构建，基于研究结论归纳总结促进经济高质量发展的对策与建议。

（2）纵横向拉开档次法。采用纵横向拉开档次法科学测算我国区域经济高质量发展整体水平以及在人民需要满足、经济运行良好、资源利用高效和生态环境美好四个维度的得分情况。

（3）计量经济学方法。该方法主要涉及系统 GMM 方法、调节作用模型、中介效应模型、门槛回归方法和空间杜宾模型等。

第一，系统 GMM 方法。通过采用系统 GMM 方法，实证检验区域研发投资规模、区域研发投资结构和区域研发投资集聚对经济高质量发展及其四个维度的作用关系。

第二，调节作用模型。利用调节作用模型实证检验环境规制和交通基础设施在区域研发投资规模对经济高质量发展作用过程中的调节作用，同时利用调节作用模型检验创新人员积极性和区域融通创新程度在区域研发投资集聚对经济高质量发展作用过程中的调节作用。

第三，中介效应模型。在理论分析区域研发投资规模通过增加区域知识资本促进经济高质量发展的基础上，选择指标衡量区域知识资本，利用中介效应模型实证检验区域知识资本在区域研发投资规模对经济高质量发展作用路径中的中介作用。

第四，门槛回归方法。通过采用门槛回归方法，将区域研发投资结构作为门槛变量，实证检验区域研发投资结构对经济高质量发展的门槛效应。

第五，空间杜宾模型。通过建立空间计量经济学方法中的空间杜宾模型，考虑区域研发投资集聚的空间效应，从空间分布视角剖析区域研发投资集聚对经济高质量发展的作用机理。

（4）模糊集定性比较分析方法。通过运用模糊集定性比较分析方法（fsQCA）从组态视角剖析区域研发投资作用下经济高质量发展的实现构型。

1.4　创新之处

本书的创新之处主要表现在以下四个方面：

（1）揭示了区域研发投资规模对经济高质量发展的作用路径，阐明了环境规制和交通基础设施的调节作用以及区域知识资本的中介作用。与已有研究多关注区域研发投资规模对经济增长数量、经济增长质量以及经济高质量发展的作用关系不同，本书从作用路径和作用关系两个方面全面揭示区域研发投资规模对经济高质量发展的作用机理，从区域知识资本增加进而提升区域技术创新能力和制度创新能力阐述区域研发投资规模对经济高质量发展的作用路径，利用计量经济学方法实证检验环境规制和交通基础设施在区域研发投资规模和经济高质量发展关系中的调节作用以及区域知识资本的中介作用。

（2）揭示了区域研发投资结构对经济高质量发展的作用路径，实证检验了区域研发投资结构对经济高质量发展的直接作用关系以及门槛效应。已有研究在探究区域研发投资结构对经济发展的作用时，主要从基础研究、应用研究和试验发展研究三种不同研究类型的研发投资数量进行考察，缺乏从不同研究类型的投资比例角度发掘区域研发投资结构对经济高质量发展的作用机理。因此，本书基于新结构经济学理论从人才结构和区域原始创新能力角度分析区域研发投资结构对经济高质量发展的作用路径，并实证分析三种研发投资比例对经济高质量发展的直接作用关系以及区域基础研究投资比例对经济高质量发展的门槛效应，有利于区域政府合理分配研发投资，以促进经济发展质量有效提升。

（3）阐述了区域研发投资集聚对经济高质量发展的作用路径，验证了创新人员积极性和区域融通创新程度的调节作用以及区域研发投资集聚的外溢效应。针对现有研究缺乏关于区域研发投资空间集聚对经济高质量发展作用机理的深入探讨，本书从规模效应、协同效应和外溢效应三个方面阐述区域研发投资集聚对经济高质量发展的作用路径，利用系统 GMM 模型实证检验创新人员积极性和区域融通创新程度在区域研发投资集聚对经济高质量发展作用过程中的调节作用，并采用空间杜宾模型实证分析区域研发投资集聚对经济高质量发展的外溢效应，以期在区域研发投资的空间分布上为促进经济高质量发展提供理论支撑。

（4）从组态视角揭示了区域研发投资作用下经济高质量发展的实现构型以及前因条件间的相互替代关系。经济高质量发展的实现是多种因素共同作用的结果，传统统计回归方法在假设其他因素固定不变的条件下，估计自变量对因变量影响的净效应，无法揭示多种前因条件共同作用下区域经济高质量发展的实现构型。因此，本书基于构型理论，将区域研发投资的规模、结构和集聚以及区域其他资源放在同一研究框架中，利用模糊集定性比较分析方法揭示区域研发投资作用下经济高质量发展的实现构型，同时明确了物质资本和交通基础设施在实现经济高质量发展过程中的替代关系，有利于区域政府根据区域资源禀赋合理选择经济高质量发展的实现途径。

第 2 章

理论基础与逻辑框架

　　本章的主要目的是界定区域研发投资、区域经济高质量发展、作用机理和实现构型的含义，描述本书中区域研发投资的多维视角及其含义，总结区域研发投资和区域经济高质量发展的特征，阐述本书研究所依据的理论，测算与分析我国区域经济高质量发展水平，构建并分析多维视角下区域研发投资对经济高质量发展作用的逻辑框架，为后面的理论分析和实证研究作铺垫。

2.1　相关概念界定及特征分析

2.1.1　区域研发投资的含义与特征

2.1.1.1　区域研发投资的含义

　　区域研发投资是指区域开展研究与试验发展活动的资金投入，研发是研究与试验发展（R&D）活动的简称，区域研发投资也称作区域 R&D 投资或区域自主研发投资（李亚杰，2019）。在区域研发活动中，投入要素一般包括资金和人员，本书中的区域研发投资具体指区域研发活动中的资金投入，不仅包括仪器、设备费用，也包括研发人员的工资和福利等，研发投资可以决定研发人员的流动方向；基于此，现有研究通常使用区域研发投资代表一个区域的研发活动总投入（余泳泽，2011；毕朝辉，2018；王伟龙和纪建悦，2019）。因此，本书将区域研发投资视作区域创新活动的关键投入要素，探究区域研发投资对经济高质量发展的作用机理。

在《中国科技统计年鉴》的统计数据中，区域研究与试验发展经费分为区域研究与试验发展经费内部支出和区域研究与试验发展经费外部支出，区域研究与试验发展经费内部支出指的是用于本区域研究与试验发展活动的实际支出，区域研究与试验发展经费外部支出指的是委托其他区域的企业、高校和科研院所等或与其合作进行 R&D 活动而向对方支付的资金。本书中的区域研发投资指的是实际应用于本区域研究与试验发展活动的资金，不包括该区域向其他区域的企业、高校和科研院所等支付的资金，但包括其他区域向本区域的企业、高校和科研院所等拨付的资金。因此，本书中的区域研发投资具体指各区域研究与试验发展（R&D）经费内部支出。在支出类型上，既包括人员劳务费、管理费等日常性支出，也包括仪器和设备等资产性支出；在研究类型上，分为基础研究、应用研究和试验发展三种；在执行部门上，分为企业、高校和研究与开发机构（科研院所）等。

本书中的区域是指我国省级区域，具体包括我国 22 个省、4 个自治区和 4 个直辖市，由于西藏及港澳台地区的相关数据缺失严重或较难获得，本书未将它们纳入研究对象。

2.1.1.2　区域研发投资的特征

1. 多方参与性

区域研发投资是一种将资金投入研究与试验发展活动中的行为，在资金来源上，分别包括来自政府、企业、国外机构以及其他途径的资金，在研发活动的具体执行上，则是由区域内企业、高校、科研院所以及个体等共同参与的。在区域创新系统中，企业能够将科研成果真正转换为生产力，使科研成果与实际应用紧密相联，企业的研发资金包括自有资金，也包括接受其他企业委托研发和技术合作的资金。根据《中国科技统计年鉴》的指标说明，高校和科研院所的研发资金主要来自政府的财政补贴，包括财政科学技术拨款、科学基金、教育等部门事业费等，此外，高校和科研院所的研发资金也包括接受企业技术委托或者与其他高校、科研院所合作获得的资金。因此，区域研发投资具有由政府、企业、高校和科研院所等多方参与的特征。

2. 动态性

区域研发活动需要投入大量的资金以保证研发活动的顺利实施，研发投资往往不是一次性支付就能完成所预定的项目，而是需要投资方根据技术需求持续不断、动态地供给研发资金。区域研发活动包括基础研究、应用研究和试验发展研究，其中，基础研究难度大，持续时间长，需要创新主体根据研究进程动态调整研发资金使用计划，持续不断地供给研发资金，保证研发资金的充足性。基础研究不以特定应用为目的，而是以发现宇宙天体、大自然万物等的运行规律和原理性知识为目标，需要政府、企业等动态地、持续不断地进行研发投资。因此，区域研发投资具有动态性的特点。

3. 不稳定性

研究与试验发展活动是一种高风险、高不确定性的创新活动，尤其是基础研究，研发周期长，研发难度大，需要持续不断的资金投入（Holmstrom，1989；杨鸣京，2019）。但由于基础研究，特别是原创性基础研究，在短期无法得到收益，致使区域企业在这方面的投资不能及时跟进。同时，研发活动具有的高风险和高不确定性的特征，使一些中小微企业在研发资金投入方面比较谨慎，一方面是由于中小微企业自身创新资源有限，无法将大量的资金投入研发活动中，另一方面是由于研发活动短时期得不到报酬，使中小微企业在筹集研发资金方面遇到较大的困难，使债务资本不能成为研发活动的主要资金来源（Hsu et al.，2014）。此外，企业、高校和科研院所中来自政府的研发资金需要经过严格的审批制度，同时已有研究表明政府对研发活动的资金投入有针对性，并不能涵盖所有的企业（Hong et al.，2016）。而且，政府资金需要创新主体达到一定规模之后才能对研发活动产生促进作用（Huang et al.，2016）。因此，由于多种因素的共同作用，区域研发投资在供给上不是持续不断的，具有不稳定的特征。

4. 不平衡性

研发投资在我国不同区域以及同一区域的不同城市之间存在不平衡分配的特点。我国不同区域的经济发展水平差距较大，对创新活动的重视程度不同，从而在研发资金的投入数量上参差不齐。区域经济发展是导致区域研发投资分配不平衡的根本原因，此外，区位条件、产业结构以及政府资金资助也是影响区域研发投资不平衡分配的重要原因（张荣权，2015；王艳和彭良玉，2021）。根据近几年《中国科技统计年鉴》公布的数据，在研发投资规模方面，东部地区的研究与试验发展经费远远超过中部地区、西部地区和东北地区，在研发投资强度方面，北京和上海的研发经费投入强度极高，分别超过 5% 和 3%，而贵州、青海和新疆的研发经费投入强度还不到 1%，不同区域的研发投资差距较大。研发投资在同一区域的不同城市之间也存在不平衡分配的现象，由于高新技术企业、高校和科研院所等创新主体往往分布在省会（首府）城市，导致省会（首府）城市的研发投资远远超过其他城市。

2.1.2 区域研发投资的多维视角及其含义

2.1.2.1 区域研发投资的多维视角

我国要建设创新型国家、实现高水平的科技自立自强和促进经济高质量发展，需要加强区域研发投资，但仅仅依靠在数量上提高区域研发投资规模已无法实现高水平的研发投资利用率以及创新驱动发展的效果，因此需要从数量、内部结构、空间分布等多维视角全面关注区域研发投资。此外，实现经济高质量发展是一项复杂的系统工程，不能仅仅关注区域研发投资本身的特点，还需要关注区域研发投资与区域其他资源的有效组合。因此，本书从区域研发投资的多维视角探究其对经济高质量发展的作用机理，包括区域研发投资的数量、内部结构、空间分布以及与区域其他资源的组合等。

本书中区域研发投资的多维视角具体是指区域研发投资的数量视角、内部结构视角、空间分布视角以及组态视角，既包括区域研发投资自身的属性视角，也包括从外部所观察到的区域研发投资的空间集聚状态以及与其他资源的组合状态。数量视角是指区域研发投资规模，具体指区域投入研究与试验发展的资金数量。内部结构视角是指区域研发投资结构。空间分布视角是指区域研发投资集聚，具体指一个区域用于研究与试验发展活动的资金在空间上的集聚程度。组态视角指的是区域研发投资规模、结构和集聚以及与区域其他资源的组合状态。我国地域辽阔，研发投资分布和使用状况因地而异，不同区域在研发投资规模、结构和集聚以及其他资源条件方面呈现差异，因而具有不同的区域研发投资规模、结构和集聚与区域其他资源条件的组合状态。

2.1.2.2　区域研发投资规模的含义

区域研发投资规模是从数量视角刻画区域研发投资的特点，在本书中，区域研发投资规模指的是一个区域投入研究与试验发展（R&D）活动中的资金总额。研发是研究与试验发展的简称，区域研究与试验发展经费分为内部支出和外部支出，其中，区域研究与试验发展经费内部支出真正用于本区域研发活动，因此，本书中区域研发投资规模指的是区域研究与试验发展（R&D）经费内部支出总额。

2.1.2.3　区域研发投资结构的含义

区域研发投资结构是从内部结构视角刻画区域研发投资状况，指的是不同类型的区域研发投资占资金总额的比例。根据区域研发投资的来源与用途，可以将区域研发投资结构分为两类：区域研发投资来源结构和区域研发投资使用结构。区域研发投资来源结构中主要包括政府资金、企业资金和境外资金等，区域研发投资使用结构中主要包括基础研究、应用研究和试验发展三个方面。本书中区域研发投资结构指的是区域研发投资使用结构，是指区域在基础研究、应用研究和试验发展三个方面的投资搭配关系，即区域在基础研究、应用研究和试验发展方面的投资分别与区域研发经费内部总支出的比例。

2.1.2.4　区域研发投资集聚的含义

区域创新要素集聚不是简单的创新要素在一个特定区域的集合与堆积，而是在区域政府和市场的作用下，创新要素在高校、企业、科研院所和金融机构等主体间的流动、吸纳、整合与反馈等活动的总和（Fritsch & Franke，2004；杨晨和周海林，2009）。陈菲琼等（2011）从静态和动态的不同视角定义创新要素集聚，认为静态的创新要素集聚指的是某一时刻创新要素的总量和在企业、高校和科研院所等不同主体间的分配，动态的创新要素集聚指的是通过创新要素的流动，实现创新要素不断整合和积累的过程。创新要素集聚是以创新主体为载体，企业集聚或产业集聚是创新要素集聚的前提和基础，是随着创新主体在空间上不断临近而表现出的集聚行为（毕朝辉，2018）。蔡玉蓉（2020）将创新要素集聚定义为通过企业、高校和科研院所等不同创新主体间的合作与交流，使资金、人才和政策等创新要素实现静态集聚和动态集聚的过程，以达到创新要素合理分配的目的。

区域研发投资是一种非常关键的创新要素，其可以决定人员和技术等创新要素的流动方向，区域研发投资集聚可以在一定程度代表区域创新要素集聚的程度。借鉴以上学者对于创新要素集聚的定义，本书将区域研发投资集聚定义为在有为政府和有效市场的双重作用下，研发资金通过企业、高校、科研机构和金融中介等主体在空间上的集聚以及彼此间的合作使其动态流动、整合和静态积累的过程。

2.1.3 区域经济高质量发展的含义与特征

2.1.3.1 区域经济高质量发展的含义

党的十九大报告指出："我国经济已由高速增长阶段转向高质量发展阶段"，经济高质量发展有别于经济高速增长，经济高速增长只专注于经济增长数量与速度，存在"顾此失彼"的缺陷，在加速经济增长的同时往往以浪费资源、污染环境和社会不稳定、不平衡、不可持续发展为代价；而经济高质量发展是经济在发展过程中，能够实现经济发展与资源节约、生态保护和社会和谐齐头并进、达到共生发展的高级状态（简新华和聂长飞，2019）。

党的十九大报告中强调，中国特色社会主义进入新时代，我国社会主要矛盾已经转化为人民日益增长的美好生活需要和不平衡不充分的发展之间的矛盾。因此，经济高质量发展应以满足人民日益增长的美好生活需要为首要目标，解决发展不平衡不充分的问题，同时体现"创新、协调、绿色、开放、共享"的新发展理念（任保平和文丰安，2018；杨伟民，2018）。此外，经济高质量发展不仅体现在经济方面，在社会、政治和文化等多个方面都要追求高质量发展，具体应该包括经济发展、人民生活、生态环境、城乡建设、改革开放、社会效益和经济运行状态等（金碚，2018；任保平和李禹墨，2018；简新华和聂长飞，2019）。

2020 年全球爆发的新冠疫情给予我们一个重要的启示：对人民利益的重视及其生命安全的保障是社会稳定、经济可持续发展的关键。因此，基于已有文献梳理，本书将区域经济高质量发展定义为：区域经济高质量发展是以满足各个区域的人民在经济、社会、文化和生态等方面日益增长的美好生活需要为主要目标，并且使区域经济运行状态更优、资源利用更高效、生态环境更美好的一种高级发展状态。

2.1.3.2　区域经济高质量发展的特征

1. 全面性

经济高质量发展是在总结我国改革开放 40 多年来经济高速增长的弊端与不足的基础上提出来的，过去经济的高速增长只追求经济产出"数量"上的不断累积，生产方式是高投入、高消耗的，造成资源浪费严重、产能过剩、经济结构不合理、生态环境污染严重以及城乡和区域发展极不平衡等一系列问题（魏敏和李书昊，2018）。在这一背景下，我国政府提出追求经济高质量发展，不仅仅是追求经济增长数量，而且是追求经济增长质量，不仅是追求经济运行状态良好，同时是更加重视生态环境的保护、社会和谐的发展，强调经济、社会、政治、文化和生态"五位一体"的全面高质量发展（杨伟民，2018）。因此，区域经济高质量发展具有全面性的特点，是满足人民在经济、社会、文化、政治和生态等多方面需求的发展模式，是有利于每个地区综合全面进步的发展方式。

2. 高标准性

区域经济高质量发展在保证经济发展数量稳步提升的前提下，对经济发展质量有更高的要求和标准。不仅追求经济增长，而且追求经济结构合理、供需平衡、高水平的对外开放和数字创新驱动；不仅追求智慧城市建设，而且追求乡村振兴以及城乡协调发展；不仅在数量和品种上满足人民对物质生活的基本需求，同时要求以高质量的产品和服务让人民满意，此外，新兴的数字经济可以更精准、更迅速地满足人民的个性化、特殊化需求，消费体验和满意度不断升级优化；不仅要求土地、劳动力和能源等资源利用率高，而且追求废水、废气等有害物质少排或不排，同时绿地、森林等覆盖率不断提升，顺利实现"碳达峰"和"碳中和"的目标。

3. 可持续性

区域经济高质量发展注重经济发展的可持续性，关注资源的高效利用、减少产能过剩以及生态环境保护，可持续性是经济高质量发展的一个重要特征（高培勇等，2020）。为了经济发展的可持续性和长远目标的实现，允许眼前短期的损失以及带来的负向影响（安淑新，2018）。区域经济高质量发展的目标是服务于建设现代化经济体系，是致力于解决新时代人民日益增长的美好生活需要和不平衡不充分的发展之间的矛盾，任务艰巨且复杂，可以允许短期经济发展速度的下降。追求经济高质量发展需要放弃以往粗放型的发展模式，受到国内国际不确定因素的影响，在经济转型的过程中难免会出现失误和偏颇，追求经济高质量发展需要建立健全容错机制，制定综合和系统的政策，进行宏观调控，保证经济可持续发展等长远目标的实现。

2.1.4　作用机理的含义

在作用机理相关研究方面，曾蔚（2012）探究了创业智力资本对企业价值创造的作用机理，首先阐述创业智力资本对企业价值创造的作用途径，进而揭示创业智力资本要素及其交互协同对企业价值创造的作用。王韶华等（2015）系统剖析能源结构对低碳经济的作用关系，实证分析能源结构对低碳经济的直接作用、间接作用和总作用，从而揭示我国能源结构对低碳经济的作用机理。钟喆鸣（2019）研究了网络平台信息技术能力对消费者在线评价信息采纳意愿的作用机理，研究发现，网络平台信息技术能力通过直接和间接作用路径对消费者在线评价信息采纳意愿起正向促进作用，在实证研究作用关系时包括直接作用、中介作用和调节作用等。韩萧亦（2020）研究了电商主播属性对消费者在线行为意向的作用机理，包括探究电商主播属性对消费者在线行为意向的作用路径，以及阐明电商主播属性对消费者在线行为意向的作用关系，其中包括直接作用关系、中介作用关系和调节作用关系等。

基于以上分析，本书认为作用机理是指一种要素对另一种要素起作用的原理与规律，包括作用要素、作用途径或路径以及作用关系等。作用途径或路径能够阐述作用要素之间的作用原理，即表明一种要素通过什么途径或路径对另一种要素起作用，作用关系是对作用要素间作用效果的规律性总结，作用关系包括直接作用关系、中介作用关系和调节作用关系，中介作用关系能在一定程度反映作用要素之间的作用路径，作用路径和作用关系二者结合可以全面阐述作用要素之间的作用机理。本书聚焦于从多维视角探究区域研发投资对经济高质量发展的作用机理，参考上述研究，本书分别从作用路径和作用关系两个方面全面阐述区域研发投资规模、区域研发投资结构和区域研发投资集聚对经济高质量发展的作用机理，以及揭示区域研发投资作用下区域经济高质量发展的实现构型。

2.1.5　实现构型的含义

根据构型理论（configuration theory）的思想，一种现象的发生不是依靠一种因素发挥作用，而是多个因素相互配合、共同作用的结果（Fiss，2007）。基于构型理论，利用定性比较分析方法探究经济现象的实现构型或者从组态视角明确变量之间的关系成为管理学领域研究的热点。池毛毛等（2017）探究了企业规模、环境动荡性、平台治理和平台技术等多个因素共同作用下平台双元性的实现构型。田地（2019）探究了中国企业周期均衡路径和协同均衡路径的实现构型。徐伟等（2020）从消费者视角和企业视角分别分析老字号品牌双元性实现的前因条件构型。王友春等（2021）明确了企业区位战略——CSR 战略协同实现企业绩效提升的有效构型。

通过梳理相关研究，本书认为实现构型是指促使一种现象发生或实现的不同因素之间的组合状态。本书在第 6 章中探究区域研发投资作用下区域经济高质量发展的实现构型，即探究区域实现经济高质量发展时区域研发投资规模、区域研发投资结构、区域研发投资集聚和政府支持、物质资本等区域其他资源的不同组合状态，有助于明确哪些因素共同作用能够使区域实现经济高质量发展。

2.2　理论基础

本书分别从数量视角、内部结构视角、空间分布视角和组态视角探究区域研发投资对经济高质量发展的作用机理，研究所依据的理论主要有新经济增长理论、创新发展理论、新结构经济学理论、资源集聚理论和构型理论等。

2.2.1　新经济增长理论

在新古典增长模型中，技术进步作为外生变量对经济生产过程起作用，新经济增长理论是对新古典增长模型的改进与发展，其将技术进步内生到经济增长模型中，形成研发内生经济增长模型（马晓琨，2014；张亚斌和曾铮，2005）。当罗默（Romer，1986）认识到有着固定外生技术变化率的索罗模型不足以解释长期经济增长机理时，其提出经济增长不仅取决于传统的投入要素，如资本和劳动力，还取决于知识资本，通过假设知识具有外部性、知识自身生产报酬递减、知识的报酬递增等条件，较好回答了竞争性均衡与经济长期稳定增长可以兼容的问题。罗默（Romer，1990）提出不完全竞争假设，通过设置专门的 R&D 部门从事知识生产活动解决了在完全竞争条件下私人对于科技知识的投资低于社会最优水平的问题，从而将技术进步内生化到经济增长模型中。格罗斯曼和埃尔普曼（Grossman & Helpman，1991）开发一种在连续部门中重复产品改进的模型，认为各部门技术进步的速度与研发部门的利润激励有关，此外，产品创新是一种生成不断扩大的水平差异化产品的过程。阿吉翁－豪伊特（Aghion-Howitt，1992）建立模型进行分析后认为，知识生产带来的知识资本的增加不仅具有正外部性，也具有负外部性，产品创新带来的垄断利润是暂时的，其很快将被研发质量更高产品的厂商所破坏，这充分说明了经济增长的动力源于竞争性厂商的垂直产品创新。新经济增长理论中的研发增长模型认为，技术创新对经济增长的促进作用具体体现在产品创新和工艺创新两个方面，在产品创新方面，研发投资可以增加产品的种类（水平创新）和提高产品的质量（垂直创新），提高企业利润和人民收入水平，从而促进经济增长（张亚斌和曾铮，2005）。

类似于经济增长，经济高质量发展的驱动机理也符合新经济增长理论，因此，本书主要基于新经济增长理论中的研发增长模型，将研发投资视为经济高质量发展的重要推动力，将其内生到经济高质量发展模型中，因为区域研发投资的增加可以提升区域知识资本存量，提高区域技术创新能力，其中，技术创新包括产品创新和工艺创新。

2.2.2　创新发展理论

在创新发展理论中，"财富如何通过知识来创造"或者"经济发展与知识增长的互动关系"是重要的理论内容（Metcalfe & Foster，2010）。眭纪刚在《创新发展经济学》一书中，系统梳理了创新发展理论。眭纪刚（2019）认为创新发展本质上是一个复杂系统的自组织过程，在创新发展中，存在着诸如正反馈效应、路径依赖和结构不可逆等复杂系统的过程，同时，创新发展不是线性过程，而是一个不断演化的过程。在经济系统的演化过程中，即数量变化过程中，存在着质量和结构性的变化，在此过程中同样也存在着知识的创造和运用，是一个知识不断增长的过程（Northover，1999）。创新发展过程是一种演化过程，存在着各种结构性变化，对其解释的关键点不在要素累积上，而是在影响要素累积的深层次机制与原因上，其中，技术和制度是影响要素累积以及创新发展的重要因素（黄凯南等，2014）。此外，经济发展不单单与技术创新有密切关系，还与制度创新有关，制度创新会影响技术创新与结构变革、协调和动态调整的过程（弗里曼，1992）。

基于以上对创新发展理论的概述与总结，本书认为区域研发投资的增加可以提升区域知识资本存量，知识资本的增加不仅能够提高区域技术创新能力，而且能够提高制度创新能力，技术创新和制度创新的相互作用下共同促进区域经济高质量发展，这为分析区域研发投资对经济高质量发展的作用路径提供了理论依据。

2.2.3　新结构经济学理论

新结构经济学理论是经济学家林毅夫运用新古典经济学的现代研究方法，在总结中国以及其他发展中国家的发展经验与教训的基础上进行自主理论创新的成果（赵秋运和王勇，2018）。新结构经济学以企业自生能力为微观分析基础，以每一个时点给定的要素禀赋结构为切入点，提出经济发展是一个动态的结构变迁过程，需要依靠"有效的市场"形成合理的价格机制促进企业依据比较优势选择产业、技术从而形成竞争优势，同时也需要"有为的政府"对经济发展过程中的外部性进行补偿以及改善硬件和软件基础设施，只有同时使用好政府和市场两只手，一个国家的经济才能实现快速、持续、包容性的发展（林毅夫，2019）。随着资本积累以及要素禀赋结构的变化，微观产业结构也内生地发生动态变化，进而影响宏观经济增长（Ju et al.，2015）。新结构经济学认为要素禀赋及其结构决定具有潜在比较优势的产业，进而改变产业结构，产业结构和要素禀赋结构会改变最优的金融结构，发展优势产业，助力产业结构升级，再辅助于完善的硬件基础设施（包括交通、电网、电信系统以及其他公共设施）和软件基础设施（制度、条例、价值体系以及其他经济和社会安排等），能够实现经济可持续发展，因此，一个经济体的要素禀赋及要素禀赋结构对经济发展具有非常重要的作用，是经济发展分析的最佳出发点（Lin et al.，2013；林毅夫，2019）。

依据新结构经济学理论，要素禀赋和要素禀赋结构对经济增长以及经济高质量发展具有至关重要的作用，研发投资是重要的创新要素，关于创新要素结构对经济高质量发展的作用机理亟待深入探究。因此，本书在

第 4 章中，从内部结构视角出发，探究区域研发投资结构对经济高质量发展的作用机理，以期从研发投资结构视角给予区域政府提供制定政策的依据，在实现经济高质量发展的过程中，不仅要关注研发投资规模，同时要注意研发投资的结构。

2.2.4　资源集聚相关理论

最早将空间地理位置引入经济活动分析中的是德国经济学家冯·杜能（Von Thunen）于 1826 年提出的农业区位理论，他在《孤立国同农业和国民经济的关系》一书中提出了由于地租以城市为中心向外围逐次递减，并且各种农作物的产量和运费均不同，导致各种农作物以同心圆的形式由内向外依次生产布局（藤田昌久等，2012）。最早应用集聚这一概念描述经济现象的是新古典经济学派的代表人物马歇尔，马歇尔在规模收益不变和完全竞争市场的条件下系统解释了产业集聚现象，认为产业集聚主要受益于地理位置邻近而产生的外部效应，同时将产业空间集聚的原因总结为共享丰富的劳动力市场、多样且低成本的中间投入品市场规模效应和知识外溢效应（Marshall，1890）。韦伯于 1909 年提出工业区位理论，将集聚因素、运输成本和劳动力纳入同一研究框架探究最优工业区位，认为当集聚产生的经济收益大于运输成本节约时，企业就选择在集聚区域选址；当拥挤效应引致的成本上升抵消所引起的收益时，企业就会在其他区域选址。克鲁格曼（Krugman，1991）构建了一个"中心－外围"模型（C－P 模型），解释一个国家怎样形成工业企业处于中心、农业处于外围的模式，"中心－外围"模式的形成依赖于运输成本、规模经济和制造业在国家收入中的份额。基于 C－P 模型，以克鲁格曼（Krugman）为代表的经济学家创建了新经济地理学理论，该理论将区域经济学、城市经济学的空间视角和经济学主流理论中的一般均衡结合起来，将空间因素模型化纳入经济活动的分析中，以规模报酬递增和不完全市场竞争为前提条件，从集聚的向心力和离心力两个角度解释要素集聚何时形成以及怎样达成稳定（藤田昌久等，

2012）。新经济地理学理论使资源集聚现象有了充分的理论支撑。费尔德曼（Feldman）于 1994 年提出创新地理学的概念，创新地理学以一种新的学科得到学者的高度重视并进入发展研究的新阶段（Feldman，1994）。创新地理学理论强调创新要素的空间分布及组合状态对创新绩效和经济发展的重要作用，重视创新要素在区域的集聚与分散以及创新要素的溢出效应（吕拉昌，2016）。

基于区位理论、新经济地理学理论和创新地理学理论等资源集聚相关理论，本书以中国的 30 个省级区域为研究对象，探究区域创新要素（区域研发投资）的空间集聚在区域经济高质量发展过程中的作用机理，从规模效应、协同效应和外溢效应三个方面阐述区域研发投资集聚对经济高质量发展的作用路径，利用计量经济学模型实证检验区域研发投资集聚对经济高质量发展的直接效应和空间溢出效应，从空间集聚视角揭示区域研发投资对经济高质量发展的作用机理。

2.2.5 构型理论

已有研究在分析变量之间的关系时存在三种观点：普适观、权变观和构型观。普适观认为变量之间存在正向或者负向的线性关系。权变观认为两个变量之间的关系取决于第三个变量（权变变量），两个变量之间的关系因权变变量的变化而发生改变（彭娟，2013；杜运周等，2020）。构型观是基于构型理论而形成的一种整体和系统的观点，认为系统中不同要素的联合作用以及与周边环境的协调与默契配合可以使系统功能发挥最大。当系统的内部结构或要素组合不合理时，各个组成部分的功能就会相互制约、相互阻碍，抑制整个系统的功能发挥，导致整个系统的功能小于各部分功能的总和（张一驰和张正堂，2004）。构型理论强调构型是组织战略、结构和过程重复形成的集合（Miller & Friesen，1978）。构型可以用概念上发展的类型学来表示，并且可以在经验派生的分类法中获得（Meyer，et al.，1993）。构型理论又称组态理论，源于权变观，但是与权变观相比，其拥有独特的优势，比如构型理论认为系统的各组成要素之间不是简单的非线性关系，而是多种要素之间更高阶的交互作用（彭娟，2013）；又如，构型理论坚持殊途同归和元素间等效替代的假设，认为一个系统实现某一结果的路径不是唯一的，存在多条实现某一结果的前因条件的组合，并且为了实现某一结果，个别前因变量之间可以相互替代和相互补充（Katz & Kahn，1978；Fiss，2007）。

本书利用统计回归方法在分析区域研发投资规模、结构和集聚对经济高质量发展作用的净效应以及第三个变量的调节效应之后，基于构型理论，在第 6 章中，利用模糊集定性比较分析方法从组态视角出发将区域研发投资规模、结构和集聚以及区域其他资源放在同一框架进行分析，尝试发掘区域研发投资规模、结构和集聚以及区域其他资源共同作用下区域经济高质量发展的不同实现构型，为区域政府综合考虑区域不同条件全面提升经济发展质量提供决策依据。

2.3　区域经济高质量发展的测算与分析

区域经济高质量发展是本书第 3 ~ 6 章实证研究中的因变量或结果变量，因此本节将根据前面对区域经济高质量发展的含义界定，细致介绍区域经济高质量发展测度指标体系选择的原则、指标体系建立的过程和测算方法的选择，对区域经济高质量发展水平及其四个分维度进行测算和分析，为后面逻辑框架构建以及实证研究作铺垫。

在经济高质量发展水平的测算方面，存在单一指标和综合指数两种测量方式，已有研究采用全要素生产率、劳动生产率、技术效率和可持续发展的三重底线等单一指标测量经济高质量发展水平（陈诗一和陈登科，2018；吴婷和易明，2019；余泳泽等，2019；Gu et al.，2020）。此外，较多学者通过构建经济高质量发展水平评价指标体系综合测度其水平（马茹等，2019；魏敏和李书昊，2018；聂长飞和简新华，2020）。

经济高质量发展综合评价指标体系以其全面性、科学性等优势更加符合经济高质量发展的特点。因此，本书通过构建经济高质量发展评价指标体系形成综合指数的方法客观、科学地评价我国区域经济高质量发展水平。

2.3.1 区域经济高质量发展测算指标体系建立的原则

2.3.1.1 全面性

经济高质量发展的含义丰富，涉及面广，既包括经济运行状态、资源利用情况、生态环境保护，同时也包含人民生活和生产个人需求的满足情况，在经济、社会、政治和生态等多方面满足人民日益增长的需求，因此，构建经济高质量发展的测度指标体系时应尽量从经济高质量发展的不同方面选择指标，以使区域经济高质量发展的测度更加科学和有效。

2.3.1.2 代表性

虽然经济高质量发展的含义丰富，但是也应注意避免选择较多的指标。如果选择较多的指标可能出现指标内容重复、交叉等现象，不利于科学测量经济高质量发展水平，同时也增加指标评价过程中的赋权难度，因此，在选择经济高质量发展的评价指标时应尽量选择具有代表性的指标，用尽量少的指标有效表示我国区域经济高质量发展水平，同时有效避免指标数量多、内容重复交叉的现象。

2.3.1.3 客观性

在构建经济高质量发展评价指标体系时，应遵循不同区域客观可比的原则，我国各个区域因地理位置、经济发展基础等条件的差异，不同区域的人口、资源禀赋等存在较大差距，为了使构建的经济高质量发展评价指标体系在各个区域具有可比性，在建立指标时本书尽量选择人均指标、平均单位指标或者比值指标，以避免因人口差异、资源比较优势等产生评价误差，同时尽量使用国家统计局官网公布的数据，避免使用专家打分等主观指标，从而有效保证我国不同区域经济高质量发展水平评价的客观性。

2.3.1.4 可操作性

在建立经济高质量发展水平的测度指标体系时，应遵循数据可获得、指标可衡量、评价体系可操作性强的原则。在评价经济高质量发展水平时，某一指标在测量经济高质量发展的某一方面时可能更合理、科学，但存在数据无法获得的难点，此时，就应该选择替代指标，选择数据易获得的近似指标进行测量，因此，本书在指标选取时尽量选择数据易获得的指标，严格遵循评价体系可操作性强的原则。

2.3.2 区域经济高质量发展测算指标体系的建立

经济高质量发展是涵盖经济发展多个方面并呈现高级发展状态的综合概念（聂长飞和简新华，2020）。经济高质量发展应该既包含经济发展给人民带来的福利，也包括经济发展的运行模式、资源消耗以及对生态环境的影响等，因此，本书主要从人民需要满足、经济运行良好、资源利用高效和生态环境美好四个维度构建我国区域经济高质量发展的测度指标。经济高质量发展的评价指标体系应是对发展状态的描述，不应包括如何实现高质量发展的指标或描述发展路径的指标（简新华和聂长飞，2019）。因此，本章在构建经济高质量发展的评价指标时尽量采用结果变量而不是过程变量来刻画经济高质量发展状态。参考已有的研究（魏敏和李书昊，2018；马茹等，2019；聂长飞和简新华，2020），遵循选取的指标具有全面性、代表性、客观性和可操作性等原则，最终形成包含 4 个维度、19 个二级指标、33 个三级指标的我国区域经济高质量发展测算指标体系，如

表 2.1 所示。

表 2.1　　　　　　　我国区域经济高质量发展的测算指标体系

四个维度	二级指标	三级指标	指标属性	指标权重
人民需要满足	收入满意	人均可支配收入/人均 GDP（%）	正向	0.0298
	医疗保障	每万人医疗机构床位数（张/万人）	正向	0.0355
		城镇基本医疗保险年末参保人数占年末常住人口的比例（%）	正向	0.0286
	社会安稳	失业率（%）	逆向	0.0268
		居民消费价格指数	逆向	0.0484
	交通便利	每万人拥有公共交通车辆（标台/万人）	正向	0.0220
		人均城市道路面积（平方米/人）	正向	0.0367
	文娱丰富	人均拥有公共图书馆藏量（册/人）	正向	0.0123
		广播节目综合人口覆盖率（%）	正向	0.0613
经济运行良好	增长稳定	人均 GDP（元/人）	正向	0.0227
		GDP 增速（%）	正向	0.0420
	结构合理	产业结构高级化指数	正向	0.0111
		产业结构合理化指数	逆向	0.0545
		第三产业投资占社会总投资的比重（%）	正向	0.0278
	创新营收	高新技术产业主营业务收入占 GDP 的比值（%）	正向	0.0211
		新产品销售收入占工业企业主营业务收入的比值（%）	正向	0.0093
	对外开放	货物进出口总额占 GDP 比重（%）	正向	0.0145
		外商直接投资占 GDP 比重（%）	正向	0.0200
	数字驱动	人均互联网宽带接入端口数（个/人）	正向	0.0245
		移动电话普及率（部/百人）	正向	0.0269
	协调共享	区域收入共享	正向	0.0253
		区域消费共享	正向	0.0188
		城乡收入协调	逆向	0.0467
		城乡消费协调	逆向	0.0503

续表

四个维度	二级指标	三级指标	指标属性	指标权重
资源利用高效	土地利用率	单位面积土地的 GDP（亿元/平方千米）	正向	0.0061
	物质资本利用率	单位固定资产投资的新增 GDP	正向	0.0183
	劳动力利用率	劳动生产率（亿元/万人）	正向	0.0215
	能源利用率	单位能耗新增 GDP（亿元/万吨标煤）	正向	0.0245
	全要素生产率	全要素生产率	正向	0.0308
生态环境美好	废水排放	单位 GDP 废水中主要污染物化学需氧量和氨氮排放量（万吨/亿元）	逆向	0.0549
	废气排放	单位 GDP 废气中主要污染物 CO_2 和 SO_2 排放量（吨/万元）	逆向	0.0551
	绿地覆盖	人均公园绿地面积（平方米/人）	正向	0.0312
		建成区绿化覆盖率（％）	正向	0.0407

注：表最右列的数据为由纵横向拉开档次法确定的指标权重。

　　本书从收入满意、医疗保障、社会安稳、交通便利和文娱丰富五个方面刻画人民需要满足情况，以人均可支配收入与人均 GDP 的比值衡量人民收入满意情况，采用每万人医疗机构床位数和城镇基本医疗保险年末参保人数占年末常住人口的比例来衡量人民医疗保障情况，从失业率和居民消费价格指数两个方面刻画社会安稳状况（马茹等，2019）。从每万人拥有公共交通车辆和人均城市道路面积两个指标衡量区域交通便利程度，从广播节目综合人口覆盖率和人均拥有公共图书馆藏量两个指标刻画文娱丰富程度。以上指标中，区域的失业率越低、居民消费价格指数越低表示人民的工作稳定、物价平稳，社会比较安稳、和谐，因此，失业率和居民消费价格指数均是逆向指标；其余指标均是数值越高表示区域经济高质量发展的水平越高，均为正向指标。

　　本书从土地利用率、物质资本利用率、劳动力利用率、能源利用率和全要素生产率五个方面衡量资源利用高效程度。具体地，采用单位面积土地的 GDP 衡量土地利用率，单位固定资产投资的新增 GDP 刻画物质资本利用率，采用地区生产总值与劳动力数量的比值，即劳动生产率，衡量劳动力利用率,以单位能耗新增 GDP 描述能源利用率(魏敏和李书昊,2018)。全要素生产率采用 Malmquist 指数法计算得到(周璇和陶长琪,2019)。衡量资源利用高效程度的这些指标均为正向指标。

从增长稳定、结构合理、创新营收、对外开放、数字驱动和协调共享6 个方面描述经济运行良好程度。以人均 GDP 和 GDP 增速描述经济增长稳定情况(马茹等,2019)。以产业结构高级化指数和产业结构合理化指数描述产业结构合理程度,采用第三产业投资占社会总投资的比重刻画投资结构合理程度(魏敏和李书昊,2018)。以高新技术产业主营业务收入占 GDP 的比值和新产品销售收入占工业企业主营业务收入的比值两个指标衡量创新营收水平。以货物进出口总额占 GDP 比重和外商直接投资占GDP 比重两个指标描述对外开放程度(马茹等,2019)。从人均互联网宽带接入端口数和移动电话普及率两个维度刻画数字驱动发展状况,用区域收入共享和区域消费共享两个指标描述区域在收入和消费方面的共享程度,用城乡收入协调和城乡消费协调两个指标刻画城镇和农村在收入和消费两个方面的协调程度(魏敏和李书昊,2018)。以上指标中,产业结构合理化指数参考干春晖等(2011)的研究采用泰勒指数测算,泰勒指数等于零,表示产业结构处于平衡状态,产业结构合理,泰勒指数越大,表示产业结构越远离平衡状态,产业结构越不合理,因此,产业结构合理化指数为逆向指标;城乡收入协调和城乡消费协调分别用城乡收入比和城乡消费水平比测量,比值越大表示城镇与乡村在收入和消费水平方面的差距越大,因此,这两个指标也为逆向指标;区域收入共享用各省份人均 GDP与全国人均 GDP 的比值表示,区域消费共享用各省份居民消费水平与全国居民消费水平的比值衡量,这两个指标为正向指标;其余指标也均为正向指标(魏敏和李书昊,2018)。

从废水排放、废气排放和绿地覆盖三个方面描述区域生态环境美好程度。具体地,采用单位 GDP 废水中主要污染物化学需氧量和氨氮排放量衡量废水排放情况,以单位 GDP 废气中主要污染物 CO_2 和 SO_2 排放量描述废气排放情况,以人均公园绿地面积和建成区绿化覆盖率两个指标测度绿地覆盖程度（魏敏和李书昊，2018；聂长飞和简新华，2020）。其中，单位 GDP 废水中主要污染物化学需氧量和氨氮排放量以及单位 GDP 废气中主要污染物 CO_2 和 SO_2 排放量越多，表示地区废水减排和废气减排程度越低，不利于区域经济高质量发展，因此，代表废水排放和废气排放情况的两个指标为逆向指标，而刻画绿地覆盖程度的两个指标为正向指标。

关于表 2.1 中指标的具体测算解释如下：关于产业结构合理化指数，基于各省份三次产业产值和就业人员数，参考干春晖等（2011）的研究，采用泰勒指数进行计算，产业结构高级化指数用第三产业增加值与第二产业增加值的比值表示，泰勒指数的计算过程如下所示：

$$TL = \sum_{i=1}^{n} \left(\frac{Y_i}{Y} \right) \ln \frac{Y_i/L_i}{Y/L} \qquad (2-1)$$

其中，$i = 1,2,3$，分别代表三次产业，Y_i 表示 i 产业的增加值，L_i 表示 i 产业的劳动力人数，Y 代表我国三次产业生产总值之和，L 代表我国三次产业劳动力人数之和。

全要素生产率采用 Malmquist 指数法测算，物质资本存量和劳动力投入为投入指标，地区生产总值为产出指标（周璇和陶长琪，2019）。物质资本指的是全社会固定资产投资，物质资本存量采用永续盘存法进行计算，计算公式如下所示：

$$K_{it} = (1-\delta)K_{i,t-1} + I_{it}/P_{it} \qquad (2-2)$$

其中，K_{it} 和 $K_{i,t-1}$ 分别为第 i 省份第 t 期和第 $t-1$ 期的物质资本存量，δ 为折旧率，设置为 9.6%（Zhuo & Deng，2020），I_{it} 为第 i 省份第 t 期全社会固定资产投资名义值，P_{it} 为固定资产投资价格指数，以 2009 年为基期。初期物质资本存量计算公式为（Reinsdorf & Cover，2005）：

$$K_{i,1} = I_{i,1}(1+g)/(g+\delta) \qquad (2-3)$$

其中，g 为全社会固定资产投资的年平均增长率，g 由斯里柯（Sliker，2007）开发的公式 $g = e^m - 1$ 计算得到，其中 m 的值由回归模型 $\ln I_t = b +$

$mt + \varepsilon_t$ 计算确定。

CO_2 的计算方法参考联合国政府间气候变化专门委员会（IPCC，2006）和杜立民（2012）的研究，从化石燃料燃烧和工业生产过程两部分计算排放量，化石燃料包含煤、焦炭、汽油、煤油、柴油、燃料油和天然气 7 种主要化石燃料，在工业生产过程的 CO_2 排放总量中，水泥约占 56.8%，石灰约占 33.7%，电石和钢铁生产的 CO_2 排放量不足 10%。目前石灰、电石和钢的消耗数据未公布，且其二氧化碳排放的份额也相对较小，因此，对于非化石燃料，只考虑水泥生产过程中产生的二氧化碳，不包括石灰、电石和钢铁生产过程（Zhang & Li，2021）。由化石燃料燃烧产生的 CO_2 排放量的计算公式如下所示：

$$CF = \sum_{i=1}^{7} (CO_2)_i = \frac{44}{12} \sum_{i=1}^{7} C_i \times NCV_i \times CC_i \times COF_i \qquad (2-4)$$

其中，CF 为七种化石燃料消耗的 CO_2 排放量，i 表示化石燃料种类，C 为化石燃料消耗量，NCV 为《中国能源统计年鉴》公布的化石燃料的净热值，CC 表示来自 IPCC 的碳含量，COF 为碳氧化因子。

由水泥生产过程产生的 CO_2 排放量的计算公式如下所示：

$$CP = A \times EE \qquad (2-5)$$

其中，CP 为水泥生产的 CO_2 排放量，A 为水泥产量，EE 为水泥生产过程的 CO_2 排放系数。参考杜立民（2010）的研究，EE 的值为 0.527 吨 CO_2/吨。在本研究中，CO_2 排放总量为 CF 与 CP 之和。

本章选取 2009 ~ 2018 年我国的 30 个省份为研究对象（由于西藏、香港、澳门和台湾的数据缺失，故未考虑），原始数据来源于历年的《中国统计年鉴》《中国高技术产业统计年鉴》《中国科技统计年鉴》《中国能源统计年鉴》和各省份统计年鉴。由于样本考察周期长，存在较少的缺失值，关于缺失值的处理主要采用相邻年份的数据线性插值代替或者相邻年份代替，例如，统计年鉴中缺乏 2017 年高新技术产业主营业务收入，就采用 2016 年和 2018 年的数据线性插值计算。此外，为了规避价格因素的影响，人均 GDP、土地利用率、资本利用率、劳动力利用率和能源利用率等涉及价格衡量的指标均用 GDP 指数进行平减处理，以 2009 年为基期。由于国家统计局从 2010 年开始公布移动电话普及率数据，以 2009 年为基期采用 Malmquist 指数法时从 2010 年开始才能计算出全要素生产率指数，因此，我国区域经济高质量发展的测算时期为 2010～2018 年。

2.3.3　区域经济高质量发展测算方法的选择

在评价经济高质量发展水平时，常用的赋权方法主要有主观赋权法、主成分分析法、熵值法和纵横向拉开档次法。其中，主观赋权法主要依据专家的主观认识对指标进行赋权，无法客观反映评价对象的真实水平；主成分分析法确定的主成分的现实意义往往很难解释，且通常会存在负权重系数的情况；熵值法是一种静态赋权方法，更适合确定截面数据的权重（聂长飞和简新华，2020）；纵横向拉开档次法能够有效弥补以上方法的不足，既可以根据评价数据客观赋予权重，同时适合于“纵横向”面板数据的动态评价（郭亚军，2002）。

纵横向拉开档次法评价的基本原则是尽可能地展现各评价对象之间的差异，评价过程如下（郭亚军，2002；聂长飞和简新华，2020）：

设存在 n 个被评价对象 $s_i = \{s_1, s_2, \cdots, s_n\}$（文中指的是 30 个省份），$m$ 个评价指标 $x_j = \{x_1, x_2, \cdots, x_m\}$（文中指的是 31 个评价指标），$t_i = \{t_1, t_2, \cdots, t_p\}$ 表示评价时期，$w_j = \{w_1, w_2, \cdots, w_m\}$ 为各评价指标的权重系数，第 i 省份第 j 指标在 t_k 时期的原始值为 $x_{ij}(t_k)$。为了保证评价数据的可比性，在综合评价之前，先对数据进行无量纲化处理。本书采用极值处理法，$x_{ij}^*(t_k)$ 为 $x_{ij}(t_k)$ 经极值法处理之后的数据值，则第 i 省份在 t_k 时期的综合评价值为 $y_i(t_k) = \sum_{j=1}^{m} w_j x_{ij}^*(t_k)$。各评价对象 s_i 之间的整体差异可以用综合评价值 $y_i(t_k)$ 的总离差平方和 $\sigma^2 = \sum_{k=1}^{p} \sum_{i=1}^{n} [y_i(t_k) - \bar{y}]^2$ 来描述，其中 $\bar{y} =$

$$\frac{1}{p} \sum_{k=1}^{p} \left[\frac{1}{n} \sum_{i=1}^{n} \sum_{j=1}^{m} w_j x_{ij}^{*}(t_k) \right] = 0, 则$$

$$\sigma^2 = \sum_{k=1}^{p} \sum_{i=1}^{n} \left[y_i(t_k) \right]^2 = \sum_{k=1}^{p} \left[w^T H_k w \right] = w^T \sum_{k=1}^{p} H_k w = w^T H w$$

其中，$H = \sum_{k=1}^{p} H_k$ 为 $m \times m$ 阶对称矩阵，$w = (w_1, w_2, \cdots, w_m)^T$，而 $H_k = A_k^T A_k$，$A_k = \left[x_{ij}^{*}(t_k) \right]_{n \times m}$。限定 $w^T w = 1$，当 w 为矩阵 H 的最大特征值所对应的标准特征向量时，σ^2 取最大值。且 $w > 0$，则权重系数 $w = (w_1, w_2, \cdots, w_m)^T$ 可由式（2 - 6）的规划模型计算得出：

$$\max w^T H w \qquad \text{s. t. } w^T w = 1, w > 0 \qquad (2-6)$$

通常情况下，所有指标权重系数的和应为 1，因此最终权重系数 $w_j^* = w_j / \sum_{j=1}^{m} w_j$，33 个指标的权重系数呈现在表 2.1 的最后一列。最后，根据已确定的指标权重系数和指标值，采用线性加权法计算各省份在不同年份的经济高质量发展综合评价指数 $HQ_i(t_k) = \sum_{j=1}^{m} w_j^* x_{ij}^{*}(t_k)$。

2.3.4　区域经济高质量发展测算结果与分析

为了全面展现我国区域经济高质量发展水平，本章分别从我国区域经济高质量发展水平以及衡量区域经济高质量发展的四个维度进行结果描述与分析，其中四个维度包括人民需要满足、经济运行良好、资源利用高效和生态环境美好，区域经济高质量发展水平是四个维度的综合评价。此外，参考《中国科技统计年鉴》中对我国东部地区、中部地区、西部地区和东北地区的划分，本书除了分析 30 个省级区域的经济高质量发展水平以及四个维度的得分情况，同时描述了我国东部地区、中部地区、西部地区和东北地区四大地区的经济高质量发展水平以及四个维度的得分情况。

2.3.4.1　我国区域经济高质量发展水平测算结果与分析

我国各区域经济高质量发展水平如表 2.2 所示。由表 2.2 可以看出，2010～2018 年，30 个省份的经济高质量发展水平差异较大，其中，北京的经济高质量发展水平最高（0.721），贵州的经济高质量发展水平最低（0.350），前者是后者的 2.06 倍。此外，有 13 个省份的经济高质量发展水平大于全国均值（0.490），处于前五名的省份分别是北京、上海、江苏、浙江和天津，均位于我国东部地区，处于后五名的省份分别是云南、宁夏、青海、甘肃和贵州，均位于我国西部地区。在四大地区中，经济高质量发展水平呈现较大差异，东部地区的经济高质量发展水平最高（0.587），东北地区次之（0.477），中部地区第三（0.468），西部地区最低（0.426），且东部地区整体发展水平远远大于东北、中部和西部地区的发展水平，三者之间的差距分别为 0.110（东部与东北部地区）、0.119（东部与中部地区）和 0.161（东部与西部地区）。同时，从 2010～2018年我国 30 个省级区域的平均值可以看出，我国整体经济高质量发展水平呈上升趋势，从 2010 年的 0.419 上升到 2018 年的 0.566，上升幅度为 0.147。

表 2.2　　　　　　　我国区域经济高质量发展水平的测算结果

区域	2010 年	2011 年	2012 年	2013 年	2014 年	2015 年	2016 年	2017 年	2018 年	均值	排名
北京	0.682	0.664	0.684	0.697	0.731	0.738	0.757	0.765	0.776	0.721	1
上海	0.628	0.608	0.625	0.630	0.635	0.649	0.656	0.677	0.686	0.644	2
江苏	0.555	0.553	0.590	0.600	0.619	0.636	0.648	0.676	0.672	0.617	3
浙江	0.545	0.533	0.574	0.603	0.623	0.651	0.661	0.670	0.685	0.616	4
天津	0.538	0.561	0.596	0.622	0.627	0.629	0.634	0.636	0.588	0.603	5
广东	0.525	0.515	0.556	0.591	0.603	0.621	0.630	0.644	0.656	0.594	6
福建	0.478	0.464	0.508	0.538	0.548	0.561	0.575	0.614	0.622	0.545	7
山东	0.479	0.470	0.514	0.530	0.543	0.572	0.579	0.595	0.582	0.541	8
重庆	0.384	0.412	0.480	0.526	0.545	0.565	0.581	0.597	0.598	0.521	9
海南	0.438	0.432	0.463	0.496	0.508	0.529	0.548	0.566	0.581	0.507	10
辽宁	0.465	0.446	0.475	0.496	0.510	0.514	0.510	0.555	0.559	0.503	11
江西	0.435	0.426	0.463	0.482	0.492	0.512	0.531	0.565	0.575	0.498	12

区域	2010 年	2011 年	2012 年	2013 年	2014 年	2015 年	2016 年	2017 年	2018 年	均值	排名
湖北	0.415	0.392	0.438	0.473	0.502	0.526	0.542	0.568	0.584	0.493	13
安徽	0.404	0.393	0.436	0.473	0.499	0.518	0.536	0.558	0.587	0.489	14
河北	0.441	0.413	0.448	0.464	0.480	0.494	0.533	0.542	0.543	0.484	15
四川	0.394	0.391	0.436	0.460	0.482	0.496	0.526	0.564	0.578	0.481	16
吉林	0.403	0.396	0.434	0.443	0.472	0.482	0.518	0.511	0.527	0.465	17
黑龙江	0.411	0.383	0.413	0.439	0.460	0.473	0.515	0.538	0.535	0.463	18
河南	0.374	0.358	0.411	0.436	0.461	0.480	0.503	0.548	0.558	0.459	19
湖南	0.382	0.356	0.406	0.423	0.450	0.473	0.503	0.542	0.556	0.455	20
内蒙古	0.365	0.354	0.397	0.432	0.470	0.485	0.515	0.521	0.535	0.453	21
陕西	0.378	0.377	0.388	0.415	0.448	0.467	0.491	0.506	0.525	0.444	22
广西	0.323	0.332	0.373	0.414	0.433	0.453	0.475	0.518	0.532	0.428	23
新疆	0.351	0.335	0.369	0.393	0.422	0.439	0.469	0.478	0.532	0.421	24
山西	0.333	0.329	0.373	0.401	0.416	0.432	0.452	0.499	0.500	0.415	25
云南	0.313	0.323	0.361	0.380	0.406	0.421	0.452	0.498	0.511	0.407	26
宁夏	0.322	0.273	0.356	0.384	0.416	0.433	0.471	0.494	0.511	0.407	27
青海	0.297	0.310	0.368	0.377	0.407	0.413	0.441	0.486	0.496	0.400	28
甘肃	0.266	0.255	0.322	0.357	0.376	0.392	0.427	0.463	0.485	0.371	29
贵州	0.211	0.215	0.273	0.329	0.360	0.398	0.427	0.452	0.488	0.350	30
东部地区	0.531	0.521	0.556	0.577	0.592	0.608	0.622	0.638	0.639	0.587	1
东北地区	0.426	0.408	0.441	0.459	0.481	0.489	0.514	0.535	0.540	0.477	2
中部地区	0.391	0.376	0.421	0.448	0.470	0.490	0.511	0.547	0.560	0.468	3
西部地区	0.328	0.325	0.375	0.406	0.433	0.451	0.479	0.507	0.526	0.426	4
均值	0.419	0.408	0.448	0.473	0.494	0.510	0.532	0.557	0.566	0.490	—

注：东部地区包括北京、天津、河北、福建、山东、广东、上海、海南、江苏和浙江，中部地区包括山西、安徽、江西、河南、湖北和湖南，西部地区包括内蒙古、广西、重庆、四川、贵州、云南、陕西、甘肃、青海、宁夏和新疆，东北地区包括辽宁、吉林和黑龙江。本书图表中涉及这4个地区的，均按此划分，不再赘述。

　　图 2.1 和图 2.2 描述了我国东部地区、中部地区、西部地区和东北地区近几年经济高质量发展水平变化趋势和增长率情况。从图 2.1 可以看出，2010~2018 年，我国东部地区、中部地区、西部地区和东北地区的经济高质量发展水平在 2011 年均有所下降，在 2012 年以及之后几年呈现稳步上升的趋势，说明 2012 年党的十八大提出"建设美丽中国""推进绿色

发展、循环发展、低碳发展"的理念之后，对促进经济绿色发展和经济高质量发展起到重要的推动作用。与全国平均水平相比，东部地区的经济高质量发展水平远远高于全国平均水平，东北地区和中部地区的经济高质量发展水平接近全国平均水平，与全国平均水平相差较小，而西部地区的经济高质量发展水平远低于全国平均水平。

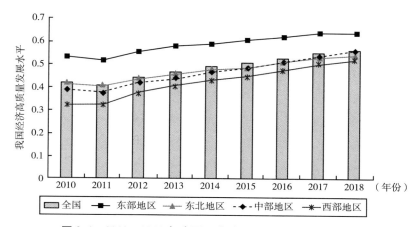

图2.1　2010～2018年我国四大地区经济高质量发展水平

注：因西藏和港澳台地区数据缺失，全国的数据不包含这4个区域。

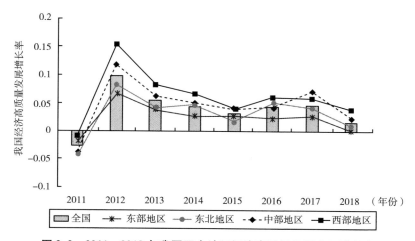

图2.2　2011～2018年我国四大地区经济高质量发展水平增长率

注：因西藏和港澳台地区数据缺失，全国的数据不包含这4个区域。

从图 2.2 可以看出，我国东部地区、中部地区、西部地区和东北地区四大地区的经济高质量发展水平在 2011 年的增长率为负，在之后几年的增长率均为正，并且在 2012 年的增长幅度极大，再次说明了党的十八大提出的"建设美丽中国"的理念对推动经济高质量发展的作用非常突出。在四大地区中，西部地区的经济高质量发展水平的增长率最高，其次是中部地区，第三是东北地区，最低是东部地区。

2.3.4.2 我国区域经济高质量发展的四个维度测算结果与分析

本书根据纵横向拉开档次法确定的每个指标的权重，计算了我国各区域在人民需要满足、经济运行良好、资源利用高效和生态环境美好四个维度的发展水平。

1. 各区域人民需要满足维度的测算结果与分析

表 2.3 呈现了 2010～2018 年我国各个区域在人民需要满足维度的测算结果。从表 2.3 可以看出，人民需要满足维度得分最高的区域是北京（均值为 0.194），最低的区域是贵州（均值为 0.114），前者是后者的 1.70 倍，说明我国这 30 个省级区域在人民需要满足维度的得分方面存在较大的差距。其中，排在前五位的分别是北京、浙江、江苏、山东和广东，均位于我国东部地区，排在后五位的是山西、广西、青海、湖南和贵州，山西和湖南位于我国中部地区，广西、青海和贵州位于我国西部地区，可以看出，我国各个区域在人民需要满足维度的排名情况与经济高质量发展的排名情况不一致，存在一定的差别。在四大地区中，2010～2018 年，人民需要满足维度均值最高的地区是东部地区（0.171），其次是东北地区（0.158），第三是中部地区（0.152），人民需要满足维度得分最低的地区是西部地区（0.149），其中，东部地区和东北地区高于或等于全国平均水平（0.158），中部地区和西部地区低于全国平均水平。

表 2.3 **我国各区域人民需要满足维度的测算结果**

区域	2010 年	2011 年	2012 年	2013 年	2014 年	2015 年	2016 年	2017 年	2018 年	均值	排名
北京	0.184	0.168	0.177	0.189	0.206	0.205	0.210	0.211	0.199	0.194	1
浙江	0.143	0.137	0.171	0.183	0.193	0.205	0.203	0.207	0.209	0.184	2
江苏	0.148	0.142	0.170	0.180	0.186	0.196	0.195	0.217	0.212	0.183	3
山东	0.146	0.136	0.170	0.175	0.180	0.204	0.198	0.209	0.206	0.180	4
广东	0.140	0.130	0.164	0.173	0.178	0.188	0.183	0.192	0.187	0.170	5
天津	0.150	0.148	0.162	0.164	0.173	0.173	0.172	0.180	0.173	0.166	6
上海	0.157	0.152	0.157	0.163	0.160	0.168	0.163	0.181	0.179	0.164	7
辽宁	0.135	0.120	0.145	0.156	0.168	0.178	0.185	0.191	0.197	0.164	8
安徽	0.126	0.112	0.149	0.156	0.171	0.179	0.177	0.192	0.207	0.163	9
河北	0.134	0.115	0.147	0.147	0.162	0.174	0.191	0.196	0.202	0.163	10
重庆	0.104	0.108	0.160	0.165	0.175	0.184	0.182	0.197	0.193	0.163	11
湖北	0.125	0.106	0.143	0.152	0.168	0.180	0.180	0.203	0.202	0.162	12
新疆	0.121	0.112	0.134	0.139	0.165	0.187	0.188	0.188	0.208	0.160	13
宁夏	0.096	0.083	0.149	0.150	0.174	0.185	0.186	0.194	0.198	0.157	14
甘肃	0.101	0.089	0.143	0.147	0.162	0.172	0.178	0.203	0.207	0.156	15
黑龙江	0.119	0.108	0.134	0.150	0.160	0.167	0.174	0.190	0.201	0.156	16
内蒙古	0.110	0.098	0.130	0.141	0.163	0.175	0.181	0.200	0.201	0.155	17
海南	0.110	0.123	0.152	0.154	0.157	0.171	0.158	0.175	0.192	0.155	18
吉林	0.129	0.117	0.144	0.145	0.159	0.164	0.168	0.171	0.194	0.154	19
陕西	0.112	0.107	0.142	0.144	0.162	0.172	0.174	0.176	0.193	0.154	20
江西	0.124	0.112	0.143	0.144	0.149	0.160	0.162	0.192	0.192	0.153	21
四川	0.115	0.104	0.140	0.142	0.155	0.161	0.167	0.188	0.196	0.152	22
福建	0.120	0.109	0.139	0.142	0.150	0.156	0.158	0.187	0.191	0.150	23
河南	0.111	0.099	0.137	0.137	0.151	0.160	0.160	0.197	0.194	0.150	24
云南	0.113	0.108	0.131	0.128	0.147	0.151	0.167	0.198	0.191	0.148	25
山西	0.103	0.088	0.126	0.137	0.155	0.170	0.172	0.190	0.192	0.148	26
广西	0.111	0.090	0.125	0.138	0.145	0.156	0.160	0.197	0.198	0.147	27
青海	0.072	0.074	0.119	0.123	0.145	0.153	0.164	0.197	0.195	0.138	28
湖南	0.094	0.079	0.118	0.118	0.132	0.148	0.151	0.194	0.205	0.138	29
贵州	0.073	0.056	0.088	0.100	0.114	0.129	0.141	0.151	0.174	0.114	30

续表

区域	2010 年	2011 年	2012 年	2013 年	2014 年	2015 年	2016 年	2017 年	2018 年	均值	排名
东部地区	0.143	0.136	0.161	0.167	0.175	0.184	0.183	0.196	0.195	0.171	1
东北地区	0.128	0.115	0.141	0.150	0.162	0.170	0.176	0.184	0.197	0.158	2
中部地区	0.114	0.100	0.136	0.141	0.154	0.166	0.167	0.195	0.198	0.152	3
西部地区	0.103	0.093	0.133	0.138	0.155	0.166	0.172	0.190	0.196	0.149	4
全国	0.121	0.111	0.144	0.149	0.162	0.172	0.175	0.192	0.196	0.158	—

注：因西藏和港澳台地区数据缺失，全国的数据不包含这 4 个区域。

从图 2.3 可以看出，2010～2018 年，我国东部地区、东北地区、中部地区和西部地区的人民医疗、交通、就业和娱乐等方面需要的满足程度在 2011 年和 2016 年有所下降，其他年份均呈稳定上升趋势。东部地区在人民需要满足维度上的得分在 2017 年之前始终高于其他地区，并且，四大地区在人民需要满足维度方面的差距逐年缩小，2018 年，四大地区在人民需要满足维度上的得分非常接近，说明我国四大地区在 2018 年人民需要满足方面的差距较小，且均达到了较高满足程度。

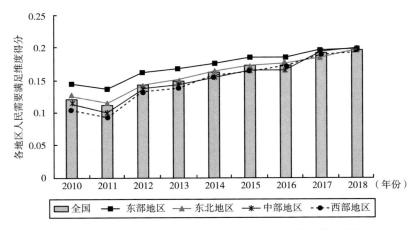

图 2.3　2010～2018 年我国四大地区人民需要满足维度得分

注：因西藏和港澳台地区数据缺失，全国的数据不包含这 4 个区域。

从图 2.4 可以看出，2011～2018 年，我国东部地区、中部地区、西部地区和东北地区人民需要满足维度的增长率在 2011 年均为负，东部地区在 2016 年和 2018 年也为负。同时，中部地区和西部地区人民需要满足维度的增长率在四个地区中比较高，东部地区和东北地区人民需要满足维度的增长率相对较低，2018 年东北地区的增长率最高。

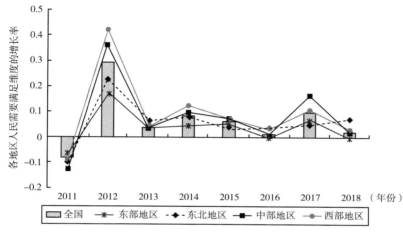

图 2.4　2011～2018 年我国四大地区人民需要满足维度增长率

注：因西藏和港澳台地区数据缺失，全国的数据不包含这 4 个区域。

2. 各区域经济运行良好维度的测算结果与分析

从表 2.4 可以看出，2010～2018 年，经济运行良好维度均值排名最高的区域是北京（0.300），排名最低的区域是甘肃（0.109），前者是后者的 2.752 倍，超过全国均值（0.188）的区域只有 12 个，说明我国各个区域在经济运行状况方面存在较大差距，呈现两极分化现象。其中，排名前五位的区域是北京、上海、天津、浙江和江苏，均位于我国东部地区，排名后五位的是广西、陕西、云南、贵州和甘肃，均位于我国西部地区。在我国四大地区中，经济运行状况最佳的地区是东部地区（0.241），其次是东北地区（0.187），第三是中部地区（0.176），经济运行状况最差的地区是西部地区（0.150），其中，高于全国平均水平（0.188）的地区只有东部地区，东北地区、中部地区和西部地区均低于全国平均水平，再次说明了我国经济运行状况在不同区域之间的差距较大，东部地区的经济运行状况明显优于其他地区。

表 2.4　　　　　　我国各区域经济运行良好维度的测算结果

区域	2010 年	2011 年	2012 年	2013 年	2014 年	2015 年	2016 年	2017 年	2018 年	均值	排名
北京	0.295	0.293	0.299	0.291	0.295	0.299	0.303	0.310	0.319	0.300	1
上海	0.294	0.283	0.292	0.288	0.293	0.296	0.297	0.299	0.305	0.294	2
天津	0.238	0.259	0.272	0.291	0.288	0.286	0.283	0.269	0.256	0.271	3
浙江	0.238	0.235	0.239	0.252	0.257	0.271	0.273	0.278	0.283	0.258	4
江苏	0.234	0.239	0.245	0.247	0.249	0.254	0.259	0.262	0.262	0.250	5
广东	0.204	0.211	0.211	0.236	0.238	0.241	0.245	0.245	0.259	0.232	6
福建	0.198	0.203	0.210	0.229	0.231	0.235	0.237	0.241	0.243	0.225	7
海南	0.179	0.176	0.174	0.203	0.203	0.217	0.226	0.228	0.227	0.204	8
辽宁	0.191	0.198	0.196	0.201	0.198	0.187	0.178	0.196	0.199	0.194	9
山东	0.170	0.181	0.186	0.191	0.195	0.199	0.201	0.203	0.201	0.192	10
重庆	0.130	0.152	0.155	0.193	0.202	0.211	0.218	0.220	0.221	0.189	11
黑龙江	0.167	0.180	0.181	0.184	0.188	0.191	0.201	0.206	0.202	0.189	12
湖北	0.157	0.162	0.163	0.185	0.192	0.200	0.205	0.205	0.214	0.187	13
江西	0.156	0.164	0.167	0.182	0.187	0.196	0.202	0.201	0.205	0.184	14
四川	0.147	0.160	0.164	0.184	0.189	0.194	0.199	0.207	0.214	0.184	15
安徽	0.147	0.152	0.157	0.181	0.186	0.194	0.199	0.202	0.207	0.181	16
河北	0.159	0.168	0.172	0.183	0.182	0.185	0.190	0.191	0.193	0.180	17
吉林	0.152	0.167	0.172	0.178	0.179	0.183	0.194	0.190	0.188	0.178	18
湖南	0.162	0.160	0.163	0.175	0.181	0.183	0.188	0.189	0.190	0.177	19
河南	0.135	0.144	0.150	0.170	0.178	0.185	0.191	0.192	0.198	0.171	20
内蒙古	0.134	0.148	0.149	0.170	0.171	0.171	0.177	0.177	0.181	0.164	21
山西	0.134	0.140	0.149	0.162	0.159	0.158	0.164	0.170	0.176	0.157	22
新疆	0.122	0.135	0.147	0.162	0.161	0.157	0.161	0.164	0.169	0.153	23
青海	0.130	0.136	0.147	0.152	0.154	0.154	0.161	0.170	0.175	0.153	24
宁夏	0.135	0.123	0.130	0.146	0.153	0.153	0.162	0.178	0.180	0.151	25
广西	0.109	0.118	0.122	0.145	0.151	0.159	0.166	0.174	0.182	0.147	26
陕西	0.129	0.137	0.105	0.130	0.140	0.149	0.165	0.169	0.177	0.144	27
云南	0.086	0.103	0.109	0.128	0.130	0.138	0.146	0.154	0.160	0.128	28
贵州	0.065	0.084	0.094	0.122	0.131	0.143	0.148	0.157	0.163	0.123	29
甘肃	0.074	0.087	0.090	0.111	0.111	0.121	0.124	0.125	0.135	0.109	30

续表

区域	2010 年	2011 年	2012 年	2013 年	2014 年	2015 年	2016 年	2017 年	2018 年	均值	排名
东部地区	0.221	0.225	0.230	0.241	0.243	0.248	0.251	0.253	0.255	0.241	1
东北地区	0.170	0.182	0.183	0.187	0.188	0.187	0.191	0.197	0.196	0.187	2
中部地区	0.148	0.154	0.158	0.176	0.180	0.186	0.191	0.193	0.198	0.176	3
西部地区	0.115	0.126	0.128	0.149	0.154	0.159	0.166	0.172	0.178	0.150	4
全国	0.163	0.172	0.175	0.188	0.191	0.195	0.200	0.204	0.207	0.188	—

注：因西藏和港澳台地区数据缺失，全国的数据不包含这 4 个区域。

从图 2.5 可以看出，2010～2018 年，东部地区的经济运行良好维度得分最高，远远超过其他三大地区。在 2015 年之前，东北地区的经济运行良好维度得分高于中部地区和西部地区，2015 年之后，东北地区的经济运行良好维度得分与中部地区持平，西部地区的经济运行良好维度得分最低。从图 2.6 可以看出，2011～2018 年，西部地区的经济运行良好维度的增长率最高，中部地区的增长率次之，东部地区的增长率比较平缓，东北地区的增长率变动幅度较大，其中，在 2013 年，四大地区的经济运行状况均得到较大的提升，可能是 2012 年党的十八大召开之后，提出"全面建成小康社会"的目标对经济良好运行起到重要的推动作用。

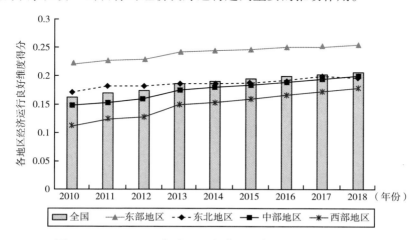

图 2.5 2010～2018 年我国四大地区经济运行良好维度得分

注：因西藏和港澳台地区数据缺失，全国的数据不包含这 4 个区域。

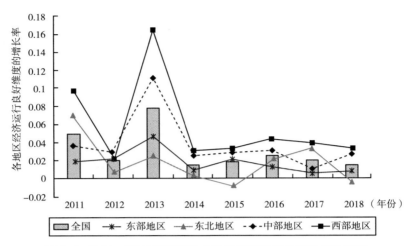

图 2.6　2011～2018 年我国四大地区经济运行良好维度增长率

注：因西藏和港澳台地区数据缺失，全国的数据不包含这 4 个区域。

3. 各区域资源利用高效维度的测算结果与分析

从表 2.5 可以看出，2010～2018 年，资源利用高效维度均值排名最高的区域是北京（0.063），排名最低的区域是甘肃和青海（均为 0.018），前者是后者的 3.5 倍，相差极大，超过或等于全国均值（0.029）的区域仅有 10 个，说明我国各个区域在资源利用高效方面存在较大差距。其中，排名前五位的区域是北京、上海、广东、天津和江苏，均位于我国东部地区，排名后五位的是新疆、宁夏、贵州、甘肃和青海，均位于我国西部地区。在我国四大地区中，资源利用效率最高的地区是东部地区（0.040），其次是东北地区（0.027），第三是中部地区（0.026），资源利用效率最低的地区是西部地区（0.023），且东部地区的利用效率远远高于东北、中部和西部地区的利用效率，三者之间的差距分别为 0.013（东部与东北地区）、0.014（东部与中部地区）和 0.017（东部与西部地区），而东北地区、中部地区和西部地区三者之间的差距较小，分别为 0.001（东北地区与中部地区）、0.004（东北地区与西部地区）和 0.003（中部地区和西部地区）。此外，在四大地区中，高于全国平均资源利用效率（0.029）的地区只有东部地区，东北地区、中部地区和西部地区均低于全国平均水平。

表 2.5　　　　　　　　　我国各区域资源利用高效维度的测算结果

区域	2010 年	2011 年	2012 年	2013 年	2014 年	2015 年	2016 年	2017 年	2018 年	均值	排名
北京	0.051	0.054	0.055	0.059	0.059	0.064	0.070	0.070	0.086	0.063	1
上海	0.057	0.054	0.055	0.057	0.056	0.058	0.066	0.064	0.077	0.060	2
广东	0.043	0.042	0.042	0.040	0.042	0.042	0.045	0.045	0.049	0.043	3
天津	0.042	0.038	0.043	0.044	0.045	0.043	0.047	0.046	0.023	0.041	4
江苏	0.037	0.038	0.038	0.033	0.040	0.041	0.044	0.046	0.048	0.041	5
浙江	0.038	0.037	0.033	0.035	0.036	0.035	0.041	0.041	0.047	0.038	6
福建	0.033	0.030	0.031	0.034	0.031	0.031	0.034	0.036	0.038	0.033	7
辽宁	0.030	0.029	0.029	0.027	0.029	0.033	0.029	0.040	0.036	0.031	8
重庆	0.027	0.024	0.026	0.027	0.028	0.029	0.033	0.032	0.037	0.029	9
湖北	0.028	0.025	0.026	0.023	0.026	0.029	0.031	0.030	0.040	0.029	10
山东	0.028	0.028	0.029	0.029	0.029	0.029	0.030	0.030	0.022	0.028	11
江西	0.027	0.028	0.028	0.028	0.027	0.026	0.030	0.028	0.033	0.028	12
湖南	0.027	0.026	0.028	0.027	0.027	0.027	0.035	0.028	0.029	0.028	13
海南	0.028	0.027	0.028	0.024	0.028	0.026	0.030	0.029	0.031	0.028	14
四川	0.027	0.027	0.026	0.023	0.026	0.023	0.028	0.034	0.033	0.027	15
陕西	0.029	0.028	0.028	0.025	0.027	0.025	0.027	0.030	0.027	0.027	16
内蒙古	0.032	0.031	0.028	0.024	0.025	0.028	0.027	0.017	0.027	0.027	17
吉林	0.026	0.030	0.030	0.028	0.030	0.028	0.030	0.026	0.011	0.026	18
安徽	0.024	0.028	0.025	0.023	0.023	0.023	0.026	0.026	0.036	0.026	19
河南	0.025	0.024	0.024	0.024	0.023	0.023	0.025	0.025	0.031	0.025	20
黑龙江	0.027	0.029	0.026	0.024	0.028	0.029	0.024	0.024	0.011	0.025	21
广西	0.027	0.028	0.025	0.024	0.025	0.024	0.026	0.020	0.023	0.025	22
云南	0.021	0.023	0.023	0.022	0.021	0.022	0.021	0.023	0.034	0.023	23
山西	0.027	0.026	0.020	0.018	0.017	0.016	0.017	0.037	0.028	0.023	24
河北	0.031	0.025	0.023	0.023	0.020	0.019	0.022	0.022	0.016	0.022	25
新疆	0.026	0.025	0.021	0.020	0.019	0.015	0.017	0.014	0.042	0.022	26
宁夏	0.023	0.023	0.020	0.020	0.016	0.017	0.020	0.020	0.027	0.021	27
贵州	0.014	0.015	0.018	0.018	0.019	0.020	0.020	0.022	0.025	0.019	28
甘肃	0.019	0.021	0.019	0.015	0.015	0.013	0.016	0.018	0.028	0.018	29

续表

区域	2010年	2011年	2012年	2013年	2014年	2015年	2016年	2017年	2018年	均值	排名
青海	0.023	0.020	0.019	0.019	0.017	0.017	0.017	0.014	0.016	0.018	30
东部地区	0.039	0.037	0.038	0.038	0.039	0.039	0.043	0.043	0.044	0.040	1
东北地区	0.028	0.029	0.028	0.026	0.029	0.030	0.028	0.030	0.019	0.027	2
中部地区	0.026	0.026	0.025	0.024	0.024	0.024	0.027	0.029	0.033	0.026	3
西部地区	0.024	0.024	0.023	0.022	0.022	0.021	0.023	0.022	0.029	0.023	4
全国	0.029	0.029	0.028	0.027	0.028	0.029	0.030	0.031	0.031	0.029	—

注：因西藏和港澳台地区数据缺失，全国的数据不包含这4个区域。

从图2.7可以看出，2010~2018年，在四大地区中，东部地区的资源利用效率最高，在2017年之前，东北地区的资源利用效率排第二，中部地区排第三，西部地区的利用效率最低；2018年，中部地区和西部地区的资源利用效率超过东北地区，分别位居第二位和第三位，东北地区的资源利用效率骤减，位列第四位。从图2.8可以看出，2011~2018年，东部地区和中部地区的资源利用高效维度的增长情况比较平缓，而东北地区和西部地区的资源利用高效维度的增长情况波动较大，尤其在2018年，东

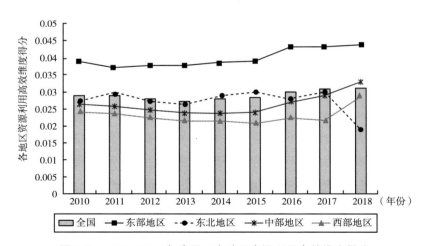

图2.7 2010~2018年我国四大地区资源利用高效维度得分

注：因西藏和港澳台地区数据缺失，全国的数据不包含这4个区域。

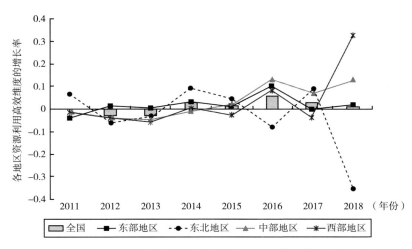

图 2.8　2011～2018 年我国四大地区资源利用高效维度的增长率

注：因西藏和港澳台地区数据缺失，全国的数据不包含这 4 个区域。

北地区的资源利用效率骤减，西部地区的资源利用效率得到极大提高，说明 2017 年党的十九大报告提出的"建设生态文明"和"设立国有自然资源资产管理和自然生态监管机构"的举措有效地提高了西部地区的资源利用效率，而东北地区的资源利用效率没有得到提升反而有所下降，这应该引起区域政府的高度重视。

4. 各区域生态环境美好维度的测算结果与分析

从表 2.6 可以看出，2010～2018 年，生态环境美好维度均值排名最高的区域依然是北京（0.161），排名最低的区域是宁夏（均为 0.078），前者是后者的 2.06 倍，相差较大，超过全国均值（0.113）的区域有 17 个，说明我国各个区域在生态环境方面的差距小于在经济运行良好状况和资源利用高效方面的差距。其中，排名前五位的区域分别是北京、广东、江苏、重庆和山东，只有重庆位于我国西部地区，其他区域均位于我国东部地区，排名后五位的分别是青海、甘肃、新疆、山西和宁夏，只有山西位于我国中部地区，其他区域均位于我国西部地区。在我国四大地区中，生态环境状况最好的地区是东部地区（0.134），其次是中部地区（0.113），西部地区和东北地区并列第三（0.103），可以看出，在生态环境方面，我国四大地区的排名与人民需要满足程度、经济运行良好状况和资源利用高效情况存在一定差距,相比其他维度,东北地区在生态环境方面的排名较落后,表现较差,东北地区的生态环境需要引起重视。东部地区在生态环境维度方面的得分远远高于全国平均水平(0.113),中部地区的得分与全国平均水平持平,西部地区和东北地区在生态环境美好维度方面的得分低于全国平均水平。

表 2.6 我国各区域生态环境美好维度的测算结果

区域	2010 年	2011 年	2012 年	2013 年	2014 年	2015 年	2016 年	2017 年	2018 年	均值	排名
北京	0.151	0.147	0.151	0.156	0.168	0.168	0.170	0.171	0.171	0.161	1
广东	0.137	0.131	0.138	0.141	0.143	0.148	0.156	0.159	0.161	0.146	2
江苏	0.136	0.132	0.135	0.139	0.142	0.144	0.148	0.150	0.150	0.142	3
重庆	0.125	0.129	0.139	0.141	0.139	0.140	0.146	0.147	0.149	0.140	4
山东	0.136	0.124	0.129	0.135	0.138	0.139	0.150	0.149	0.149	0.139	5
福建	0.126	0.121	0.127	0.132	0.135	0.138	0.144	0.149	0.151	0.136	6
浙江	0.125	0.123	0.129	0.132	0.135	0.137	0.142	0.142	0.145	0.135	7
江西	0.129	0.120	0.125	0.126	0.129	0.129	0.136	0.143	0.145	0.131	8
上海	0.119	0.118	0.120	0.121	0.123	0.126	0.128	0.131	0.127	0.124	9
天津	0.109	0.115	0.118	0.121	0.120	0.125	0.131	0.137	0.129	0.123	10
安徽	0.108	0.101	0.104	0.111	0.118	0.121	0.134	0.139	0.141	0.120	11
海南	0.121	0.106	0.108	0.115	0.117	0.114	0.132	0.133	0.130	0.120	12
陕西	0.109	0.105	0.112	0.114	0.117	0.120	0.128	0.130	0.128	0.118	13
河北	0.119	0.104	0.105	0.109	0.114	0.116	0.129	0.130	0.129	0.117	14
四川	0.106	0.100	0.106	0.110	0.111	0.118	0.131	0.134	0.137	0.117	15
湖北	0.107	0.099	0.106	0.111	0.114	0.120	0.125	0.129	0.130	0.115	16
辽宁	0.111	0.100	0.106	0.111	0.113	0.111	0.117	0.127	0.126	0.114	17
河南	0.103	0.091	0.098	0.104	0.108	0.110	0.126	0.132	0.137	0.112	18
湖南	0.099	0.091	0.097	0.102	0.108	0.114	0.128	0.129	0.133	0.111	19
广西	0.077	0.096	0.101	0.105	0.111	0.113	0.122	0.125	0.129	0.109	20
云南	0.096	0.091	0.098	0.100	0.107	0.109	0.118	0.125	0.128	0.108	21
内蒙古	0.092	0.077	0.088	0.096	0.108	0.110	0.124	0.124	0.119	0.104	22
吉林	0.097	0.081	0.089	0.091	0.102	0.106	0.125	0.118	0.128	0.104	23

续表

区域	2010 年	2011 年	2012 年	2013 年	2014 年	2015 年	2016 年	2017 年	2018 年	均值	排名
贵州	0.064	0.063	0.076	0.090	0.097	0.107	0.119	0.123	0.129	0.096	24
黑龙江	0.099	0.066	0.073	0.080	0.082	0.083	0.115	0.113	0.117	0.092	25
青海	0.074	0.080	0.084	0.083	0.090	0.090	0.098	0.106	0.111	0.091	26
甘肃	0.074	0.058	0.070	0.084	0.086	0.085	0.107	0.117	0.115	0.089	27
新疆	0.085	0.065	0.067	0.072	0.075	0.078	0.104	0.114	0.117	0.086	28
山西	0.075	0.073	0.077	0.081	0.082	0.086	0.102	0.100	0.099	0.086	29
宁夏	0.075	0.046	0.057	0.067	0.071	0.078	0.103	0.100	0.101	0.078	30
东部地区	0.128	0.122	0.126	0.130	0.134	0.135	0.143	0.145	0.144	0.134	1
中部地区	0.103	0.096	0.101	0.106	0.110	0.113	0.125	0.129	0.131	0.113	2
西部地区	0.089	0.083	0.091	0.097	0.101	0.104	0.118	0.122	0.124	0.103	3
东北地区	0.103	0.082	0.089	0.094	0.099	0.100	0.119	0.119	0.124	0.103	4
全国	0.106	0.096	0.102	0.107	0.111	0.113	0.126	0.129	0.131	0.113	—

注：因西藏和港澳台地区数据缺失，全国的数据不包含这 4 个区域。

从图 2.9 可以看出，2010～2018 年，东部地区的生态环境美好维度得分最高，说明其生态环境最佳，中部地区的生态环境状况次之，西部地区的生态环境略微优于东北地区，东北地区的生态环境最差。从图 2.10 可

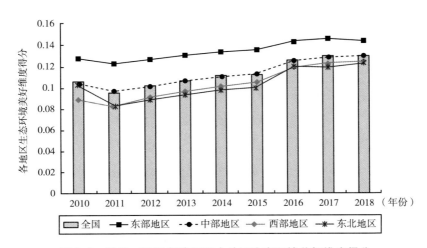

图 2.9　2010～2018 年我国四大地区生态环境美好维度得分

注：因西藏和港澳台地区数据缺失，全国的数据不包含这 4 个区域。

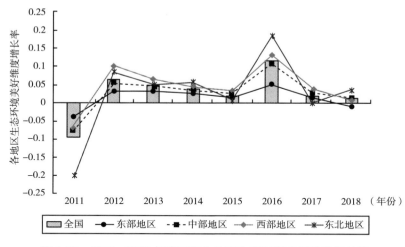

图 2.10   2011～2018 年我国四大地区生态环境美好维度增长率

注：因西藏和港澳台地区数据缺失，全国的数据不包含这 4 个区域。

以看出，2011～2018 年，东部地区、中部地区和西部地区的生态环境美好维度增长率的变动较平缓，而东北地区的生态环境美好维度增长率的变动幅度较大，说明黑龙江、吉林和辽宁的政府应重视区域生态环境保护与治理，加强区域生态环境规制，使区域生态环境得到持久稳定的改善与优化。

2.4　多维视角下区域研发投资对经济高质量发展作用的逻辑框架构建与分析

2.4.1　多维视角下区域研发投资对经济高质量发展作用的逻辑框架构建

　　区域研发投资是实现国家科技自立自强以及经济高质量发展的重要驱动力，合理配置并有效利用研发投资是各个区域必须面对的重要课题。为了实现高水平的科技自立自强和创新型国家建设，仅仅从数量视角关注区域研发投资规模已远远不够，我们还需要从内部结构、空间分布以及与区域其他资源的组合状态等多维视角全面关注区域研发投资。

从实践层面看，区域在分配研发投资时，首先关注的往往是区域研发投资规模，即在数量上准确把握区域研发投资；区域明确研发投资的规模之后，需要重点关注的便是研发投资的使用方向问题，即合理设置区域研发投资的内部结构。除了在数量上和内部结构上把握区域研发投资之外，区域研发投资的空间分布也是一个不容忽视的问题，特别是区域研发投资的集聚现象。在现实中，京津冀地区、长江三角洲和粤港澳大湾区等的建设为集聚创新要素以及发挥其集聚效应提供了优越条件，因此，区域研发投资的空间集聚对经济高质量发展的作用机理值得深入探究。此外，在分析经济现象时不能只考虑单一要素的作用，需要整体思维和系统思维，考虑多种要素的联合作用下经济高质量发展的实现构型至关重要，利用整体思维和系统思维探究区域研发投资作用下经济高质量发展的实现构型更能揭示经济的发展规律，对经济现象具有更高的契合度。本书中区域经济高质量发展的实现构型是指区域实现经济高质量发展时区域研发投资规模、区域研发投资结构、区域研发投资集聚和区域物质资本、劳动力和政府支持等区域资源的组合状态。

从理论层面看，根据新经济增长理论和创新发展理论，研发投资是经济增长的内生动力，区域研发投资规模的增加可以提高区域知识资本存量，进而提升区域技术创新能力和制度创新能力，以及产品创新和工艺创新水平，从而促进区域经济高质量发展（Romer，1990；眭纪刚，2019）。根据新结构经济学理论，除了区域研发投资规模，区域研发投资结构也对经济高质量发展产生重要作用（Lin et al.，2013）。根据区位理论和新经济地理学理论等资源集聚相关理论，为了提高区域研发投资驱动经济高质量发展的效果，区域研发投资的空间分布，尤其是空间集聚状态也不容忽视（Marshall，1890；Krugman，1991）。根据构型理论，从组态视角出发探究区域研发投资与区域其他资源共同作用下经济高质量发展的实现构型更符合经济发展的实际，可以提高研究理论与现实的契合度（Miller & Friesen，1978）。

因此，本书分别从数量视角、内部结构视角、空间分布视角探究区域研发投资规模、结构和集聚对经济高质量发展的作用机理，有助于区域政府为实现区域经济高质量发展准确把握区域研发投资的数量、使用方向和空间分布。此外，本书从组态视角揭示区域研发投资作用下经济高质量发展的实现构型，此处的区域研发投资是一种综合概念，具体是指区域研发投资的规模、结构和集聚，将区域研发投资规模、区域研发投资结构、区域研发投资集聚和区域其他资源放在同一框架探究区域经济高质量发展的实现构型，有助于区域政府从区域全局把握区域研发投资作用下经济高质量发展的实现构型。数量视角、内部结构视角和空间分布视角这三个视角既包括区域研发投资自身的属性视角，也包括从外部所观察到的区域研发投资的空间集聚状态，组态视角是数量视角、内部结构视角和空间分布视角的整合和拓展，基于此，本书多维视角下区域研发投资对经济高质量发展作用的逻辑框架构建如图 2.11 所示。

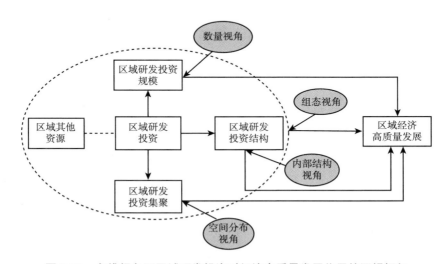

图 2.11　多维视角下区域研发投资对经济高质量发展作用的逻辑框架

2.4.2　多维视角下区域研发投资对经济高质量发展作用的逻辑框架分析

在本书中，区域研发投资是一个综合概念，从不同视角出发区域研发投资具有多种属性，呈现出不同的特点。在实践中，区域配置研发投资时往往会关注研发投资的数量、内部结构以及空间布局等，因此，如图 2.11 所示，本书主要从数量视角的区域研发投资规模、内部结构视角的区域研发投资结构和空间布局视角的区域研发投资集聚刻画区域研发投资。此外，在探究区域研发投资对经济高质量发展的作用机理时，仅仅关注区域研发投资的特点是不够的，在实践中，区域研发投资是在区域其他资源的辅助支持与融合下对经济高质量发展发挥作用的。因此，基于构型理论，本书从组态视角探究了区域研发投资规模、区域研发投资结构、区域研发投资集聚和区域其他资源共同作用下经济高质量发展的实现构型。

在数量视角下，区域研发投资表现为区域研发投资的规模，区域研发投资规模有绝对含义，也有相对含义。区域研发投资规模绝对含义是指区域研发投资总量，即区域在研究与试验发展（R&D）方面的经费总投资，区域研发投资规模相对含义指的是区域研发投资总量与地区生产总值的比值，即区域研究与试验发展经费与地区生产总值的比值。区域研发投资规模的增加能够改善区域创新活动的设备、基础设施等物质条件，同时可以提高创新人员的工资和福利条件，并且有助于吸收、利用其他区域、不同国家乃至全球的先进技术和知识，并在此基础上进行知识再创造，从而提高区域知识资本存量，提升区域技术创新水平和制度创新水平，有利于加速满足人民需求、助推经济良好运行、提升资源利用效率和改善生态环境，从而促进经济高质量发展。环境规制是我国实现"碳达峰"和"碳中和"目标的重要工具，交通基础设施是我国政府重点支持的"两新一重"建设的重要内容，明确环境规制和交通基础设施在区域研发投资规模对经济高质量发展作用过程中的调节作用，能够为区域政府制定相关政策提供理论支撑。

在内部结构视角下，区域研发投资表现为区域研发投资结构，本书指的是区域研发投资在内部使用上的搭配关系，区域研发投资在使用类型上分为基础研究、应用研究和试验发展，区域研发投资在三种研究类型上的分配比例代表着区域对三种研究类型的重视程度，也关系着区域在基础研究、应用研究和试验发展不同研究类型的资金丰富度与运行顺畅度。在区域研发投资规模有限的情况下，区域在基础研究、应用研究和试验发展方面的资金分配比例对创新驱动经济高质量发展的效果至关重要。基础研究、应用研究和试验发展的研究特点具有较大差别，对经济高质量发展的作用机理也存在较大差距，因此，区域研发投资在基础研究、应用研究和试验发展方面的使用比例对经济高质量发展的作用机理也亟待深入探究，研究结论将有助于区域政府把握研究与开发经费的具体使用方向，合理规划区域研发投资在基础研究、应用研究和试验发展方面的比例。

在空间分布视角下，区域研发投资表现出集聚的特点，区域研发投资集聚意味着研发投资在地理位置上的邻近性，能够节约时间成本与距离，提升区域创新的效率，在对经济高质量发展的作用过程中离不开创新人员对研发活动的积极参与以及区域不同主体和不同要素之间的融通创新。区域研发投资集聚在一定程度体现了单位面积上区域研发投资规模的提高，同时，考虑区域研发投资的空间效应，区域研发投资集聚会通过知识溢出对周边区域的经济高质量发展产生溢出效应。因此，本书认为区域研发投资集聚会通过规模效应、协同效应和溢出效应对经济高质量发展产生作用，并且通过系统 GMM 方法和空间杜宾模型验证区域研发投资集聚对经济高质量发展的直接作用和空间溢出效应以及创新人员积极性和区域融通创新程度的调节作用。

在组态视角下，需要从区域全局角度关注区域研发投资作用下经济高质量发展的实现构型，构型理论为从整体思维和系统思维分析经济现象提供坚实的理论基础。因此，本书基于构型理论，从组态视角出发，探究区域研发投资规模、区域研发投资结构和区域研发投资集聚以及区域其他资源在实现经济高质量发展的组合状态；明确区域经济高质量发展的多条实现构型和必要条件，以及前因条件间的相互替代关系；有助于从系统视角把握与区域其他资源相比，区域研发投资在经济高质量发展实现构型中的重要作用。

本书从数量视角、内部结构视角以及空间分布视角探究区域研发投资规模、区域研发投资结构和区域研发投资集聚对经济高质量发展的作用机理时，分别从作用路径和作用关系两个方面论述区域研发投资规模、区域研发投资结构和区域研发投资集聚对经济高质量发展的作用机理。作用路径分析是依据相关理论，揭示区域研发投资规模、区域研发投资结构和区域研发投资集聚对经济高质量发展起作用的原因和机理；作用关系分析是基于统计数据，实证检验区域研发投资规模、区域研发投资结构和区域研发投资集聚对经济高质量发展的作用效果，以及对区域研发投资和经济高质量发展之间的作用关系进行规律性总结。作用关系包括直接作用关系、中介作用关系和调节作用关系，其中中介作用关系可以揭示作用路径，作用路径分析和作用关系分析二者结合能够全面揭示区域研发投资对经济高质量发展的作用机理。

2.5　本章小结

在本章中，首先，界定了区域研发投资、区域经济高质量发展、作用机理和实现构型的含义，阐述了本书中区域研发投资的多维视角及其含义，描述了区域研发投资和区域经济高质量发展的特征；其次，阐述了本书研究所依据的新经济增长理论、创新发展理论、新结构经济学理论、资源集聚相关理论和构型理论；再其次，构建了区域经济高质量发展测度指标体系，科学测算并分析了区域经济高质量发展水平，为后面几章的实证研究奠定基础；最后，构建了多维视角下区域研发投资对经济高质量发展作用的逻辑框架，并进行了理论分析。

第 3 章

区域研发投资规模对经济高质量发展的
作用机理研究

本章主要探究区域研发投资规模对经济高质量发展的作用机理，区域研发投资在数量上的增加会激发地区创新动力，增强地区知识创造和外部知识吸收能力，丰富区域知识储备，通过技术创新能力和制度创新能力的提升，对经济高质量发展产生促进作用，同时区域环境规制与交通基础设施可以正向调节这一促进作用。

3.1 区域研发投资规模的测度及对经济高质量
发展的作用路径分析

3.1.1 区域研发投资规模的测度

区域研发投资规模是从数量视角刻画区域研发投资的特点，本书中区域研发投资规模指的是区域研究与试验发展经费内部支出总额。在区域研发投资规模测度方面，区域研发投资的总量、存量和强度均可以测度区域研发投资规模，我国各区域经济发展水平存在较大差异，为了减少各区域经济发展水平对区域研发投资规模的影响，本书采用区域研发投资强度，即区域研发投资总量与本区域生产总值的比值，进行测量。

3.1.2 区域研发投资规模对经济高质量发展的作用路径分析

新经济增长理论将技术进步内生到经济增长模型中，形成研发内生经济增长模型，区域研发投资通过增加知识资本促进经济增长以及经济高质量发展，知识资本的增加可以提高区域技术创新能力，技术创新包括产品创新和工艺创新，通过产品创新和工艺创新可以满足区域人民的需要、促进区域资源高效利用和生态环境美好，以及推动经济良好运行，进而促进区域经济高质量发展。同时，根据创新发展理论，本书认为区域知识资本的增加除了可以提高区域技术创新能力之外，也能够提高区域制度创新能力，区域制度创新能力的提升能够促进区域经济高质量发展。

3.1.2.1 区域研发投资规模通过增加区域知识资本促进区域经济高质量发展

罗默（Romer，1990）、格罗斯曼（Grossman，1991）和阿吉翁（Aghion，1992）等经济学家将创新、研发与内生经济增长联系起来，提出 R&D 驱动的新经济增长理论，从理论上支持了研发投资对经济增长具有重要作用。根据研发内生增长模型以及郑钦月等关于知识资本的描述，研发投资规模的增加可以为经济增长积累知识资本，同时，知识资本的增加也可以提高对外来知识的吸收能力（郑钦月等，2018；Romer，1990）。根据新经济增长理论，区域研发投资规模主要通过增加区域知识资本对经济高质量发展产生作用。知识资本的概念是 1969 年美国经济学家加尔布雷斯（Calbrainth）最先提出的，并认为与知识性活动有关的资本即为知识资本（Calbrainth，1969）。基于此，程惠芳和陈超（2017）将知识资本分为微观知识资本和宏观知识资本，微观知识资本是企业内部开展知识性活动所进行的资本投入以及知识活动所引起的知识增加，宏观知识资本是一个国家拥有或控制的与知识活动相关的资本，包括研发投入、人力资本、创新基础设施和技术等投入知识吸收、知识创造、知识流动与知识产业化的过程中，并由此引起的知识资本的积累。此外，还可以将知识资本分为国内知识资本和国外知识资本，国内知识资本包括创新基础设施资本、研发资本、结构资本、人力资本、顾客和社会资本，同时也包括计算机所储存的信息与数据，以及知识活动所产生的专利、版权等技术资本，国外知识资本包括进口产品与技术以及外商直接投资等（Bontis，1998；Corrado et al.，2006）。以上均是广义的知识资本。从狭义上看，知识资本指的是开展知识活动所产生的新知识，包括专利、论文、资政报告、商标和版权等。本书中的知识资本指的是狭义上的知识资本。专利、版权等技术资本是重要的知识资本，是知识活动的产出成果，能够促进区域或企业的技术创新水平提高（程惠芳和陆嘉俊，2014）。

根据格里利兹（Griliches，1980）提出的知识资本生产函数，企业内的研发投资可以提高企业专利申请或授权的数量，提升企业专利等知识资本的拥有量。同时，通过对美国 133 家大企业进行实证分析，格里利兹（Griliches，1981）发现企业研发投资与企业生产率显著正相关，基于此，格里利兹（Griliches，1998）构建了以研发投资驱动的企业内生增长理论框架，将研发投资界定为企业生产力持续增长的内生动力。对于微观企业来说，研发投资规模的扩张可以增加企业的知识资本存量，提高企业的生产力。对于区域内的高校和科研院所等其他创新主体投入的研发资金，同样可以提高其专利、论文等知识资本存量，进而促进整个区域的经济增长以及经济高质量发展。

3.1.2.2 区域研发投资规模通过提升区域技术创新能力促进区域经济高质量发展

新经济增长理论中的研发增长模型认为，区域研发投资规模的增加可以促进技术进步，提升区域技术创新能力。技术创新对经济增长的促进作用具体体现在产品创新和工艺创新两个方面。在产品创新方面，研发投资可以增加产品的种类（水平创新）和提高产品的质量（垂直创新）（张亚斌和曾铮，2005），不断满足人民对种类丰富和质量高级的产品或服务的需求；此外，随着环保技术和绿色产品的普及和发展，产品生产更加注重绿色、环保技术的应用，以实现更加美好的生态环境。随着产品的质量提升和种类增加，产品的销量得到大幅提升，企业的收入和利润逐渐提高，从而促进区域的生产总值提高。在乡村振兴和智慧城市建设等政策的推动和引领下，区域生产总值的提高有助于区域在医疗、就业、交通、卫生、娱乐等各个方面满足人民对美好生活的需求，同时，产品种类的增加可以激发行业内新兴企业的创办，为人民提供更多就业机会，增加人民的收入以及生活中的可支配收入比例，提高居民的参保比例，不断提升人民的生活质量。

在工艺创新方面，研发投资通过试验发展研究可以改进生产方式和流程，利用绿色节能技术减少二氧化碳、二氧化硫等废气的排放以及废水中化学需氧量和氨氮等污染物的排放，改善生态环境，促进区域经济绿色发展，增加区域绿色植被数量以及绿化覆盖率，实现我国"碳中和"和"碳达峰"的目标；同时，工艺创新可以改进生产技术，尤其是数字技术在生产过程中的应用，利用数字技术控制资源的使用率以及合理匹配资源的供给方与需求方，人工智能技术可以替代生产中一些高危或者机械性的工作，从而有效提高资本和劳动力的生产率。总之，研发投资规模的增加使企业承担社会责任的同时创造了更多的利润，间接地，研发投资规模的扩张可以使居民收入增加、资源利用率提高、生态环境改善，进而带动整个经济系统的高质量发展。

3.1.2.3　区域研发投资规模通过提升区域制度创新能力促进区域经济高质量发展

本书探索性地将区域研发投资所带来的制度创新成果也视作知识资本，区域科技智库的建设以及一些政策性论文的发表，能够提高区域科技政策、制度等方面的知识资本，为区域制度创新提供理论依据以及源源不断的改革动力，因此，区域研发投资规模的增加能够促使区域政府不断进行制度创新，不断提升区域制度创新能力，进而促进区域经济高质量发展。制度创新指的是制度主体通过建立新的制度获得追加利益的行为（李文涛和苏琳，2001）。创新系统绩效的实现是技术创新与制度创新相互作用所决定的（刘思明等，2019）。制度创新与技术创新具有相辅相成的关系，二者相互依存、相互促进（眭纪刚，2019）。制度创新为技术创新提供制度依据和政策支持，是技术创新的重要辅佐支撑工具，同样，技术创新是制度创新存在的关键必要条件，技术创新能够不断驱动政府进行制度创新。从长期来看，技术创新会推动制度创新，制度创新则会保障技术创新的功能得以发挥和实现（李玉虹和马勇，2001）。我国根据国内国际环境不断进行制度创新，提出"创新、协调、绿色、开放、共享"的新发展理念，贯彻落实供给侧结构性改革，把科技自立自强作为国家发展的战略支撑等，这一系列的制度创新使经济稳定增长的同时结构更优，发展动能更强劲，实现更高水平的对外开放，深入推行数字经济、城乡和区域协调共享发展，不断推动经济良好运行，实现经济高质量发展。

3.2 区域研发投资规模对经济高质量发展的作用关系假设与模型建立

3.2.1 区域研发投资规模对经济高质量发展的作用关系假设

在本书中，绿色、低碳、废水和废气减排等生态文明建设是经济高质量发展的重要内容，而区域的环境规制对于我国实现"碳达峰"和"碳中和"目标进而促进经济高质量发展具有至关重要的作用，区域政府的环境规制能够控制和调整区域研发投资方向，促进绿色技术和绿色产品的研发与应用，推动企业改良生产工艺，加速整个社会的低碳转型，进而推动区域经济高质量发展。2020年国务院政府工作报告提出，重点支持"两新一重"建设，包括新型基础设施建设、新型城镇化建设以及交通和水利等重大工程建设，新型基础设施建设中包括城际高速铁路和城市轨道交通等，交通基础设施对于推动区域之间以及城市之间的研发资源流动与整合，加速经济高质量发展具有重要的作用。区域环境规制和交通基础设施建设能够增强区域研发投资规模对经济高质量发展的促进作用，鉴于已有研究还未明确环境规制和交通基础设施在区域研发投资规模与经济高质量发展关系中的作用，因此，本书主要探究区域研发投资规模对经济高质量发展的直接作用以及环境规制和交通基础设施在作用过程中的调节作用。接下来，本书将对区域研发投资规模对经济高质量发展的直接作用以及环境规制和交通基础设施的调节作用提出假设。

（1）区域研发投资规模对经济高质量发展的促进作用。区域研发投资为经济高质量发展提供坚实的创新资源保障，是经济持续高质量发展的动力源泉。一方面，基于新经济增长理论的研发模型，区域研发投资是经济增长的重要推动力（Romer，1990）。随着区域研发投资规模的增加，区域创新资源逐渐丰富，为区域创新活动提供充足的物质条件和人员储备，不断丰富区域知识和技术积累量。在企业方面，通过水平创新拓展产品和服务种类，通过垂直创新不断提升产品和服务水平（郑钦月等，2018）。通过工艺创新逐渐改良生产技术，加速生产工艺向数字化和智能化转型，提高产品产量的同时降低生产成本，增加企业利润，提升员工收入和工作满意度，满足人民对高质量产品与服务的需求。另一方面，区域研发投资规模的扩张，在增加区域知识资本的同时，不断提高区域对外部知识的吸收与消化能力（Cohen & Levinthal，1989）。借鉴吸收发达地区的发展经验和先进技术，优化经济结构与开放格局，转换经济发展模式和动能，提高资源利用效率，促进生态环境改善和绿色发展，驱动经济高质量发展。基于此，本章提出假设3.1。

假设3.1：区域研发投资规模对经济高质量发展具有正向促进作用。

（2）环境规制在区域研发投资规模对经济高质量发展作用过程中的调节作用。环境规制是迫使区域向绿色生态环保方向发展的强有力工具。区域研发投资规模的增加通过技术进步可以更好地满足人民需求、促使经济良好运行、提高资源利用效率和保护生态环境，环境规制能够刺激和强制企业不断进行技术和工艺改良，环境规制可以推动与环境相关的技术创新（张成等，2011）。环境规制强度的提高促使企业将更多研发投资应用到绿色技术研发方面，淘汰以往高耗能、高排放和高污染的生产技术或设备，采用节约环保的生产工艺，同时提供绿色环保的产品或服务，既能满足人民对绿色产品的需求，又能有效提高能源利用率，创造美好的生态环境。对绿色生态环境的迫切需求，促使区域加快发展数字经济，转型"无纸化"办公，推行电子票乘车服务，减少纸质产品的生产与使用，同时促进区域进行供给侧结构性改革，使供需双方良好匹配，减少库存与产能过剩的现象，促使经济实现良好运行（李柏洲和张美丽，2021）。因此，环境规制强度越高的区域，研发投资规模对经济高质量发展的促进作用越强。综上所述，提出假设3.2。

假设3.2：环境规制在区域研发投资规模对经济高质量发展作用过程中起正向调节作用。

（3）交通基础设施在区域研发投资规模对经济高质量发展作用过程中的调节作用。交通基础设施是劳动力、资金与技术等资源自由流动的重要保障，有利于资源合理分配，提升经济发展质量。交通基础设施对经济发展具有"时空压缩效应"和"网络效应"。一方面，发达的交通基础设施使城市之间联系更密切，产生时空压缩效应，节约出行时间，满足人民对出行便利的热切需求（李彦等，2020；Shaw et al.，2014）；另一方面，交通基础设施有助于产生网络效应，提高综合交通能力，提升整个区域的网络效率（Johannes，2009）。交通基础设施是数字经济发展的重要基础条件，网络购物、直播营销等都依赖便利的交通基础设施，交通基础设施是人民需要满足、经济运行良好以及资源利用高效的必备条件。此外，新能源汽车的不断普及大幅度降低了碳排放以及污染物的排放，有效减少了经济发展对生态环境的负向影响。发达的交通基础设施还为区域内不同创新主体之间的合作创新创造便利条件，有利于产业链、创新链中的上下游企业之间的技术合作与原料供应更加方便与快捷，有助于提高创新资金、人员与技术在不同区域的合理分配与利用，为区域研发投资规模推动经济高质量发展提供动力源泉。根据以上分析，本章提出假设3.3。

假设3.3：交通基础设施在区域研发投资规模对经济高质量发展作用过程中起正向调节作用。

3.2.2　区域研发投资规模对经济高质量发展的作用的计量模型

区域研发投资为经济高质量发展储备丰富的知识资本，是经济高质量发展的重要驱动因素。此外，与经济增长类似，物质资本和劳动力也是经济高质量发展的重要投入要素，为经济高质量发展提供丰富的物质保障和人力支持。经济高质量发展是对原有粗放、污染严重发展模式的放弃，进而追求清洁、绿色的发展模式，这一发展模式的转变不是一蹴而就的，而是一个漫长、艰难的转型过程，需要各行各业的积极配合与努力，尤其需要政府的大力支持，因此，政府支持是推动经济高质量发展的重要因素。此外，追求经济高质量发展很大程度上体现在降低经济发展对生态环境的消极影响，营造一个更加绿色、环保的经济生态系统，环境规制是约束企业污染排放、规范居民生活习惯的有力工具，对实现经济高质量发展具有重要的促进作用。除了环境规制，地区的交通基础设施对经济高质量发展的实现过程及发展速度也具有重要的促进作用，发达的交通基础设施使资金、人员和技术资源流动更加灵活与高效，促使区域尽快实现转型发展，进而提升经济发展质量。更重要的是，环境规制和交通基础设施不仅对经济高质量发展具有促进作用，而且环境规制和交通基础设施在区域研发投资规模促进经济高质量发展过程中也发挥重要的调节作用。因此，本书在实证检验区域研发投资对经济高质量发展的作用关系时，为了提高模型的稳健性，将物质资本、劳动力、政府支持、环境规制和交通基础设施作为控制变量引入模型中。

85

基于以上分析，本章采用系统 GMM 方法检验区域研发投资规模对经济高质量发展的作用关系，该方法将被解释变量的滞后一期引入模型，可以有效解决内生性问题，根据巴罗（Barro，1991）、严成樑和龚六堂（2013）关于经济增长实证分析通常的设定，将计量模型设置如式（3-1）所示。

$$\ln HQ_{it} = c_{31} + \alpha_{31}\ln RDQ_{it} + \beta_{31}\ln MAT_{it} + \delta_{31}\ln LAB_{it} + \gamma_{31}\ln GOV_{it}$$
$$+ \eta_{31}\ln ENV_{it} + \lambda_{31}\ln INF_{it} + \sigma_{31}\ln HQ_{i,t-1} + \mu_i + \varepsilon_{it} \quad (3-1)$$

其中，i 代表地区，t 代表年份，HQ 代表经济高质量发展，RDQ 代表区域研发投资规模，MAT 代表物质资本，LAB 代表劳动力数量，GOV 代表政府支持，ENV 代表环境规制，INF 代表交通基础设施，μ_i 为各个区域的个体效应，ε 代表随机误差项。

此外，为了验证环境规制和交通基础设施在区域研发投资规模对经济高质量发展作用过程中的调节作用，分别构建如式（3-2）和式（3-3）所示的调节作用模型。

$$\ln HQ_{it} = c_{32} + \alpha_{32}\ln RDQ_{it} + \beta_{32}\ln MAT_{it} + \delta_{32}\ln LAB_{it} + \gamma_{32}\ln GOV_{it}$$
$$+ \eta_{32}\ln ENV_{it} + \lambda_{32}\ln INF_{it} + \sigma_{32}\ln HQ_{i,t-1} + \tau_{32}\ln RDQ_{it}$$
$$\times \ln ENV_{it} + \mu_i + \varepsilon_{it} \quad (3-2)$$

$$\ln HQ_{it} = c_{33} + \alpha_{33}\ln RDQ_{it} + \beta_{33}\ln MAT_{it} + \delta_{33}\ln LAB_{it} + \gamma_{33}\ln GOV_{it}$$
$$+ \eta_{33}\ln ENV_{it} + \lambda_{33}\ln INF_{it} + \sigma_{33}\ln HQ_{i,t-1} + \vartheta_{33}\ln RDQ_{it}$$
$$\times \ln INF_{it} + \mu_i + \varepsilon_{it} \quad (3-3)$$

通过理论分析区域研发投资规模对经济高质量发展的作用路径，发现区域研发投资规模通过增加区域知识资本对经济高质量发展起作用，为了验证区域知识资本在区域研发投资规模对经济高质量发展作用过程中的中介作用，本章将区域知识资本设置为中介变量，构建如式（3-4）~式（3-6）所示的中介效应模型进行实证考察。

$$\ln HQ_{it} = c_{34} + \alpha_{34}\ln RDQ_{it} + \beta_{34}\ln MAT_{it} + \delta_{34}\ln LAB_{it} + \gamma_{34}\ln GOV_{it}$$
$$+ \eta_{34}\ln ENV_{it} + \lambda_{34}\ln INF_{it} + \mu_i + \varepsilon_{it} \quad (3-4)$$

$$\ln KC_{it} = c_{35} + \alpha_{35}\ln RDQ_{it} + \beta_{35}\ln MAT_{it} + \delta_{35}\ln LAB_{it} + \gamma_{35}\ln GOV_{it}$$
$$+ \eta_{35}\ln ENV_{it} + \lambda_{35}\ln INF_{it} + \mu_i + \varepsilon_{it} \qquad (3-5)$$

$$\ln HQ_{it} = c_{36} + \tau_{36}\ln KC_{it} + \alpha_{36}\ln RDQ_{it} + \beta_{36}\ln MAT_{it} + \delta_{36}\ln LAB_{it} + \gamma_{36}\ln GOV_{it}$$
$$+ \eta_{36}\ln ENV_{it} + \lambda_{36}\ln INF_{it} + \mu_i + \varepsilon_{it} \qquad (3-6)$$

KC 表示区域知识资本，式（3-4）、式（3-5）和式（3-6）构成完整的中介效应检验模型。根据麦金农等（Mackinnon et al.，1995）关于中介效应的描述，中介效应等于间接效应，即等于系数乘积 $\alpha_{35}\tau_{36}$，系数乘积 $\alpha_{35}\tau_{36}$ 显著，则说明中介效应显著；系数 α_{36} 代表直接效应，当系数 α_{36} 显著时，表示区域知识资本起部分中介作用，当系数 α_{36} 不显著时，表示区域知识资本起完全中介作用。

3.3　区域研发投资规模对经济高质量发展的作用关系实证检验

3.3.1　变量测量与数据获取

3.3.1.1　变量测量

本章实证分析的目的是明确区域研发投资规模对经济高质量发展的作用关系，在计量模型中，经济高质量发展是因变量，区域研发投资规模是自变量。在控制变量方面，区域的物质资本为经济高质量发展提供物质保障，是经济发展质量提升的必备条件，采用地区全社会固定资产投资存量衡量，运用永续盘存法进行测算（Zhuo & Deng，2020）。劳动力数量采用全社会就业人员总量衡量，既包括城镇单位就业人员，也包括私营企业和个体就业人员。政府支持能够在公共服务、教育、医疗、就业和交通等方面为经济发展保驾护航，是欠发达地区经济发展质量提升的重要保障，用财政一般预算支出占地区生产总值的比例进行衡量，财政一般预算支出涉及教育、医疗、环保、交通以及公共服务和安全等多个方面，可以有效刻画政府对经济高质量发展的支持程度。环境规制是经济向绿色生态方向发展的必不可少的政策工具，本章从环境规制的最终效果角度测度区域的环境规制水平，采用生活垃圾无害化处理率进行衡量（Yuane et al.，2020）。交通基础设施参考朱喜安等的研究采用公路和铁路密度，即每平方公里公路和铁路里程数衡量（朱喜安等，2021）。各个变量的符号及其测量指标如表3.1和表3.2所示。

表3.1 变量及其测量

变量类别	变量名称	变量符号	测量指标
因变量	区域经济高质量发展	HQ	基于表2.1中的指标体系，利用纵横向拉开档次法测得区域经济高质量发展综合指数
自变量	区域研发投资规模	RDQ	区域R&D经费总量与生产总值的比值
控制变量	环境规制	ENV	生活垃圾无害化处理率（%）
	交通基础设施	INF	每平方公里公路和铁路里程数（公里/平方公里）
	物质资本	MAT	全社会固定资产投资存量（亿元）
	劳动力	LAB	全社会就业人员总量（万人）
	政府支持	GOV	财政一般预算支出占地区生产总值的比例

表3.2 中介变量及其测量

中介变量	测量维度	具体测量指标
区域知识资本（KC）	专利	区域专利申请数（件）
	科技论文	高校和科研院所发表科技论文数（篇）
	科技著作	高校和科研院所出版科技著作数（种）
	商标	区域商标注册数（件）

本书中的区域知识资本是指狭义上的知识资本，是区域研发活动的实际产出，包括专利、论文、科技著作和商标等，因此，本书主要从区域专利、科技论文、科技著作和注册商标四个方面衡量区域知识资本，用四个方面的指标加总后的和来表示。具体测量指标的原始数据均来自《中国科

技统计年鉴》。具体地，采用区域专利申请数和区域商标注册数测量专利和商标维度，考虑到《中国科技统计年鉴》中统计的各地区科技论文发表数仅包含国外主要检索工具收录的英文论文，不包括国内期刊论文，而《中国科技统计年鉴》统计的高校和科研院所发表的论文既包括国内期刊论文也包括国外期刊论文，同时，鉴于高校和科研院所是区域创新系统中发表科技论文和科技著作的主要主体，因此，本书采用高校和科研院所发表的科技论文数和出版的科技著作数代表整个区域的发表科技论文数和出版科技著作数。

为了各章节的统一性，物质资本、劳动力、政府支持、环境规制和交通基础设施在第 3～5 章中均作为控制变量，此外，环境规制和交通基础设施在本章中同时作为调节变量，以此检验环境规制和交通基础设施在区域研发投资规模对经济高质量发展作用过程中的调节作用。

3.3.1.2　数据获取与描述性统计

考虑到从区域研发投资到对经济高质量发展真正发挥作用存在一定的滞后期，本章将滞后期设置为两年，此后第 4 章和第 5 章中均将区域研发投资结构和区域研发投资集聚对经济高质量发展的滞后期设置为两年，区域知识资本是区域研发投资对经济高质量发展发挥作用的中介变量，将区域知识资本滞后期设置为一年（苏屹和李忠婷，2021）。本书以我国 30 个省、自治区和直辖市为实证检验对象（西藏、台湾、香港和澳门因数据缺失，未考虑在内），由于《中国科技统计年鉴》自 2009 年起对科技统计指标进行了修订，与往年相比有较大的改动，因此，将样本研究期设置为2009～2018 年，其中，区域研发投资规模的原始数据时间段为 2009～2016 年，被解释变量和控制变量的原始数据时间段为 2011～2018 年，区域知识资本的原始数据时间段为 2010～2017 年，变量的原始数据来源于历年的《中国统计年鉴》和《中国科技统计年鉴》。运用 Stata15 软件测算出各个变量的描述性（见表 3.3）和变量的相关性（见表 3.4）。

表 3. 3 变量描述性统计

变量	样本数量	均值	方差	最小值	最大值
HQ	240	0.502	0.099	0.218	0.776
RDQ	240	0.015	0.011	0.0034	0.060
MAT	240	75556.920	53618.810	4427.526	287317
LAB	240	1464.879	1137.154	125.060	6579.330
ENV	240	91.116	12.353	41.700	100
INF	240	0.924	0.493	0.089	2.098
GOV	240	0.247	0.103	0.110	0.627
KC	240	170074.7	189870.9	5787	1241051

表 3. 4 变量相关性

变量	HQ	RDQ	MAT	LAB	ENV	INF	GOV	KC
HQ	1							
RDQ	0.727***	1						
MAT	0.471***	0.208***	1					
LAB	0.557***	0.387***	0.809***	1				
ENV	0.493***	0.213***	0.351***	0.273***	1			
INF	0.588***	0.580***	0.461***	0.527***	0.391***	1		
GOV	−0.443***	−0.379***	−0.593***	−0.603***	−0.173***	−0.595***	1	
KC	0.689***	0.606***	0.651***	0.911***	0.277***	0.513***	−0.503***	1

注：＊、＊＊、＊＊＊分别表示在10%、5%和1%水平上显著。

　　如表 3.3 所示，从最小值与最大值可以看出，各个变量在我国不同区域之间存在较大差距。物质资本、劳动力和区域知识资本的方差远远大于其他变量，为了降低样本数据的离散程度，在作用关系的验证模型中每个变量均以自然对数形式呈现。如表 3.4 所示，关于各个变量与经济高质量发展的相关性，区域研发投资规模、物质资本、劳动力数量、环境规制、交通基础设施和区域知识资本与经济高质量发展显著正相关，政府支持与经济高质量发展显著负相关，这与前面理论分析出现冲突，理论上政府支持有利于促进经济高质量发展，但实际上政府财政资金支出比例较大的区域其经济发展质量往往较低，说明政府支持不是促进经济高质量发展的关

键因素。此外，在构建区域研发投资规模与环境规制以及交通基础设施的
交互项检验调节作用时，为避免变量的共线影响，对变量进行中心化处理。

3.3.2　环境规制与交通基础设施的调节作用

区域研发投资规模对经济高质量发展的直接作用以及环境规制与交通基
础设施在作用过程中的调节作用的实证检验结果如表 3.5 所示。在表 3.5
中，模型（1）是仅检验控制变量直接作用的基准回归模型，模型（2）
在控制物质资本、劳动力数量、环境规制、交通基础设施和政府支持固定
不变的基础上，实证检验区域研发投资规模对经济高质量发展的直接作
用，模型（3）将区域研发投资规模与环境规制的交叉项纳入模型中，实
证检验环境规制的调节作用，模型（4）将区域研发投资规模与交通基础
设施的交叉项纳入模型中，实证检验交通基础设施的调节作用。

表 3.5　　　　　　　　　　　　实证检验结果

项目	模型（1）	模型（2）	模型（3）	模型（4）
RDQ		0.031**	0.029*	0.013
		(0.034)	(0.058)	(0.393)
ENV	0.028***	0.031***	0.033***	0.036***
	(0.000)	(0.000)	(0.005)	(0.002)
INF	0.050***	0.043***	0.043**	0.077***
	(0.000)	(0.001)	(0.001)	(0.000)
$RDQ \times ENV$			0.052***	
			(0.001)	
$RDQ \times INF$				0.071***
				(0.000)
MAT	0.079***	0.094***	0.093***	0.093***
	(0.000)	(0.000)	(0.000)	(0.000)
LAB	-0.015	-0.045***	-0.045***	-0.059***
	(0.104)	(0.000)	(0.000)	(0.000)

续表

项目	模型（1）	模型（2）	模型（3）	模型（4）
GOV	−0.041***	−0.032***	−0.029***	−0.025***
	(0.000)	(0.001)	(0.002)	(0.007)
HQ（−1）	0.613***	0.588***	0.593***	0.604***
	(0.000)	(0.000)	(0.000)	(0.000)
_cons	−1.165***	−1.023***	−1.018***	−0.992***
	(0.000)	(0.000)	(0.000)	(0.000)
AR（1）	−2.918***	−2.977***	−2.939***	−2.824***
	(0.004)	(0.003)	(0.003)	(0.005)
AR（2）	0.997	0.810	0.769	1.100
	(0.319)	(0.418)	(0.442)	(0.271)
Sargan 检验	25.687	24.491	24.612	24.140
	(0.480)	(0.548)	(0.541)	(0.568)

注：*、**、***分别表示在10%、5%和1%水平上显著。

从表3.5可以看出，使用系统GMM方法进行计量回归分析必须满足两个前提条件，即模型中的扰动项不存在自相关和所有工具变量均有效，为此应进行Arellano-Bond检验［即AR（1）和AR（2）］和Sargan检验。模型（1）~模型（4）中，Arellano-Bond检验的结果均表明不存在二阶序列自相关，故均接受"扰动项无自相关"的原假设，同时Sargan检验的结果表明均接受原假设，即表明系统GMM模型的所有工具变量均有效，因此说明本章采用系统GMM方法进行实证检验是合适的。

在模型（1）中，环境规制、物质资本和交通基础设施对经济高质量发展呈现显著的正向促进作用，这与前面的理论分析与假设保持一致。劳动力数量对经济高质量发展呈现负向抑制作用，究其原因可以发现，本书中劳动力数量指的是全社会就业人员总量，劳动力是经济增长重要的人力资源，为经济发展提供重要的人员支持，与经济增长相比，经济高质量发展的要求更高，经济高质量发展是经济发展的高级状态，不仅追求经济增长，更强调经济发展在政治、社会、生态和文化等多方面均呈现高质量发展状态，可以满足人民日益增长的需求。劳动力数量增加有利于促进经济增长，但对经济高质量发展却呈现抑制作用，说明现阶段我国各区域劳动力数量与经济高质量发展未呈现正向协调发展，劳动力的质量有待提高，各个区域应制定政策积极引导劳动力促进经济高质量发展，发挥各区域劳动力优势。政府支持对经济高质量发展也呈现抑制作用，这与变量之间的相关性分析得到的结论一致，说明现阶段政府支持不是促进经济高质量发展的关键因素，经济高质量发展越好的区域对政府的资金支持依赖越小，经济发展质量越差的区域对政府的资金支持依赖越大，但政府支持对经济高质量发展的作用不容忽视，它是经济发展较差区域实现经济高质量发展的重要物质保障。

模型（2）的实证结果显示，区域研发投资规模对经济高质量发展的直接作用系数为 0.031，且通过了 5% 的显著性检验，说明区域研发投资规模对经济高质量发展具有正向促进作用，这与前面的理论假设保持一致。区域研发投资规模的提高可以提升区域的知识创造能力与吸收能力，提高产品和服务质量，改良生产技术与工艺，在满足人民消费需求的同时，也逐渐提高资源利用效率和改善生态环境，从而促进经济向着高质量发展。

在模型（3）的实证结果中，区域研发投资规模与环境规制的交叉项的系数为 0.052，且通过 1% 的显著性检验，说明环境规制在区域研发投资规模对经济高质量发展的作用过程中确实起到了显著的正向调节作用，前面的理论假设得到验证。环境规制不仅有助于促进区域经济高质量发展，而且可以正向调节区域研发投资规模对经济高质量发展的作用过程，区域的环境规制越强，越有利于区域研发投资规模对经济高质量发展发挥促进作用。

在模型（4）的实证结果中，区域研发投资规模与交通基础设施的交叉项的系数为 0.071，且在 1% 的水平上显著，表明交通基础设施显著正向调节了区域研发投资规模对经济高质量发展的促进作用。交通基础设施的不断完善有利于促进区域经济高质量发展，同时，发达的交通基础设施为区域研发投资发挥创新发展效能提供优越的交通条件，推动区域融通创新，加强不同创新主体之间的合作创新，有助于区域研发投资规模促进经济向着更高质量发展。为了更好地展示环境规制与交通基础设施的调节作用，本章绘制了环境规制与交通基础设施的调节作用示意图，如图 3.1 和图 3.2 所示，由调节作用示意图可以看出，环境规制与交通基础设施在区域研发投资规模对经济高质量发展过程中的正向调节作用非常明显，再次验证本章中的理论假设是正确的。

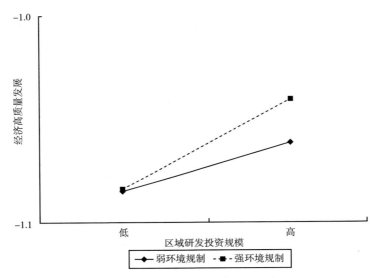

图 3.1　环境规制的调节作用示意

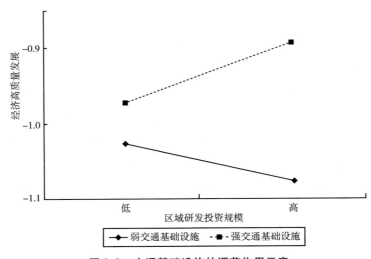

图 3.2　交通基础设施的调节作用示意

3.3.3　区域知识资本的中介作用

本章利用 Stata15 软件采用能够直接检验系数乘积的自助法（boot-strap）验证区域知识资本在区域研发投资规模对经济高质量发展作用路径中的中介作用（温忠麟和叶宝娟，2014），实证检验结果如表 3.6 所示。

表 3.6　　区域知识资本的中介作用（RDQ-KC-HQ）检验结果

项目	系数	P 值	95% 置信区间	
			下界	上界
直接效应	0.050	0.123	− 0.014	0.114
间接效应	0.145***	0.000	0.110	0.179

注：* 、** 、*** 分别表示在 10%、5% 和 1% 水平上显著。

由表 3.6 可知，间接效应系数为 0.145，P 值为 0.000，通过 1% 的显著性检验，且置信区间不包含零，表明区域知识资本的中介作用显著；直接效应系数为 0.050，P 值为 0.123，未通过显著性检验，说明直接效应不显著。这表明区域知识资本起完全中介作用，实证结果验证了前面关于区域研发投资规模对经济高质量发展的作用路径分析，即区域研发投资通过增加区域知识资本促进经济高质量发展。扩大区域研发投资规模能够提高研发成果的产出，专利、商标技术类论文和著作的产出能够提升区域技术创新能力；管理类论文和著作的产出能够提升区域制度创新能力，提高企业产品销量、服务质量以及收入水平，推动生产工艺革新和产业低碳转型，不断满足人民需要、改良经济运行状态和改善生态环境，从而促进区域经济高质量发展。

3.3.4　稳健性检验

为了验证区域研发投资规模对经济高质量发展的直接促进作用以及环境规制与交通基础设施的调节作用的稳健性，本章采取替换解释变量的方法，用区域中研发投资总量（R&D 经费总量）代替区域研发投资强度进行验证，结果如表 3.7 所示。

表 3.7　　　　　　　　　　　　稳健性检验结果

变量	模型（5）	模型（6）	模型（7）
RDZ	0.022 (0.102)	0.021 (0.129)	0.013 (0.255)
ENV	0.032*** (0.000)	0.043*** (0.000)	0.048*** (0.000)
INF	0.037** (0.015)	0.039** (0.030)	0.067*** (0.000)
$RDZ \times ENV$		0.022*** (0.000)	
$RDZ \times INF$			0.019*** (0.009)
MAT	0.083*** (0.000)	0.082*** (0.000)	0.083*** (0.000)
LAB	−0.044*** (0.000)	−0.047*** (0.000)	−0.062*** (0.000)
GOV	−0.029*** (0.004)	−0.030*** (0.006)	−0.027** (0.022)
HQ（−1）	0.592*** (0.000)	0.598*** (0.000)	0.615*** (0.000)
_cons	−1.351*** (0.000)	−1.347*** (0.000)	−1.079*** (0.000)
AR（1）	−2.917*** (0.004)	−2.942*** (0.003)	−2.875*** (0.004)
AR（2）	0.831 (0.406)	0.834 (0.404)	0.857 (0.392)
Sargan 检验	24.045 (0.573)	24.131 (0.569)	23.660 (0.595)

注：*、**、***分别表示在10%、5%和1%水平上显著。

从表 3.7 可以看出，区域研发投资总量对经济高质量发展的作用系数为正，区域研发投资规模与环境规制的交叉项的系数显著为正，区域研发投资规模与交通基础设施的交叉项的系数显著为正，说明区域研发投资总量对经济高质量发展具有正向促进作用，同时环境规制与交通基础设施在区域研发投资规模对经济高质量发展过程中起到正向调节作用，说明本章中的实证检验结果是稳健的。

为了检验区域知识资本在区域研发投资规模对经济高质量发展的作用路径中起中介作用的稳健性，本章采用在区域知识资本的测量指标中用滞后两年的专利授权量替换专利申请量的方法进行稳健性检验，实证检验结果如表 3.8 所示。

表 3.8　区域知识资本中介作用（RDQ-KC-HQ）的稳健性检验结果

项目	系数	P 值	95% 置信区间	
			下界	上界
直接效应	0.051	0.107	−0.011	0.114
间接效应	0.143***	0.000	0.106	0.180

注：*、**、***分别表示在 10%、5% 和 1% 水平上显著。

由表 3.8 可见，将专利授权量替换专利申请量之后，间接效应的系数为 0.143，且通过 1% 的显著性水平，直接效应系数为 0.051，未通过显著性检验，说明区域知识资本在区域研发投资规模对经济高质量发展的作用过程中起完全中介作用的实证检验结果是稳健的，再次验证区域研发投资规模通过增加区域知识资本对经济高质量发展起正向促进作用。

3.4　异质性分析

探究区域研发投资规模对人民需要满足、经济运行良好、资源利用高效和生态环境美好四个维度的作用关系，可以更加全面地明确区域研发投资规模对经济高质量发展的作用机理。根据纵横向拉开档次法测算的各个指标的权重，分别计算出人民需要满足、经济运行良好、资源利用高效和生态环境美好四个维度的数值，然后利用系统 GMM 方法对区域研发投资规模对四个维度的作用关系进行回归分析，计量回归结果如表 3.9 所示。

表 3.9　　　　区域研发投资规模对分维度作用的异质性分析

变量	人民需要满足	经济运行良好	资源利用高效	生态环境美好
RDQ	0.118***	−0.080***	0.413***	−0.108***
	(0.000)	(0.000)	(0.000)	(0.000)
ENV	0.136***	0.044*	0.304***	0.158***
	(0.000)	(0.078)	(0.000)	(0.000)
INF	−0.037	−0.048**	−0.134***	0.141***
	(0.265)	(0.026)	(0.003)	(0.000)
MAT	0.403***	−0.012	0.413***	0.184***
	(0.000)	(0.399)	(0.000)	(0.000)
LAB	−0.077***	0.143***	−0.650***	0.011
	(0.000)	(0.000)	(0.000)	(0.379)
GOV	0.159***	−0.056***	−0.884***	0.074***
	(0.000)	(0.000)	(0.000)	(0.000)
L1.	−0.038***	0.755***	0.448***	0.329***
	(0.008)	(0.000)	(0.000)	(0.000)
_cons	−5.635***	−1.905***	−2.860*	−4.567***
	(0.000)	(0.000)	(0.000)	(0.000)
AR（1）	−2.822***	−3.401***	−2.290**	−2.617***
	(0.005)	(0.001)	(0.022)	(0.009)
AR（2）	0.988	1.371	0.077	−0.636
	(0.323)	(0.170)	(0.939)	(0.524)
Sargan 检验	29.485	27.247	26.004	27.727
	(0.290)	(0.396)	(0.463)	(0.372)

注：*、**、***分别表示在10%、5%和1%水平上显著。

从表3.9可以看出，Arellano-Bond检验的结果均表明不存在二阶序列自相关，故均接受"扰动项无自相关"的原假设，同时Sargan检验的结果表明均接受原假设，即表明系统GMM模型的所有工具变量均有效，因此说明采用系统GMM方法进行四个维度的异质性分析是合适的。

通过表3.9中的实证检验结果发现，区域研发投资规模对人民需要满足状况具有显著的正向促进作用，作用系数为0.118，并通过1%的显著性水平检验，说明随着区域研发投资规模的提高，技术存量逐渐增加，不断涌现新的产品和服务，提高对人民需要的满足状况。区域研发投资规模对资源利用高效情况具有显著的正向促进作用，作用系数为0.413，并通过1%的显著性水平检验，说明区域研发投资规模的增加可以开发新的技术，促进资源的重复循环利用，通过数字技术有效匹配供应商、生产者和消费者之间的供需关系，减少库存和产能过剩，降低成本，提高资源利用效率。区域研发投资规模对经济运行良好和生态环境美好没有呈现出促进作用，反而表现出明显的抑制作用，表明区域研发投资未能成功转化为促进经济良好运行和改善生态环境的动力，区域研发投资所产生的科技成果的转化应该得到重视，同时也说明区域经济运行状态和生态环境状况提升机制复杂，滞后两期的区域研发投资规模较难发挥促进作用，推测区域研发投资规模对经济运行良好和生态环境美好的促进作用可能与区域环境规制和交通基础设施的调节有关，仅仅依靠区域研发投资规模的增加无法显著促进经济运行良好和生态环境美好。

3.5　本章小结

本章探究了区域研发投资规模对经济高质量发展的作用机理。首先，从促进区域知识资本增加进而提升技术创新能力和制度创新能力角度，阐述了区域研发投资规模对经济高质量发展的作用路径；然后，利用系统GMM方法实证检验区域研发投资规模对经济高质量发展的直接促进作用以及区域环境规制和交通基础设施的调节作用，利用中介效应模型验证区域知识资本在区域研发投资规模对经济高质量发展作用路径中的中介作用；最后，采取替换变量的方法对实证结果进行稳健性检验，并实证分析区域研发投资规模对人民需要满足、经济运行良好、资源利用高效和生态环境美好四个分维度作用的异质性。

第4章

区域研发投资结构对经济高质量发展的作用机理研究

除了数量视角的区域研发投资规模，内部结构视角的区域研发投资结构在经济高质量发展过程中也具有重要的作用。与区域研发投资的来源结构相比，区域研发投资在基础研究、应用研究和试验发展方面的使用结构在经济高质量发展过程中的作用更加突出。本章主要探究区域研发投资在基础研究、应用研究和试验发展方面的使用结构对经济高质量发展的作用机理，以及实证分析区域研发投资结构对经济高质量发展作用的门槛效应。

4.1 区域研发投资结构的测度及对经济高质量发展的作用路径分析

4.1.1 区域研发投资结构的测度

区域研发投资结构是从内部结构视角刻画区域研发投资状况，本书中区域研发投资结构指的是区域研发投资使用结构，即指区域在基础研究、应用研究和试验发展三个方面的投资搭配关系。因此，本书采用区域基础研究投资、区域应用研究投资和区域试验发展投资分别与区域研发活动总投资的比例测量区域研发投资结构。

4.1.2 区域研发投资结构对经济高质量发展的作用路径分析

4.1.2.1 区域研发投资结构通过改变不同研究类型的投资规模和搭配关系对区域经济高质量发展起作用

新结构经济学认为要素禀赋和要素禀赋结构是经济发展分析的最佳出发点，对经济发展具有至关重要的作用（林毅夫，2019）。区域研发投资是重要的创新要素，它是经济发展的关键驱动力，区域研发投资结构通过不同区域研发投资的规模变化及其搭配关系对经济高质量发展产生作用。本书中，区域研发投资结构能够反映区域研发投资在基础研究、应用研究和试验发展方面的搭配和组合，它对经济高质量发展的作用不可忽视（张美丽和李柏洲，2021）。当区域研发投资的数量有限时，不同的区域研发投资结构将带来不同的创新发展效果，合理的区域研发投资结构是实现经济高质量发展的关键。根据《中国科技统计年鉴》中对基础研究、应用研究和试验发展研究的解释，基础研究不以特定应用为目的，主要聚焦于探究已有现象的规律、原理，是一种理论性或实验性工作。基础研究在我国目前已形成自由探索和需求攻关两种研究模式（董金阳等，2021）。应用研究是为实现特定应用而进行的一项研究，通过研究可以获得新的理论知识，同时应用研究能够明确基础研究成果的潜在功能。试验发展的目的是通过在科学研究中获得的知识，对生产活动中的产品和工艺进行改良或创新。

区域经济高质量发展是一个涉及人民需要满足、经济运行良好、资源利用高效和生态环境美好多个方面的综合概念，其提升策略不仅需要技术创新，同时需要相关制度及政策的创新。区域研发投资结构通过不同区域研发投资的搭配和组合关系作用于创新过程，包括技术创新过程和制度创新过程，进而对区域经济高质量发展产生作用。技术创新过程包括产品创新和工艺创新，产品创新主要对人民需要满足和生态环境美好产生作用，而工艺创新会对资源利用高效和生态环境美好产生作用。制度创新主要包括科技政策、市场制度和政治制度等方面的改革，制度创新可以规范、改变组织和个体的行为，促进技术创新和经济政策的不断演化，推动经济良好运行，进而有利于整个区域的经济高质量发展（眭纪刚，2019）。

　　本书的区域研发投资结构指的是区域研发投资在基础研究、应用研究和试验发展方面的比例关系，区域研发投资结构通过区域研发活动在基础研究、应用研究和试验发展方面的投资规模变化及其搭配关系对区域经济高质量发展产生作用。通常情况下，当区域基础研究投资比例较高时，说明区域重视基础研究，加强基础研究能够提高区域探索性技术创新能力，并且，基础研究有利于探究经济运行规律、发现问题并寻找解决方案，在此基础上，提出有利于经济高质量发展的科技政策、市场制度和政治制度等。但是，区域基础研究的投资比例不能过高，通过基础研究能够增加区域的基础理论性知识和方法，但不能直接转化为生产力，需要经过应用研究和产业化才能产生商业价值和转化为实际生产力（张小筠，2019）。因此，为了提高区域基础研究的应用价值，区域应适当提高应用研究的投资比例，加强对基础研究的应用探索，以及具有特定应用目的的科学性研究，从而提升基础研究和应用研究的商业价值与经济发展驱动效果。区域试验发展研究是将开发或获得的新知识、新技术真正用于产品创新和工艺创新，满足人民的需求，提高资源利用效率和经济运行状态，改善生态环境。理论上区域试验发展研究投资比例的提高可以促进我国区域经济高质量发展，但是，现阶段我国在区域试验发展研究的投资比例过高，在此基础上，提高区域试验发展研究的投资比例对经济高质量发展的促进作用不一定明显，并且，区域试验发展研究对生产率提升作用迅速，但对生产率的持久带动作用相对较弱（余永泽等，2017）。因此，需要同时借助基础研究与应用研究增强驱动经济高质量持久发展的动能，基于此，可以发现区域在基础研究、应用研究与试验发展方面合理的投资结构设置对区域经济高质量发展至关重要，区域研发投资结构会通过改变区域研发活动在基础研究、应用研究与试验发展方面的投资规模以及相互搭配关系作用于区域经济高质量发展。

4.1.2.2 区域研发投资结构通过改变人才结构对区域经济高质量发展起作用

本书中的区域研发投资结构是指区域研发投资在基础研究、应用研究和试验发展方面的投资比例，投资比例的变化直接关系区域科技人才结构。随着区域研发投资在基础研究、应用研究和试验发展方面投资比例的变化，相应地，区域进行基础研究、应用研究和试验发展的人才比例也在逐渐发生变化。高校和科研院所重视数学、物理和化学等基础学科的发展，加大对这些基础学科的经费投入，能够相应提升数学、物理和化学等专业人才的培养质量和数量，扩大基础学科人才的比例。当区域在试验发展方面的投资比例较高时，区域就会注重将基础研究和应用研究获得的知识应用于实际生产，相应地，技术型人才的比例就会随之提高，人才结构会改变相关的产业结构，同时会改变相关产业的创新绩效和生产产值，进而对区域经济高质量发展产生作用。

4.1.2.3 区域研发投资结构通过改变区域原始创新能力对区域经济高质量发展起作用

合理的区域研发投资结构，特别是区域基础研究和应用研究投资比例较高时，能够提升区域原始创新能力，实现高水平科技自立自强，摆脱其他国家的技术封锁，为经济发展提供先进的技术与理念支撑，从而不断促进区域经济高质量发展。参考苏屹和李柏洲（2010）关于企业原始创新的定义，本书认为区域原始创新是区域中的企业、高校和科研院所等创新主体聚焦于应用基础研究或高新技术领域获得独有成果，并将科研成果商业化的过程，原始创新能够协助区域获得核心技术和自主知识产权，为满足人民高质量的需求、促进经济良好运行、提升资源利用效率以及改善生态环境提供强劲的技术支持。加强基础研究是提升自主创新能力的关键，产业技术革命往往是由基础研究创造的原创性成果引起的（夏建白，2018）。当区域在基础研究方面的投资比例较高时，区域就能在基础研究方面投入大量的人力和物力，推动区域对现象或事实的基本原理或规律性认识的探索与开发，揭示世界万物及已有现象的本质和内在运行规律，增加创新增长的知识积累量（孙早和许薛璐，2017），提升区域的原始创新能力，突破重要产业链中的"卡脖子"技术，为促进经济高质量发展提供强劲动能。

4.2 区域研发投资结构对经济高质量发展的作用关系分析

4.2.1 区域研发投资结构对经济高质量发展的作用关系假设

（1）区域基础研究投资比例与经济高质量发展。根据《中国科技统计年鉴》中关于基础研究含义的界定，区域基础研究方面投资的增加意味着区域将更多研发资金用在探究已有现象的发展规律和运行的基本理论，明确客观事实的本质及运行规律，获得新知识和新理论，加深对现实世界的理解与认识，主要以科学论文、著作和研究报告等形式展现其研究成果。基础研究不以特定应用或使用为目的，仅仅为增加对客观事实和现象的理论性认识和规律性的发现，通过对经济运行规律和企业发展问题的识别和总结，其研究成果有利于政府和企业采纳并制定科学合理的提升策略。基础研究投资对经济增长具有显著的促进作用，在基础研究方面投入较少不利于技术进步和经济发展（靖学青，2013）。基础研究投资对创新增长具有知识积累效应，提高区域原始创新能力，可以增加知识存量，同时基础研究具有技术吸收效应和创新激励效应，基础研究投资的增加可以增强区域应用研究的技术吸收能力和本区域企业的自主创新能力（孙早和许薛璐，2017）。与应用技术相比，基础科学知识对经济增长的促进效果更持久（杨立岩和潘慧峰，2003）。本书中，区域经济高质量发展是一个广义的概念，涉及内容丰富，指标多样且全面，其提升不仅仅依靠技术进步改良生产工艺和提高产品质量，同时更多依靠优化政策来指明发展方向、发展模式和发展路径，比如区域、城乡协调发展的相关实施政策、供给侧结构性改革的相关策略以及与人民利益密切相关的交通道路规划和城市绿化设计等。区域基础研究投资比例的提高，既可以通过知识创造提高区域原始创新能力来促进区域技术进步（孙早和许薛璐，2017），同时也可以通过提出经济优化政策和企业改良策略来促进区域经济高质量发展。因此，基于以上分析，本章提出假设4.1。

假设4.1：区域基础研究投资比例的提高有利于促进经济高质量发展。

（2）区域应用研究投资比例与经济高质量发展。根据《中国科技统计年鉴》中关于应用研究的解释，区域应用研究可以确定基础研究潜在的用途，同时应用研究是为实现特定目的或目标而进行的新知识、新方法或新途径的研究工作，其研究成果包括论文、专利、著作、理论模型和研究报告等。应用研究是真正将基础研究获得的理论用于实际应用的重要研究阶段，其可以将新发现的知识与理论赋予新的应用途径与场景，将理论与实际相结合，为解决实际现实问题提供理论依据，对技术进步与经济发展具有显著的促进作用。区域应用研究投资比例的提高，可以提升新知识和新理论的应用效率，促进基础研究成果向生产力转化（严成樑和龚六堂，2013）。区域经济高质量发展需要将技术真正转化为生产力，需要将研究发现的新知识与新理论真正用于生产和生活中，增加人民收入水平，改良生产技术，提高资源利用效率和促进绿色生产与消费，因此，区域应用研究投资比例的大小与经济高质量发展的关系非常密切。基于此，本章提出假设4.2。

假设4.2：区域应用研究投资比例的提高能够促进经济高质量发展。

（3）区域试验发展投资比例与经济高质量发展。根据《中国科技统计年鉴》中关于试验发展的定义，区域试验发展注重将科学研究和实际经验中得到的知识，用于生产工艺和产成品的改良和创新，其研究成果包括特有技术、专利和新设计的产品模型、原始样机及装置等。区域试验发展可以将知识和技术真正转化为现实生产力，区域试验发展投资规模的增加可以显著提升区域技术水平，进而促进区域经济高质量发展。但是，从内部结构视角看，区域试验发展投资占 R&D 经费总投资的比例与经济高质量发展的关系却不一定正相关。现阶段，我国各区域的试验发展投资比例均较高，试验发展的使用效率较低，试验发展投资比例的提高对经济增长的作用效果不显著（严成樑和龚六堂，2013）。与基础研究和应用研究相比，试验发展对生产率的促进作用发挥较快，但是其对生产率的促进作用强度较弱（余永泽等，2017）。基础研究和应用研究主要是由高校和科研院所完成，科研成果转化为生产力的效果比较明显，社会价值高于私人价值；而试验发展主要由企业完成，对单一企业或某一行业的促进作用较明显，而对整个区域的长期生产率的提高并不显著（陈钰芬等，2013）。近几年我国基础研究投资和应用研究投资在R&D 经费总支出的比重相对较低，而试验发展投资占了绝大比重，在此基础上，试验发展投资比例的提高对经济高质量发展的边际贡献可能很小甚至为负，因为在 R&D 经费投资有限的情况下，试验发展投资比例的提高意味着基础研究投资比例和应用研究投资比例的减小，基础研究投资比例和应用研究投资比例的降低不利于经济高质量发展。基于此，本章提出假设 4.3。

假设 4.3：区域试验发展投资比例的提高不利于经济高质量发展。

4.2.2　区域研发投资结构对经济高质量发展作用的计量模型建立

基于在第 3 章中的理论分析，本章利用系统 GMM 方法构建区域研发投资结构对经济高质量发展作用的计量模型，为了更加准确地探究区域研发投资结构对经济高质量发展的作用关系，在模型中引入区域研发投资总量作为控制变量，区域研发投资总量用各个区域每年研发投资数量衡量，即区域基础研究投资、区域应用研究投资和区域试验发展投资之和，在数量上等于区域 R&D 经费内部支出总量，此外，将区域基础研究比例、区域应用研究比例和区域试验发展比例分别放在不同的模型中，以提高研究的科学性与有效性，本章建立的计量模型如下：

$$\ln HQ_{it} = c_{41} + \upsilon_{41}\ln JC_{it} + \alpha_{41}\ln RDZ_{it} + \beta_{41}\ln MAT_{it} + \delta_{41}\ln LAB_{it} + \gamma_{41}\ln GOV_{it}$$
$$+ \eta_{41}\ln ENV_{it} + \lambda_{41}\ln INF_{it} + \sigma_{41}\ln HQ_{i,t-1} + \mu_i + \varepsilon_{it} \qquad (4-1)$$

$$\ln HQ_{it} = c_{42} + \upsilon_{42}\ln YY_{it} + \alpha_{42}\ln RDZ_{it} + \beta_{42}\ln MAT_{it} + \delta_{42}\ln LAB_{it} + \gamma_{42}\ln GOV_{it}$$
$$+ \eta_{42}\ln ENV_{it} + \lambda_{42}\ln INF_{it} + \sigma_{42}\ln HQ_{i,t-1} + \mu_i + \varepsilon_{it} \qquad (4-2)$$

$$\ln HQ_{it} = c_{43} + \upsilon_{43}\ln SY_{it} + \alpha_{43}\ln RDZ_{it} + \beta_{43}\ln MAT_{it} + \delta_{43}\ln LAB_{it} + \gamma_{43}\ln GOV_{it}$$
$$+ \eta_{43}\ln ENV_{it} + \lambda_{43}\ln INF_{it} + \sigma_{43}\ln HQ_{i,t-1} + \mu_i + \varepsilon_{it} \qquad (4-3)$$

其中：i 表示地区；t 表示年份；HQ 表示经济高质量发展；JC 表示区域基础研究投资比例，用各区域基础研究投资占 R&D 经费内部支出的比例测量；YY 表示区域应用研究投资比例，采用各区域应用研究投资占 R&D 经费内部支出的比例测量；SY 表示区域试验发展投资比例，采用各区域试验发展投资占 R&D 经费内部支出的比例衡量；RDZ 表示区域研发投资总量；MAT 表示物质资本；LAB 表示劳动力数量；GOV 表示政府支持；ENV 表示环境规制；INF 表示交通基础设施；μ 表示各个区域的个体效应；ε 表示随机误差项；c 指的是常数项；其他变量的测量与第 3 章相同，详见第 3 章解释。

4.2.3 区域研发投资结构对经济高质量发展的作用关系的实证检验

4.2.3.1 变量选择与数据获取

考虑到区域研发投资结构对经济高质量发展起作用具有时滞效应，本书将区域研发投资规模、结构和集聚对经济高质量发展起作用的滞后期设置为两年，在实证研究中，区域经济高质量发展的数据选取期间为 2011 ～ 2018 年，本章中区域研发投资结构的原始数据选取期间为 2009 ～ 2016 年。本书根据 2010 ～ 2017 年的《中国科技统计年鉴》公布的各地区研究与试验发展（R&D）经费内部支出在基础研究、应用研究和试验发展的投资数量，分别计算基础研究投资、应用研究投资和试验发展投资在区域研发投资总量中的比例，各变量的描述性统计如表 4.1 所示。

表 4.1　　　　　　　　　　　　变量描述性统计

变量	符号	样本数量	均值	方差	最小值	最大值
基础研究投资比例	JC	240	0.063	0.042	0.014	0.245
应用研究投资比例	YY	240	0.133	0.066	0.037	0.356
试验发展投资比例	SY	240	0.804	0.096	0.495	0.942
区域研发投资总量	RDZ	240	3229764	3684125	57806	17596438

从表 4.1 可以看出，以我国 30 个省区市为研究对象，在 2009 ～ 2016 年研究期内，我国区域的研发投资结构较不均衡，从均值统计量可以看出，基础研究投资比例最小，仅为 0.063，应用研究投资比例比基础研究投资比例稍微大些，为 0.133，试验发展投资比例极大，为 0.804。从方差统计量可以发现，我国区域基础研究投资比例、应用研究投资比例和试验发展投资比例偏离程度均较大，我国区域研发投资结构设置较不均衡，这一点从最小值和最大值也可以看出。此外，为了更加清晰地展示我国各区域研发投资结构分布情况，本书绘制了 2009 ～ 2018 年我国 30 个省级区域的研发投资结构平均分布，如图 4.1 所示。从图 4.1 可以发现，在 30 个区域中，北京、吉林、黑龙江、海南和甘肃的基础研究投资比例较高，均值超过 0.1，其中，北京、吉林、海南和甘肃在基础研究、应用研究和试验发展投资比例分配上比较均衡，而其他区域呈现出比较严重的"重试验发展，轻基础研究和应用研究"的现象。

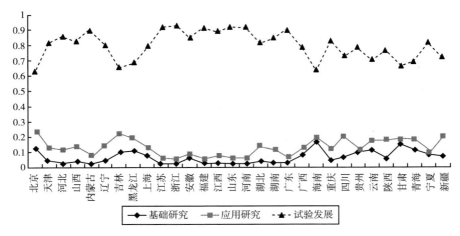

图 4.1　2009～2018 年期间我国各区域研发投资结构平均分布

图 4.2 展现了 2009～2018 年我国研发投资结构的变化趋势，可以发现，我国基础研究投资在 R&D 经费总投资中的比例极小，但近几年稍微有上升的趋势，从 2009 年的 0.0466 上升到 2018 年的 0.0554。应用研究投资比例也较小，占据 R&D 经费总投资的 10% 左右，该比例近几年稍有波动，从 2009 年的 0.1260 下降到 2016 年的 0.1027，再上升到 2018 年的 0.1113。试验发展投资占据 R&D 经费总投资的比例最大，基本在 80% 以上，近几年有下降的趋势。

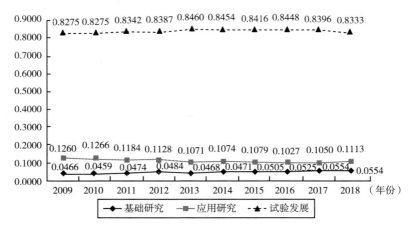

图 4.2　2009～2018 年我国研发投资结构趋势

4.2.3.2　作用关系的实证检验结果与分析

本章从基础研究、应用研究和试验发展三个方面的投资比例刻画区域研发投资结构，利用系统 GMM 模型估计区域研发投资结构对经济高质量发展的作用关系，结果如表 4.2 所示。

表 4.2　　区域研发投资结构对经济高质量发展作用的实证检验结果

变量	模型（1）	模型（2）	模型（3）
JC	0.011*** （0.005）		
YY		0.029*** （0.000）	
SY			－ 0.099*** （0.000）
RDZ	0.026* （0.086）	0.020* （0.084）	0.026** （0.049）
MAT	0.086*** （0.000）	0.088*** （0.000）	0.085*** （0.000）
LAB	－ 0.048*** （0.000）	－ 0.041*** （0.000）	－ 0.050*** （0.000）
ENV	0.028*** （0.000）	0.026** （0.013）	0.025** （0.013）
INF	0.045*** （0.005）	0.051*** （0.001）	0.043*** （0.006）
GOV	－ 0.030** （0.020）	－ 0.018 （0.142）	－ 0.022* （0.093）
HQ（－1）	0.577*** （0.000）	0.584*** （0.000）	0.590*** （0.000）
_cons	－ 1.364*** （0.000）	－ 1.292*** （0.000）	－ 1.373*** （0.000）
AR（1）	－ 2.987*** （0.003）	－ 3.005*** （0.003）	－ 3.065*** （0.002

变量	模型（1）	模型（2）	模型（3）
AR（2）	0.836 （0.403）	0.942 （0.346）	0.997 （0.319）
Sargan 检验	23.639 （0.597）	24.154 （0.567）	23.295 （0.616）

注：*、**、***分别表示在10%、5%和1%的水平上显著。

在表 4.2 的三个模型中，Arellano-Bond 检验的结果均表明不存在二阶序列自相关，故均接受"扰动项无自相关"的原假设，同时 Sargan 检验的结果表明均接受原假设，即表明系统 GMM 模型的所有工具变量均有效，因此说明采用系统 GMM 方法进行实证检验是合适的（陈强，2014）。由表 4.2 中模型（1）的计量结果可知，区域基础研究投资比例能够显著促进区域经济高质量发展，作用系数为 0.011，并且通过了 1% 的显著性检验，表明区域基础研究投资比例每提高 1 个单位，经济高质量发展可以升高 0.011 个单位。通过实证检验说明假设 4.1 是正确的，即区域基础研究投资比例的提高可以有效促进经济高质量发展。在模型（2）中，区域应用研究投资比例对经济高质量发展的作用系数为 0.029，在 1% 水平上通过显著性检验，区域应用研究投资比例每提高 1 个单位，经济高质量发展可以升高 0.029 个单位，表明区域应用研究投资比例的提高可以显著促进经济高质量发展，假设 4.2 通过实证检验。此外还发现，区域应用研究投资比例对经济高质量发展的促进作用强于区域基础研究投资比例。在模型（3）中，区域试验发展投资比例对经济高质量发展的作用系数为 -0.099，在 1% 水平上通过显著性检验，区域应用研究投资比例每提高 1 个单位，经济高质量发展反而下降 0.099 个单位，表明区域试验发展投资比例的提高会显著抑制经济高质量发展，这一发现与假设 4.3 基本保持一致。在我国各区域将 R&D 经费用于试验发展的比例保持较高水平的现状下，再继续提高区域试验发展投资比例非但不会对经济高质量发展产生促进作用，而且还会抑制经济高质量发展，因此，各区域应适当减少区域试验发展投资，不断提高区域用在基础研究和应用研究的投资规模和比例。

4.2.4 区域研发投资结构对经济高质量发展作用的门槛效应分析

4.2.4.1 区域研发投资结构对经济高质量发展作用的门槛效应的计量模型构建

为了验证区域基础研究、应用研究和试验发展投资比例对经济高质量发展的作用是否存在门槛效应，本书基于前面已有的数据建立面板门槛回归模型，门槛回归模型最早由汉森（Hansen，1999）提出，该模型可以根据样本数据特点确定门槛值和门槛数量，科学划分不同的作用区间，并根据样本数据进行显著性和真实性检验，这样能够客观有效地探究区域研发投资结构对经济高质量发展的作用的门槛效应。本章以区域基础研究投资比例为例建立门槛回归模型，在模型中将区域基础研究投资比例设置为门槛变量，检验区域研发投资比例对经济高质量发展的作用是否存在自身的门槛效应，建立以下单一面板门槛回归模型（苏屹等，2017）：

$$
\begin{aligned}
\ln HQ_{it} = {} & c + \alpha_{44}\ln RDZ_{it} + \beta_{44}\ln MAT_{it} + \delta_{44}\ln LAB_{it} + \eta_{44}\ln ENV_{it} \\
& + \lambda_{44}\ln INF_{it} + \varphi_{44}\ln GOV_{it} + \upsilon'_{44}\ln JC_{it}I(JC_{it}\leqslant\gamma) \\
& + \upsilon''_{44}\ln JC_{it}I(JC_{it}>\gamma) + \mu_i + \varepsilon_{it}
\end{aligned}
\tag{4-4}
$$

其中：$I(\,\cdot\,)$ 为示性函数，当满足括号中的条件时，取值为 1，反之，取值为 0；γ 为变量门槛值；μ_i 为各个区域的个体效应；其他符号的含义同式（4-1）。多重门槛模型以此类推，本书以双重门槛为例：

$$
\begin{aligned}
\ln HQ_{it} = {} & c + \alpha_{45}\ln RDZ_{it} + \beta_{45}\ln MAT_{it} + \delta_{45}\ln LAB_{it} + \eta_{45}\ln ENV_{it} \\
& + \lambda_{45}\ln INF_{it} + \varphi_{45}\ln GOV_{it} + \upsilon'_{45}\ln JC_{it}I(JC_{it}\leqslant\gamma_1) \\
& + \upsilon''_{45}\ln JC_{it}I(\gamma_1<JC_{it}\leqslant\gamma_2) + \upsilon'''_{45}\ln JC_{it}I(\gamma_2<JC_{it}) \\
& + \mu_i + \varepsilon_{it}
\end{aligned}
\tag{4-5}
$$

其中，γ_1 和 γ_2 为双重门槛值，其他符号的含义同式（4-1）。

4.2.4.1 区域研发投资结构对经济高质量发展作用的门槛效应检验结果与分析

本书采用 Stata15 软件对区域研发投资结构对经济高质量发展作用的门槛效应进行估计与检验，选择使模型残差平方和最小的门槛估计值，然后对门槛估计值进行显著性和真实性检验。采用自助法对门槛效应的显著性进行检验，通过似然比统计量 $LR = -2\ln(1 - \sqrt{1-\alpha})$ 对门槛估计值的真实性进行检验，本书中显著性水平 $\alpha = 0.05$，此时 $LR = 7.3523$（苏屹等，2017）。对单一门槛模型、双重门槛模型和三重门槛模型分别进行检验，检验结果如表4.3所示。由表4.3可以看出，当检验区域基础研究投资比例对经济高质量发展作用的门槛效应时，双重门槛效应通过了1%的显著性检验，单一和三重门槛效应均不显著，因此，区域基础研究投资比例对经济高质量发展的作用过程中，存在两个门槛值，门槛值分别为0.0918和0.0937，门槛估计值及置信区间如表4.4所示。

表4.3　　　　　　　　　　门槛效应显著性检验

门槛变量	门槛个数	F 值	P 值	临界值		
				1%	5%	10%
基础研究比例	单一	8.72	0.593	26.269	21.705	17.955
	双重	31.66	0.000	23.585	18.365	15.378
	三重	6.92	0.590	50.461	21.775	16.571

注：P 值是用自助法反复抽样 300 次得到的结果。

表4.4　　　　　　　　　　门槛估计值与置信区间

门槛变量	门槛估计值	95% 置信区间
基础研究比例	0.0918	[0.0897, 0.0923]
	0.0937	[0.0886, 0.0948]

对门槛效应的显著性进行检验之后，利用似然比函数图对门槛估计值和门槛真实值的一致性进行检验，似然比函数图如图4.3和图4.4所示。

当似然比统计量 *LR* 等于零时，对应的门槛参数 *JC* 即为区域基础研究投资比例的门槛估计值。由图 4.3 和图 4.4 可以清晰地看出，区域基础研究投资比例对经济高质量发展作用的两个门槛值分别为 0.0918 和 0.0937。在 95% 的置信水平下，所有小于似然比统计量 *LR* = 7.3523（图中虚线）的 γ

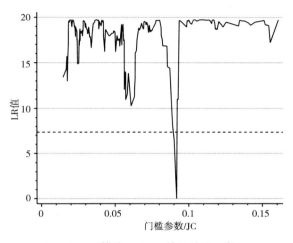

图 4.3　门槛值 0.0918 的似然比函数图

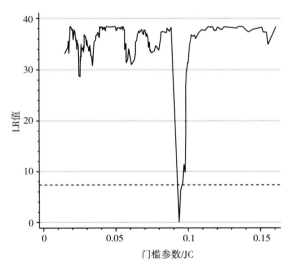

图 4.4　门槛值 0.0937 的似然比函数图

构成的区间即为置信区间，从图 4.3 和图 4.4 中可以看出，门槛值 0.0918 和 0.0937 所估计的置信区间分别为 [0.0897，0.0923] 和 [0.0886，0.0948]，因此，本书的门槛估计值和真实值是一致的，区域基础研究投资比例的门槛估计值通过真实性检验。

在区域基础研究投资比例对经济高质量发展的作用过程中，存在自身的两个门槛，门槛值分别为 0.0918 和 0.0937，在不同的门槛区间内，区域基础研究投资比例对经济高质量发展的作用系数如表 4.5 所示。

表 4.5 　　　　　　　　　　门槛效应的作用系数及其检验

变量	系数	t 值	P 值	95% 置信区间
RDZ	−0.058**	−1.970	0.050	[−0.116，−0.001]
MAT	0.324***	12.700	0.000	[0.274，0.374]
LAB	0.024	0.730	0.463	[−0.040，0.087]
ENV	0.167***	5.500	0.000	[0.107，0.227]
INF	0.173**	2.060	0.040	[0.008，0.338]
GOV	−0.023	−0.600	0.551	[−0.097，0.052]
$JC \leqslant 0.0918$	0.007	0.450	0.655	[−0.023，0.036]
$0.0918 < JC \leqslant 0.0937$	0.050***	2.620	0.009	[0.012，0.087]
$JC > 0.0937$	0.001	0.040	0.965	[−0.036，0.037]
_cons	−4.312***	−13.560	0.000	[−4.938，−3.685]
R_squared	0.912			

注：*、**、*** 分别表示在 10%、5% 和 1% 的水平上显著。

从表 4.5 可以看出，区域基础研究投资比例低于 0.0918 时，区域基础研究投资比例对经济高质量发展具有正向促进作用，作用系数为 0.007，但未通过显著性检验；当区域基础研究投资比例处于 [0.0918，0.0937] 区间时，区域基础研究投资比例对经济高质量发展具有显著的正向促进作用，作用系数为 0.050，且通过 1% 的显著性检验；当区域基础研究投资比例大于 0.0937 时，区域基础研究投资比例对经济高质量发展的作用为正，作用系数为 0.01，同样没有通过显著性检验。可以发现，当区域基础研究投资比例处于 [0.0918，0.0937] 区间时，其对经济高质量发展的正向促进作用最显著，同时作用系数最大，基础研究是科技创新的源头，应适当加大基础研究投资比例，但同时基础研究投资比例不能无限增加，应注重区域研发投资在基础研究、应用研究和试验发展方面的合理分配，本研究发现有助于各区域政府设计更为合理科学的区域研发投资结构，加速推动区域经济高质量发展。

为了检验区域应用研究投资比例和区域试验发展投资比例对经济高质量发展的门槛效应，本章采用门槛效应模型分别对区域应用研究投资比例和区域试验发展投资比例对经济高质量发展的门槛效应进行实证检验。结果显示，区域应用研究投资比例和区域试验发展投资比例对经济高质量发展不存在显著的门槛效应，说明在样本研究期内，只有区域基础研究投资比例呈现出对经济高质量发展的门槛效应，作用机理比较复杂，区域应用研究投资比例和区域试验发展投资比例对经济高质量发展的作用机理还比较单一。

4.2.5　稳健性检验

本章采用缩尾处理方法进行稳健性检验，对因变量——经济高质量发展进行上下 1% 的缩尾处理，将大于第 99 百分位数值的样本用第 99 百分位数值替换，小于第 1 百分位数值的样本用第 1 百分位数值替换（王如玉等，2019）。检验结果表明，基础研究投资比例、应用研究投资比例和试验发展投资比例对经济高质量发展的作用系数与原有的研究存在较小的差别，但作用方向是一致的（见表 4.6），说明本章的研究结论是稳健的。

表 4.6　　　　　　　　　稳健性检验结果

变量	模型（1）	模型（2）	模型（3）
JC	0.010** (0.036)		
YY		0.028*** (0.000)	
SY			−0.070*** (0.002)
RDZ	0.015 (0.273)	0.009 (0.309)	0.014 (0.269)
MAT	0.081*** (0.000)	0.079*** (0.000)	0.078*** (0.000)
LAB	−0.047*** (0.000)	−0.040*** (0.000)	−0.044*** (0.000)
ENV	0.016*** (0.000)	0.008 (0.555)	0.017*** (0.004)
INF	0.059*** (0.000)	0.056*** (0.000)	0.052*** (0.000)
GOV	−0.038*** (0.002)	−0.026** (0.037)	−0.031** (0.015)
HQ（−1）	0.622*** (0.000)	0.651*** (0.000)	0.639*** (0.000)
_cons	−1.092*** (0.000)	−0.929*** (0.000)	−1.083*** (0.000)
AR（1）	−3.069*** (0.002)	−3.183*** (0.002)	−3.169*** (0.002)
AR（2）	1.141 (0.254)	1.183 (0.237)	1.223 (0.221)
Sargan 检验	25.202 (0.508)	25.283 (0.503)	25.193 (0.508)

注：*、**、*** 分别表示在10%、5%和1%水平上显著。

4.3　异质性分析

区域研发投资结构（即区域基础研究投资比例、区域应用研究投资比例和区域试验发展投资比例）对经济高质量发展的四个维度的作用关系实证结果如表 4.7 ~ 表 4.9 所示。从以下三个表中可以看出，所有模型的 Arellano-Bond 检验结果均表明不存在二阶序列自相关，故均接受"扰动项无自相关"的原假设，同时 Sargan 检验的结果表明均接受原假设，即表明系统 GMM 模型的所有工具变量均有效，因此说明本章采用系统 GMM 方法实证检验区域研发投资结构对经济高质量发展分维度的作用关系是合适的。

表 4.7　区域基础研究投资比例对经济高质量发展分维度作用的
实证检验结果

变量	人民需要满足	经济运行良好	资源利用高效	生态环境美好
JC	0.118*** (0.000)	0.025*** (0.007)	0.164*** (0.000)	− 0.036*** (0.000)
RDZ	0.088*** (0.005)	0.009* (0.076)	0.351*** (0.000)	− 0.124*** (0.000)
MAT	0.381*** (0.000)	− 0.031*** (0.000)	0.253*** (0.006)	0.236*** (0.000)
LAB	− 0.089*** (0.000)	0.113*** (0.000)	− 0.801*** (0.000)	0.047*** (0.006)
ENV	0.112*** (0.000)	0.027 (0.270)	0.355*** (0.000)	0.166*** (0.000)
INF	− 0.012 (0.784)	− 0.060*** (0.000)	− 0.113** (0.015)	0.166*** (0.000)
GOV	0.146*** (0.000)	− 0.030** (0.018)	− 0.866*** (0.000)	0.051*** (0.000)

变量	人民需要满足	经济运行良好	资源利用高效	生态环境美好
L1.	−0.084*** （0.000）	0.764*** （0.000）	0.450*** （0.000）	0.349*** （0.000）
_cons	−6.731*** （0.000）	−1.064*** （0.000）	−6.573*** （0.000）	−3.287*** （0.000）
AR（1）	−2.667*** （0.008）	−3.489*** （0.001）	−1.947** （0.052）	−2.754*** （0.006）
AR（2）	1.353 （0.176）	1.005 （0.315）	−0.370 （0.712）	−0.199 （0.842）
Sargan 检验	25.985 （0.464）	27.920 （0.362）	25.619 （0.484）	26.693 （0.426）

注：*、**、***分别表示在10%、5%和1%水平上显著。

表 4.8　　区域应用研究投资比例对分维度作用的实证检验结果

变量	人民需要满足	经济运行良好	资源利用高效	生态环境美好
YY	0.034*** （0.000）	−0.026*** （0.000）	0.076*** （0.007）	0.059*** （0.000）
RDZ	0.056*** （0.006）	0.008 （0.468）	0.288*** （0.000）	−0.103*** （0.000）
MAT	0.381*** （0.000）	−0.030*** （0.006）	0.312*** （0.000）	0.257*** （0.000）
LAB	−0.079*** （0.003）	0.104*** （0.000）	−0.732*** （0.000）	0.016 （0.267）
ENV	0.126*** （0.000）	0.076*** （0.003）	0.294*** （0.000）	0.146*** （0.000）
INF	−0.009 （0.783）	−0.060** （0.013）	−0.040 （0.454）	0.197*** （0.000）
GOV	0.168*** （0.000）	−0.031** （0.010）	−0.795*** （0.000）	0.062*** （0.000）
L1.	−0.036*** （0.009）	0.736*** （0.000）	0.374*** （0.000）	0.308*** （0.000）

续表

变量	人民需要满足	经济运行良好	资源利用高效	生态环境美好
_cons	− 6.565*** （0.000）	− 1.404*** （0.000）	− 6.992*** （0.000）	− 3.335*** （0.000）
AR（1）	− 3.010*** （0.003）	− 3.466*** （0.001）	− 1.964** （0.050）	− 2.471** （0.014）
AR（2）	0.790 （0.429）	0.709 （0.478）	0.089 （0.929）	− 0.842 （0.400）
Sargan 检验	29.542 （0.287）	26.263 （0.449）	25.948 （0.466）	27.157 （0.401）

注：*、**、***分别表示在10%、5%和1%水平上显著。

表 4.9　区域试验发展投资比例对分维度作用的实证检验结果

变量	人民需要满足	经济运行良好	资源利用高效	生态环境美好
SY	− 0.265*** （0.000）	0.044*** （0.003）	− 0.498*** （0.000）	− 0.035** （0.010）
RDZ	0.062*** （0.008）	0.002 （0.759）	0.318*** （0.000）	− 0.109*** （0.000）
MAT	0.378*** （0.000）	− 0.018* （0.096）	0.309*** （0.000）	0.238*** （0.000）
LAB	− 0.079*** （0.003）	0.115*** （0.000）	− 0.749*** （0.000）	0.030** （0.045）
ENV	0.106*** （0.000）	0.063*** （0.005）	0.314*** （0.000）	0.162*** （0.000）
INF	− 0.017 （0.700）	− 0.066*** （0.000）	− 0.081 （0.138）	0.181*** （0.000）
GOV	0.152*** （0.000）	− 0.019 （0.118）	− 0.832*** （0.000）	0.048*** （0.000）
L1.	− 0.024 （0.122）	0.715*** （0.000）	0.374*** （0.000）	0.327*** （0.000）
_cons	− 6.651*** （0.000）	− 1.419*** （0.000）	− 7.715*** （0.000）	− 3.324*** （0.000）

变量	人民需要满足	经济运行良好	资源利用高效	生态环境美好
AR（1）	-3.042***	-3.378***	-1.914*	-2.580***
	(0.002)	(0.001)	(0.056)	(0.009)
AR（2）	1.222	0.979	-0.021	-0.683
	(0.222)	(0.328)	(0.983)	(0.495)
Sargan 检验	29.606	27.013	25.452	26.843
	(0.284)	(0.409)	(0.494)	(0.418)

注：*、**、***分别表示在10%、5%和1%水平上显著。

从表4.7的实证检验结果可以发现，区域基础研究投资比例对人民需要满足、经济运行良好和资源利用高效具有显著的正向促进作用，其中，对人民需要满足和资源利用高效的促进作用较大，作用系数分别为0.118和0.164，对经济运行良好的促进作用较小，作用系数仅为0.025。随着区域基础研究投资比例的提高，区域将更多的研发资金用在基础研究上，基础研究是我国产业核心技术创新的源泉，基础研究可以开发、培育引领市场的原始新技术（柳卸林和何郁冰，2011）。通过对科学原理的不断探索，不断拓展与满足人民新的需求，研发新的突破性技术从根本上提高土地、资本、劳动力和能源的利用率，以及区域的全要素生产率。因此，区域基础研究投资比例的提高可以显著地满足人民需求和提升资源利用效率。本书中经济运行良好状态内容丰富，分别从经济增长稳定、结构优化、动能转换、对外开放、数字经济和协调共享六个方面进行刻画，其提升机制复杂，提升难度较大，而且区域基础研究从投资开始研究再到真正形成生产力时间滞后性较长，因此，区域基础研究投资比例对经济运行良好状态的促进作用系数较小。区域基础研究投资比例对生态环境美好呈现负向抑制作用，作用系数为0.036。区域生态环境的改善不仅需要技术上的不断革新与改进，同时需要企业和个人环保意识的逐渐提高，再加上区域基础研究原创性较高及应用性较低的特点，因而区域基础研究投资比例对生态环境美好未呈现促进作用。

从表4.8可以看出，区域应用研究投资比例的提高能够显著促进人民需要满足、资源利用高效和生态环境美好，其作用系数分别为 0.034、0.076 和 0.059，而区域应用研究投资比例的提高却明显抑制经济良好运行，其作用系数为 0.026。应用研究可以将基础研究发现的原理与实际应用相结合，应用研究的目的性较强，开展研究的目的主要是为了服务和支持实际应用，因而应用研究投资比例的提高可以有效促进人民需要满足、资源利用高效和生态环境美好。经济运行良好状态内容丰富，提升机制复杂，不仅需要区域先进生产技术以及数字技术的支持，同时需要政府制定优惠扶持政策以及协调共享发展政策进行支持与激励，应用研究注重技术应用场景的开发与探索，其投资比例的提高未能有效促进经济良好运行。

表 4.9 的实证检验结果表明，区域试验发展投资比例的提高仅对经济良好运行具有显著的促进作用，而对人民需要满足、资源利用高效和生态环境美好呈现显著的负向抑制作用。由前面的理论假设分析可以得出，试验发展研究主要发生在企业层面，对整个区域的长期生产率的提高不显著（陈钰芬等，2013）。现阶段，我国在试验发展方面投资的比例过高，在此基础上，再增加区域试验发展投资的比例反而不会对人民需要满足、资源利用高效和生态环境美好产生促进作用，因为区域试验发展投资比例的增加会挤占基础研究和应用研究的投资份额，不利于区域原始创新和突破性创新技术的产出，不利于经济的长期高质量发展。但区域试验发展投资比例的增加对经济运行良好呈现显著的促进作用，究其原因是本书中刻画经济运行良好的经济结构优化、动能转换和对外开放均与企业密切相关，企业试验发展投资的增加有助于促进经济良好运行。

4.4　本章小结

本章依据新结构经济学理论，从内部结构视角探究区域研发投资结构对经济高质量发展的作用机理。首先，从人才结构和区域原始创新能力两个角度描述区域研发投资结构对经济高质量发展的作用路径；其次，根据相关研究对区域基础研究投资比例、区域应用研究投资比例和区域试验发展投资比例对经济高质量发展的作用关系提出假设；再其次，利用系统GMM方法实证检验区域研发投资结构对经济高质量发展的作用关系，利用面板门槛回归方法实证分析区域基础研究投资比例对经济高质量发展作用的门槛效应；最后，采用缩尾处理方法对区域基础研究投资比例、区域应用研究投资比例和区域试验发展投资比例对经济高质量发展的作用关系进行稳健性检验，利用系统GMM方法实证分析区域研发投资结构对经济高质量发展四个维度的异质性作用。

第5章

区域研发投资集聚对经济高质量
发展的作用机理研究

探究区域研发投资对经济高质量发展的作用机理，不仅要关注研发资金的投入规模以及内部结构设置，同时应注重区域研发投资的空间分布，尤其是近几年国家大力扶持建设粤港澳大湾区、雄安新区、长江经济带等区域，通过政策规划加强资源集聚效应，特别是创新要素集聚对经济发展的驱动效应。因此，本章主要探究区域研发投资集聚对经济高质量发展的作用机理，揭示区域创新人员积极性和区域融通创新程度在作用过程中的调节作用，以及区域研发投资集聚对周边区域经济高质量发展的空间溢出效应。

5.1 区域研发投资集聚的测度

在创新要素集聚的测度方面，现有研究主要采用区位熵（LQ）、水平集聚区位熵（HCLQ）、赫芬达尔－赫希曼指数（HHI）、区域基尼系数（LGC）、地理集中指数（GCI）和伊利森－格拉泽（Ellison-Glaeser）地理集中度指数（EGGCI）等方法（赵建吉和曾刚，2009）。其中，区位熵方法在要素集聚方面得到较为广泛的应用，包括人才集聚、资本集聚以及创新要素集聚（张美丽和李柏洲，2018；蔡玉蓉，2020；田喜洲等，2021）。参考毕朝辉（2018）、蔡玉蓉（2020）和田喜洲等（2021）的研究，本章采用区位熵方法测度区域研发投资集聚程度，区域研发投资集聚程度是指某一区域的研发投资在特定时间点上在空间上集聚的水平。

区位熵（location quotient，LQ），也称作地区专业化系数（regional specialization coefficient，RSC），原本是产业经济学、区域经济学中的一个概念，通常用来反映一种产业的相对集中度和专业化水平，指一个地区特定产业部门的产值在该地区总产值中所占的比重，与全国该部门产值在全国总产值中所占比重的比率（曹威麟等，2015）。本书利用区位熵方法计算区域研发投资集聚程度，计算公式如下所示（毕朝辉，2018；蔡玉蓉，2020；田喜洲等，2021）：

$$FIA_j = \frac{g'_j / g_j}{G' / G} \qquad (5-1)$$

其中，j 表示第 j 个地区（$j=1,2,\cdots,n$），在本章中，包括我国 30 个省级区域（不包括西藏、香港、澳门和台湾），FIA_j 表示第 j 区域的研发投资集聚程度，g'_j 表示第 j 区域的 R&D 经费内部支出，g_j 表示第 j 区域的生产总值，G' 表示全国 R&D 经费内部总支出，G 表示国内生产总值。

基于区位熵方法，本章测算了我国各个区域研发投资集聚程度，计算结果如表 5.1 所示。

表 5.1　　　　　　2009～2018 年我国各个区域研发投资集聚程度

区域	2009年	2010年	2011年	2012年	2013年	2014年	2015年	2016年	2017年	2018年	均值	排名
北京	3.305	3.398	3.237	3.110	2.996	2.941	2.924	2.754	2.665	2.640	2.997	1
上海	1.690	1.637	1.749	1.761	1.782	1.808	1.811	1.773	1.859	1.763	1.763	2
天津	1.425	1.452	1.479	1.462	1.484	1.461	1.500	1.430	1.169	1.721	1.458	3
江苏	1.224	1.209	1.219	1.246	1.246	1.256	1.249	1.247	1.244	1.255	1.239	4
广东	0.993	1.026	1.104	1.133	1.156	1.171	1.201	1.198	1.235	1.264	1.148	5

区域	2009年	2010年	2011年	2012年	2013年	2014年	2015年	2016年	2017年	2018年	均值	排名
浙江	1.042	1.040	1.039	1.090	1.083	1.117	1.146	1.139	1.156	1.164	1.102	6
陕西	1.393	1.254	1.119	1.039	1.059	1.025	1.061	1.030	0.995	1.039	1.101	7
山东	0.921	1.001	1.046	1.067	1.066	1.085	1.101	1.096	1.141	1.152	1.067	8
湖北	0.989	0.965	0.924	0.904	0.901	0.923	0.924	0.875	0.933	0.914	0.925	9
安徽	0.812	0.773	0.788	0.856	0.916	0.933	0.954	0.927	0.988	0.891	0.884	10
辽宁	0.918	0.909	0.919	0.823	0.820	0.752	0.616	0.798	0.868	0.914	0.834	11
四川	0.910	0.897	0.786	0.769	0.759	0.779	0.813	0.812	0.815	0.803	0.814	12
重庆	0.731	0.738	0.720	0.732	0.691	0.700	0.764	0.811	0.887	0.888	0.766	13
福建	0.665	0.677	0.709	0.719	0.719	0.730	0.735	0.751	0.798	0.776	0.728	14
湖南	0.706	0.679	0.666	0.679	0.665	0.673	0.694	0.707	0.792	0.846	0.711	15
甘肃	0.661	0.594	0.543	0.560	0.529	0.556	0.592	0.575	0.560	0.559	0.573	16
河南	0.539	0.534	0.552	0.549	0.552	0.566	0.572	0.581	0.617	0.628	0.569	17
黑龙江	0.764	0.692	0.575	0.558	0.571	0.530	0.508	0.472	0.436	0.491	0.560	18
山西	0.660	0.570	0.567	0.571	0.612	0.590	0.505	0.484	0.451	0.515	0.552	19
河北	0.470	0.445	0.461	0.484	0.496	0.526	0.572	0.569	0.628	0.718	0.537	20
江西	0.596	0.538	0.464	0.459	0.471	0.482	0.503	0.534	0.604	0.639	0.529	21
吉林	0.671	0.510	0.474	0.481	0.459	0.468	0.489	0.450	0.405	0.477	0.488	22
宁夏	0.463	0.398	0.409	0.407	0.406	0.429	0.425	0.450	0.534	0.607	0.453	23
云南	0.362	0.357	0.354	0.349	0.338	0.332	0.390	0.427	0.455	0.419	0.378	24
广西	0.365	0.383	0.388	0.390	0.373	0.353	0.306	0.306	0.363	0.345	0.357	25
内蒙古	0.321	0.319	0.333	0.334	0.347	0.340	0.371	0.387	0.389	0.374	0.351	26
青海	0.422	0.430	0.423	0.362	0.324	0.307	0.233	0.259	0.322	0.294	0.338	27
贵州	0.405	0.380	0.358	0.318	0.292	0.296	0.288	0.297	0.335	0.370	0.334	28
新疆	0.306	0.286	0.280	0.277	0.269	0.262	0.271	0.279	0.247	0.235	0.271	29
海南	0.210	0.198	0.231	0.251	0.234	0.239	0.223	0.255	0.245	0.256	0.234	30
均值	0.831	0.810	0.797	0.791	0.787	0.788	0.791	0.789	0.805	0.832	—	—

从表 5.1 可以看出，2009～2018 年，在我国 30 个省级区域中，北京的平均研发投资集聚程度最高，得分为 2.997，海南的平均研发投资集聚程度最低，得分仅为 0.234，与北京的得分相差甚远。排名在前 5 位的区

域分别是北京、上海、天津、江苏和广东等东部沿海较发达的区域；排名在后 5 位的区域分别是内蒙古、青海、贵州、新疆和海南，多为西部内陆区域。令人惊奇的是，海南处于东部沿海地区，研发投资集聚程度反而最低，可见，海南地区的研发投资情况需引起高度重视。在时间维度上，从 2009～2018 年，我国整体研发投资集聚程度呈现先下降后上升的趋势，平均保持在 0.8 左右，说明研发投资在我国各个区域的分布存在较大差距。

5.2 区域研发投资集聚对经济高质量发展的作用路径分析

根据区位理论和新经济地理学理论，研发投资在一个区域的集聚具有规模报酬递增效应，即产量增加的比例大于生产要素增加的比例，产生区域研发投资的规模效应（Marshall，1890；Krugman，1991）。同时，研发投资在一个区域上的空间集聚，意味着单位面积上的研发投资规模较大，根据研发内生增长模型，随着区域研发投资规模的不断增大，区域知识资本随之增加（Romer，1990）。根据创新发展理论，技术创新和制度创新相互作用可以促进创新绩效提升和经济发展（眭纪刚，2019）。技术创新能力和制度创新能力逐渐提高，促进区域产品创新和工艺创新，不断满足人民的需要、促进经济良好运行、提高资源利用效率和改善生态环境，进而促进整个区域的经济高质量发展。

研发投资在地理上的邻近性会节约运输成本，为企业、高校和科研院所进行合作创新提供有利条件，有效促进研发资金在不同创新主体间的流动，产生协同效应，提升研发资金和研发人员等创新资源的利用效率和产出率，提高区域创新效率，从而加速促进本区域经济高质量发展；此外，研发投资集聚不仅对本区域经济高质量发展具有促进作用，研发投资集聚还通过知识溢出对周边区域的经济高质量发展产生外溢效应（Marshall，1890）。因此，本章将区域研发投资集聚对经济高质量发展的作用路径总结为通过规模效应、协同效应和外溢效应三种路径分别提升区域技术创新能力和制度创新能力、提高区域创新效率以及促进知识溢出等促进本区域和周边区域的经济高质量发展。

　　在本区域中，区域研发投资集聚主要通过规模效应和协同效应两种路径对本区域经济高质量发展产生促进作用，同时，在周边区域中，区域研发投资集聚对周边区域经济高质量发展的促进作用主要通过外溢效应发挥作用。此外，在区域创新活动中，创新人员积极性和区域融通创新程度是决定研发资源利用效率和区域创新绩效实现的关键因素，其在区域研发投资集聚促进经济高质量发展过程中起到重要的调节作用。图 5.1 描述了区域研发投资集聚对经济高质量发展的作用路径。

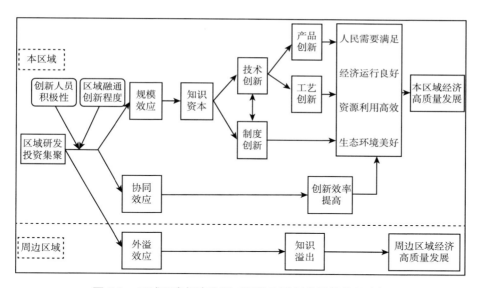

图 5.1　区域研发投资集聚对经济高质量发展的作用路径

5.2.1　区域研发投资集聚的规模效应

　　区域研发投资集聚以企业、高校和科研院所等创新主体在空间上的集聚为载体，区域研发投资集聚代表了区域创新资源在地理上的邻近性，有利于研发投资在不同创新主体间的流动与整合，有利于增大区域研发投资规模，增加区域知识资本存量，提高区域技术创新能力和制度创新能力，从而促进区域经济高质量发展。

随着区域研发投资在规模上的不断扩张，刺激区域创新活动的有效开展，区域技术创新能力得到提高。技术创新具体表现在产品创新和工艺创新（张亚斌和曾铮，2005）。随着新产品的研发与生产，包括定制化产品以及绿色环保产品，人民对于美好生活的需要得到较大程度的满足，同时绿色产品的普及可以营造一个更加美好的生态环境。工艺创新意味着生产工艺的改良与精进，利用智能化或数字化技术改良生产工艺，可以提高劳动力、资金等资源的利用率，提高全要素生产率，在生产工艺中引进绿色环保技术可以有效减少二氧化碳、二氧化硫等废气以及废水的排放，有效发展绿色经济。区域不断加大研发投资，为区域科技智库的建设以及政策性论文的发表提供丰富的资金支持，可以促进区域管理政策的优化与完善，提高区域制度创新能力，制定更加符合经济发展规律以及提高经济发展质量的政策，从而促进区域经济协调稳定地运行以及整个区域的经济高质量发展。区域研发投资集聚能够带来 $1+1>2$ 的规模效应，区域研发投资的空间集聚可以节约运输成本及时间成本，更有利于研发资金在不同创新主体之间的流动、吸收、整合和优化（Krugman，1991）。区域研发投资的空间集聚能够提高区域研发资金的利用效率，吸引更多人才不断集聚此地，从而提高区域创新产出，为经济高质量发展提供源源不断的动力支撑。

5.2.2 区域研发投资集聚的协同效应

区域研发投资在区域向心力与离心力的平衡过程中产生集聚现象（藤田昌久等，1999）。区域研发投资集聚能够产生不同主体之间的协同效应，区域研发投资在空间上的集聚代表着企业、高校和科研院所等创新主体在地理上更加接近，创新主体地理上的邻近性有利于创新主体之间的合作，提高研发投资的流动性与利用效率，并且可以共享劳动力池和基础设施

（Krugman，1991）。集聚能够使相同的创新投入产生更多的创新成果，从而提高区域创新效率，加速推动本区域经济高质量发展（周璇和陶长琪，2019）。产业集聚具有产业专业化集聚和多元化集聚两种形式，区域研发投资集聚可以通过同一产业的专业化集聚共享劳动力市场提升产业创新效率，也可以通过不同产业的多元化集聚促进互补性知识的融合和利用，从而提升整个区域的创新效率（柳卸林和杨博旭，2020）。创新效率高的区域往往会有更高的企业利润和区域创新活力，此时区域的向心力会大于离心力，不断吸引更多的企业、高校和科研院所聚集此地，区域研发投资也随之不断集聚，吸引研发人员和技术等资源聚集此地，不断突显区域研发投资集聚的协同效应。

创新地理学理论认为研发投资等创新要素的空间分布对创新产出的作用不容忽视，尤其重视创新要素在空间上的集聚（吕拉昌等，2016）。企业以及产业的空间集聚能够形成"核心－外围"的空间分布格局，由于异质企业的自选择效应，使得生产率较高的企业向核心区集聚，生产率较低的企业向边缘区集聚（Baldwin & Okubo，2006），同样，由于市场的调节机制以及企业的自选择效应，研发投资大、研发能力强的企业往往聚集在核心区，研发投资较小、研发能力较弱的企业往往聚集在边缘区，进而带动区域研发投资集聚在空间上也形成"核心－外围"的空间分布格局。同类型、同条件的企业聚集在邻近区域，有助于不同企业之间的先进技术和管理经验的相互学习，比如人员的激励政策和研发资金的管理制度等，从而带动整个区域创新效率的提高以及经济发展质量的提升。

5.2.3 区域研发投资集聚的外溢效应

区域研发投资集聚具有外部性，研发投资集聚通过知识溢出对其他创新主体和周边区域产生外溢效应。根据集聚形式的不同，区域研发投资集聚外部性可以分为 MAR 外部性和 Jacobs 外部性，MAR 外部性是由专业化集聚或地方化集聚引起的外部性，Jacobs 外部性是由多元化集聚或城市化集聚带来的外部性（柳卸林和杨博旭，2020）。区域研发投资集聚以区域企业、高校和科研院所等创新主体为呈现形式，根据 MAR 外部性，同一研究领域或处于相同产业链的创新主体的集聚可以通过专业知识的交流与合作以及隐性知识的溢出对其他创新主体以及周边区域产生正外部性（Marshall，1890）。根据 Jacobs 外部性，不同学科或处于不同产业链的创新主体的空间集聚有利于互补性知识的融合，更有利于新知识的产生以及溢出（Scitovsky，1954）。因为地理位置的邻近性，区域研发投资集聚通过相邻区域的创新主体之间的显性知识交流与合作以及隐性知识的溢出对周边区域的创新能力和经济高质量发展产生正外部性，即：有利于促进周边区域的经济高质量发展。

此外，由于区域研发投资集聚的正外部性，不同区域的企业、高校和科研院所等创新主体往往选择比较接近的地理位置，比如我国珠江三角洲、长江三角洲等众多企业、高校和科研院所聚集的地区，使得处于同一产业链的企业之间技术合作、资源共享和原料供应更加便利，同时，地理的邻近性有利于高校和科研院所的研究成果向企业转移和转化，推动产业链和创新链深度融合，有助于高校和科研院所的科研成果转化为实际生产力，助力本区域和周边区域的经济高质量发展。

5.3 区域研发投资集聚对经济高质量发展的作用关系假设与变量选取

5.3.1 区域研发投资集聚对经济高质量发展的作用关系假设

本章主要聚焦于探究区域研发投资集聚对经济高质量发展的作用机理，在区域创新系统中，创新人员是创新活动的主要参与者，创新人员参与研发活动的积极性高会加速研发活动的成果产出，区域融通创新程度高会不断推动区域知识整合与创造，加速创新成果转化与经济发展质量提升，区域研发投资集聚对经济高质量发展的作用过程中离不开创新人员对研发活动的积极参与以及区域不同主体和不同要素之间的融通创新。基于此，本章主要实证分析区域研发投资集聚对经济高质量发展的直接作用、外溢作用以及创新人员积极性和区域融通创新程度的调节作用。

（1）区域研发投资集聚对经济高质量发展的促进作用。区域研发投资集聚具有规模效应和协同效应，区域研发投资集聚程度的提高意味着不同创新主体在地理位置上的邻近性更强，可以有效缩短运输成本和时间成本，提高区域研发资金的利用效率及研发成果的有效转化。同时，区域研发投资集聚程度的提高意味着企业、高校和科研机构等不同类型的创新主体或者处于同一产业链上的不同企业之间的知识合作更加密切，合作知识产出和经济成果产出更高更有效率。在此情况下，可以实现用户需求、高校和科研机构研发以及企业生产完美匹配，在绿色发展理念的引导下，生产技术可以更加环保生态，清洁能源经研发之后可以迅速投入生产和使用中。研发投资在一个区域的集聚使区域中的企业共享劳动力资源和基础设施，可以提高资源利用率和经济运行效率（Krugman，1991）。因此，区域研发投资集聚可以有效促进经济高质量发展。基于此，本章提出假设 5.1。

假设 5.1：区域研发投资集聚可以显著促进经济高质量发展。

（2）创新人员积极性的调节作用。区域研发投资是促进经济高质量发展的关键要素，由于规模效应、协同效应和外溢效应，区域研发投资集聚对经济高质量发展的促进效果更明显。在区域创新活动中，研发人员和研发资金是基本的参与要素（Zhang et al.，2020）。本书中的区域研发投资也包含创新人员的工资和福利，创新人员积极性在创新活动中也是一个不可忽视的重要驱动因素。创新人员积极性的高低会一定程度地决定着区域研发投资集聚对经济高质量发展促进作用的强弱。一方面，创新人员是创新活动的重要参与方，甚至在某些情况下，R&D 人员对经济发展的促进作用要强于 R&D 资金的促进作用（卢方元和靳丹丹，2011）。创新人员是技术吸收、研发及转化的参与者，创新人员参与的积极性决定技术吸收、研发及转化的速度与效果，从而对促进区域创新绩效提升以及经济高质量发展产生重要影响。另一方面，一个区域中创新人员对创新活动参与积极性高意味着创新人员对参加创新活动之后获得的精神激励和物质激励满意（李柏洲等，2012），会吸引更多的创新人员和创新资金在该区域集聚，加速创新活动进行以及创新行为对经济发展的促进作用，因此，创新人员积极性高更有利于区域研发投资集聚对经济高质量发展发挥促进作用。基于此，本章提出假设5.2：

假设5.2：创新人员积极性正向调节区域研发投资集聚对经济高质量发展的促进作用。

（3）区域融通创新程度的调节作用。党的十九届四中和五中全会中均指出，要推动产业链上中下游、大中小企业以及各类主体融通创新。融通创新对于促进企业创新转型和提升创新能力以及驱动经济高质量发展具有重要作用（李彦宏，2021）。与开放式创新和协同创新不同，融通创新能够促进不同创新主体以及创新要素的融通和相互补充，推动产业链与创新链深度融合以及解决关键核心技术"卡脖子"问题（陈劲和阳镇，2021）。参考陈劲和阳镇（2021）的研究，本书将区域融通创新程度定义为：为了实现价值共创和收益共享，区域中政府、企业、高校和科研院所不同类型主体或同一类型不同个体之间在创新活动中进行要素与资源融通共享以及知识交互、合作、共享与共创的程度。区域融通创新可以融合区域内不同创新主体以及多种创新要素共同完成一项新产品或新技术的研发及商业转化，使处于创新链或产业链不同节点的个体之间联系更加紧密，有利于提高研发资源的利用率及经济价值转化率。区域融通创新程度的提高意味着企业、高校和科研机构之间的研发资源共享和知识共创的机制更加完善，有利于高校和科研机构的基础研究成果更加有效地转化为企业的实际应用价值。因此，区域融通创新程度的提高可以增强区域研发投资集聚对经济高质量发展的促进作用。基于此，本章提出假设5.3。

假设5.3：区域融通创新程度能够正向调节区域研发投资集聚对经济高质量发展的促进作用。

（4）区域研发投资集聚对经济高质量发展的空间外溢作用。区域研发投资集聚不仅能够通过规模效应和协同效应对本区域经济高质量发展产生促进作用，而且区域研发投资集聚具有空间外溢效应，可以通过知识、技术或经验溢出对周边区域经济高质量发展产生正外部性（Marshall，1890）。区域研发投资集聚以企业集聚或产业集聚为载体，专业化集聚和多元化集聚可以借助专业性知识和互补性知识的外溢、吸收和共享促进周边区域的技术进步及经济发展。学习研发投资集聚区域的先进发展经验是周边区域提升经济发展质量的宝贵财富，知识或者技术溢出、吸收和整合可以为经济高质量发展提供源源不断的理论或技术支持，先进发展经验的借鉴可以使周边经济发展质量较差的区域少走弯路，借鉴企业、产业甚至整个区域的优势发展策略以便使周边区域快速实现经济高质量发展。基于以上分析，本章提出假设 5.4。

假设 5.4：区域研发投资集聚对经济高质量发展具有空间外溢作用，可以有效促进周边区域的经济高质量发展。

5.3.2　变量选取与描述性统计

5.3.2.1　变量选取

1. 创新人员积极性

创新人员在研发活动中投入的实际工作量可以有效地衡量创新人员参与创新活动的积极性，因此，本章采用 R&D 人员全时当量（人年）测量创新人员在区域创新活动中的参与积极性。

2. 区域融通创新程度

区域融通创新是整合区域企业、高校、科研院所和政府等不同主体中的人员、资金和技术等要素进行知识共享和价值共创的行为，因此，本章主要选取区域中政府、企业、高校和科研院所作为区域融通创新的主体。不同创新主体之间的资金往来可以反映区域协同创新的程度和不同创新主体的合作强度，借鉴白俊红（2015）和苏屹（2021）的研究，本章采用区域内政府、企业、高校和科研院所的资金往来测量区域融通创新的程度。为了防止在测量区域融通创新程度时各个分指标之间的资金数存在交叉重叠，本书中所使用的每个指标均从资金投入的角度进行衡量，本章分别从来自政府、企业、高校和科研院所的资金四个方面描述区域各创新主体之间的资金往来情况，以此衡量区域融通创新程度，具体测量指标如表 5.2 所示。

表 5.2　　　　　　　　　　区域融通创新程度测度指标

变量	维度	指标
区域融通创新程度	政府	规模以上工业企业 R&D 经费内部支出额中来自政府的资金（万元）
		科研院所 R&D 经费内部支出额中来自政府的资金（万元）
		高等学校 R&D 经费内部支出额中来自政府的资金（万元）
	企业	规模以上工业企业 R&D 经费内部支出额中来自企业的资金（万元）
		高等学校 R&D 经费内部支出额中来自企业的资金（万元）
		科研院所 R&D 经费内部支出额中来自企业的资金（万元）
	高校	高等学校 R&D 经费外部支出额中对境内企业的支出（万元）
		高等学校 R&D 经费外部支出额中对境内科研院所的支出（万元）
		高等学校 R&D 经费外部支出额中对境内高校的支出（万元）
	科研院所	科研院所 R&D 经费外部支出额中对境内企业的支出（万元）
		科研院所 R&D 经费外部支出额中对境内科研院所的支出（万元）
		科研院所 R&D 经费外部支出额中对境内高校的支出（万元）

由于各个主体在区域融通创新中的贡献存在较大差别，比如区域政府和企业对其他主体的资金往来远远大于高校和科研院所，如果简单地加总会使与某一创新主体的融通创新程度代表了整个区域的融通创新程度，造成在测量区域融通创新程度时存在较大的误差，参考苏屹和李忠婷（2021）的研究，本章分别将来自不同创新主体的资金取自然对数之后再加总来衡量区域融通创新程度，加总之后的数值越大代表区域融通创新程度越高。2009～2018 年期间我国各个区域的融通创新程度如表 5.3 所示。

表5.3　　　　　　　　　　2009～2018年我国各个区域的融通创新程度

区域	2009年	2010年	2011年	2012年	2013年	2014年	2015年	2016年	2017年	2018年	均值	排名
北京	52.053	53.729	54.133	54.845	55.088	55.608	55.212	55.653	56.559	57.058	54.994	1
江苏	47.424	48.140	49.364	49.782	50.761	51.417	51.712	51.847	52.803	54.188	50.744	2
上海	47.893	47.952	48.666	50.029	50.473	50.404	50.353	51.539	52.305	53.072	50.269	3
四川	46.934	48.577	47.930	48.969	49.676	50.233	50.942	50.534	52.221	52.070	49.808	4
广东	47.534	46.924	47.584	48.434	48.985	49.369	50.095	51.474	52.056	53.122	49.558	5
湖北	44.140	47.716	44.902	48.822	48.333	50.556	50.763	51.494	51.888	52.107	49.072	6
浙江	46.120	47.593	47.740	48.377	48.607	48.749	49.668	49.155	49.457	50.054	48.552	7
山东	46.006	46.652	46.670	48.839	48.694	49.034	49.355	49.314	50.326	50.076	48.497	8
陕西	45.219	46.345	45.056	45.251	48.737	48.979	49.333	49.686	50.904	49.976	47.949	9
辽宁	44.717	46.026	46.679	47.736	46.224	48.970	49.232	49.386	49.317	49.320	47.761	10
湖南	42.715	42.459	43.439	44.770	45.261	45.544	46.078	48.508	49.479	49.256	45.751	11
天津	41.544	42.107	42.708	45.182	45.102	47.202	47.483	48.265	47.083	48.898	45.557	12
江西	41.170	40.768	42.579	44.256	43.658	43.662	43.615	42.918	45.718	46.809	43.515	13
黑龙江	43.613	41.629	39.690	42.426	43.625	42.948	44.656	45.040	45.735	44.486	43.385	14
安徽	38.914	42.056	42.002	42.482	43.264	43.328	41.948	45.392	45.778	45.632	43.080	15
重庆	38.053	40.842	41.721	43.652	43.708	41.418	44.294	45.669	45.695	45.700	43.075	16
河南	40.937	40.747	44.402	42.040	41.702	43.499	43.361	43.193	43.695	44.505	42.808	17
福建	38.513	39.950	41.731	42.302	41.936	42.193	42.804	44.724	44.340	45.244	42.374	18
河北	36.906	39.036	42.246	42.726	43.191	44.140	44.267	44.019	44.900	40.741	42.217	19
广西	39.977	40.340	39.583	41.016	39.907	40.778	41.405	41.334	44.081	44.157	41.258	20
吉林	37.129	38.628	39.501	40.617	45.729	40.512	42.485	40.963	41.543	40.966	40.807	21
山西	39.643	39.951	37.898	40.593	39.681	41.344	34.299	40.622	41.702	43.482	39.922	22
云南	36.916	37.835	38.145	39.870	38.992	39.382	39.309	42.367	43.019	43.202	39.904	23
甘肃	34.555	36.849	40.613	35.909	32.565	40.465	41.702	41.801	40.693	41.627	38.678	24
贵州	35.753	36.274	36.757	37.077	37.987	40.318	37.006	37.763	42.119	43.676	38.473	25
新疆	33.965	35.231	38.307	37.248	37.059	37.882	37.738	37.653	39.645	40.092	37.482	26
内蒙古	37.118	39.826	40.011	39.197	33.148	38.154	38.141	39.495	33.914	34.703	37.371	27

区域	2009年	2010年	2011年	2012年	2013年	2014年	2015年	2016年	2017年	2018年	均值	排名
宁夏	25.915	32.141	31.979	33.618	33.606	32.419	34.969	33.788	39.132	38.850	33.642	28
海南	25.091	25.297	26.334	27.311	28.131	28.463	34.062	32.225	27.560	31.706	28.618	29
青海	25.354	24.444	25.347	26.286	26.966	27.762	26.768	28.721	29.097	30.109	27.085	30
均值	40.061	41.202	41.791	42.655	42.693	43.491	43.769	44.485	45.092	45.496	—	—

从表 5.3 可以看出，2009～2018 年，在我国 30 个省级区域中，北京的融通创新程度最高，区域融通创新程度平均得分为 54.994，是融通创新程度最低区域青海（得分为 27.085）的 2 倍。排名前 5 位的区域分别是北京、江苏、上海、四川和广东，排名后 5 位的区域分别是新疆、内蒙古、宁夏、海南和青海。从时间维度看，我国整体融通创新程度逐年提高，得分从 2009 年的 40.061 提升到 2018 年的 45.496，说明随着国家对融通创新重视程度的提高，我国不同创新主体之间的融通创新程度在逐年提高。

5.3.2.2 变量描述性统计

本章中的自变量区域研发投资集聚、调节变量创新人员积极性、区域融通创新程度三个变量的原始数据均来自《中国科技统计年鉴》，关于这三个变量的描述性统计如表 5.4 所示，因变量和控制变量的来源和描述性统计与第 3 章相同。由表 5.4 可见，从变量的最小值和最大值可以看出，我国各个区域在研发投资集聚、创新人员积极性和融通创新程度方面存在较大差距；从变量的方差可以发现，三个变量在我国的分布较为分散，从变量的均值可以看出三个变量在我国的平均水平。

表 5.4　　　　　　　　　　变量描述性统计

变量类型	变量名称	符号	样本数量	均值	方差	最小值	最大值
自变量	区域研发投资集聚	FIA	240	0.798	0.564	0.198	3.398
调节变量	创新人员积极性	RDP	240	122563.9	134331.3	4008	762733
	区域融通创新程度	RT	240	43.684	6.542	25.347	57.058

5.4 区域研发投资集聚对经济高质量发展的作用关系实证检验

5.4.1 创新人员积极性和区域融通创新程度的调节作用

5.4.1.1 区域研发投资集聚对经济高质量发展作用的计量模型建立

基于系统 GMM 方法，区域研发投资集聚对经济高质量发展作用的计量模型构建如式（5-2）所示：

$$\ln HQ_{it} = c_{51} + \upsilon_{51}\ln FIA_{it} + \beta_{51}\ln MAT_{it} + \delta_{51}\ln LAB_{it} + \gamma_{51}\ln GOV_{it}$$
$$+ \eta_{51}\ln ENV_{it} + \lambda_{51}\ln INF_{it} + \sigma_{51}\ln HQ_{i,t-1} + \mu_i + \varepsilon_{it} \qquad (5-2)$$

为了验证创新人员积极性和区域融通创新程度在区域研发投资集聚对经济高质量发展的作用过程中的调节作用，本章将区域研发投资集聚与创新人员积极性的交互项以及区域研发投资集聚与区域融通创新程度的交互项分别加入式（5-2），构建检验调节作用的计量模型，如式（5-3）和式（5-4）所示：

$$\ln HQ_{it} = c_{52} + \upsilon_{52}\ln FIA_{it} + \alpha_{52}\ln RDP_{it} + \tau_{52}\ln FIA_{it} \times \ln RDP_{it} + \beta_{52}\ln MAT_{it}$$
$$+ \delta_{52}\ln LAB_{it} + \gamma_{52}\ln GOV_{it} + \eta_{52}\ln ENV_{it} + \lambda_{52}\ln INF_{it}$$
$$+ \sigma_{52}\ln HQ_{i,t-1} + \mu_i + \varepsilon_{it} \qquad (5-3)$$

$$\ln HQ_{it} = c_{53} + \upsilon_{53}\ln FIA_{it} + \alpha_{53}\ln RT_{it} + \tau_{53}\ln FIA_{it} \times \ln RT_{it} + \beta_{53}\ln MAT_{it}$$
$$+ \delta_{53}\ln LAB_{it} + \gamma_{53}\ln GOV_{it} + \eta_{53}\ln ENV_{it} + \lambda_{53}\ln INF_{it}$$
$$+ \sigma_{53}\ln HQ_{i,t-1} + \mu_i + \varepsilon_{it} \qquad (5-4)$$

其中，i 表示地区，t 表示年份，HQ 表示经济高质量发展，FIA 表示区域研发投资集聚度，RDP 表示创新人员积极性，RT 表示区域融通创新程度，MAT 表示物质资本，LAB 表示劳动力数量，GOV 表示政府支持，ENV 表示环境规制，*INF* 表示交通基础设施，μ 表示各个区域的个体效应，ε 表示随机误差项，c 表示常数项，其余变量的测量与第 3 章相同。同时，在构建区域研发投资集聚与创新人员积极性的交互项以及区域研发投资集聚与区域融通创新程度的交互项时，为了消除交互项与自变量之间的共线性，本章对形成交互项的原始变量进行了去中心化处理。和第 3 章类似，考虑到区域研发投资集聚对经济高质量发展的作用具有滞后性，本章将区域研发投资集聚滞后两年再放入各个模型中进行实证检验。解释变量的原始数据选取期间为 2009 ~ 2016 年，被解释变量、调节变量和控制变量的原始数据选取期间为 2011 ~ 2018 年。

5.4.1.2　实证检验结果及分析

利用系统 GMM 方法验证区域研发投资集聚对经济高质量发展的作用关系以及创新人员积极性和区域融通创新程度在作用过程中的调节作用，实证检验结果如表 5.5 所示。

表 5.5　　　　　　　　　　实证检验结果

变量	模型（1）	模型（2）	模型（3）	模型（4）
FIA	0.058*** (0.000)	0.035*** (0.008)	0.043*** (0.003)	0.019 (0.370)
FIA × *RDP*			0.016* (0.056)	
FIA × *RT*				0.116*** (0.000)
RDP		0.023*** (0.002)	0.010 (0.367)	0.023*** (0.003)
RT		0.067*** (0.001)	0.082*** (0.000)	0.128*** (0.000)
MAT	0.106*** (0.000)	0.099*** (0.000)	0.102*** (0.000)	0.088*** (0.000)

续表

变量	模型（1）	模型（2）	模型（3）	模型（4）
LAB	-0.039*** (0.000)	-0.039*** (0.000)	-0.068*** (0.000)	-0.034*** (0.002)
ENV	0.043*** (0.000)	0.035*** (0.001)	0.037*** (0.003)	0.043*** (0.000)
INF	0.027** (0.043)	0.018 (0.305)	0.031* (0.078)	0.018 (0.284)
GOV	-0.012 (0.232)	0.011 (0.163)	-0.003 (0.748)	0.009 (0.335)
HQ（-1）	0.565*** (0.000)	0.551*** (0.000)	0.583*** (0.000)	0.551*** (0.000)
_cons	-1.343*** (0.000)	-1.725*** (0.000)	-1.478*** (0.000)	-1.932*** (0.000)
AR（1）	-3.018*** (0.003)	-3.035*** (0.002)	-3.071*** (0.002)	-2.959*** (0.003)
AR（2）	0.868 (0.385)	1.268 (0.205)	1.045 (0.296)	1.474 (0.141)
Sargan 检验	26.469 (0.438)	25.777 (0.475)	22.702 (0.650)	25.624 (0.484)

注：*、**、*** 分别表示在10%、5%和1%水平上显著。

表5.5 中，模型（1）检验物质资本、劳动力数量、政府支持、环境规制和交通基础设施作为控制变量时，区域研发投资集聚对经济高质量发展的作用关系；模型（2）中加入调节变量创新人员积极性和区域融通创新程度，在此基础上再次验证区域研发投资集聚对经济高质量发展的作用关系；模型（3）和模型（4）分别将区域研发投资集聚与创新人员积极性的交互项和区域研发投资集聚与区域融通创新程度的交互项加入模型中，以验证创新人员积极性和区域融通创新程度的调节作用。

由表5.5 可以发现，模型（1）的实证结果表明，区域研发投资集聚对经济高质量发展具有显著的正向促进作用，作用系数为0.058，并通过

1% 显著性检验，验证本章中假设 5.1 是正确的。将调节变量创新人员积极性和区域融通创新程度加入模型中之后，模型（2）的结果表明区域研发投资集聚可以显著促进经济高质量发展，再次验证假设 5.1 的正确性。在模型（3）中，区域研发投资集聚与创新人员积极性的交互项的系数为0.016，并通过 10% 的显著性检验，说明创新人员积极性可以显著正向调节区域研发投资集聚对经济高质量发展的促进作用，证明本章中假设 5.2通过验证性检验。在模型（4）中，区域研发投资集聚与区域融通创新程度的交互项的系数为 0.116，通过 1% 的显著性检验，表明区域融通创新程度能够显著正向调节区域研发投资集聚对经济高质量发展的促进作用，说明本章中假设 5.3 是正确的。

为了更加清晰地说明创新人员积极性和区域融通创新程度的调节作用，本章绘制了创新人员积极性和区域融通创新程度的调节作用图，如图 5.2 和图 5.3 所示。从图 5.2 和图 5.3 中直线的斜率可以看出，创新人员积极性和区域融通创新程度在区域研发投资集聚对经济高质量发展的作用过程中的调节作用是非常明显的，由此可以更加科学有效地说明创新人员积极性和区域融通创新程度均可以正向调节区域研发投资集聚对经济高质量发展的促进作用。

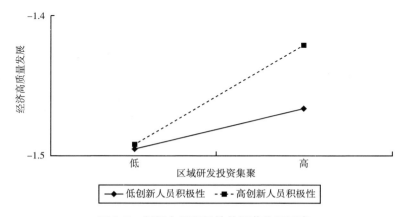

图 5.2　创新人员积极性的调节作用示意

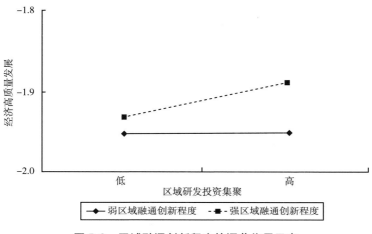

图 5.3 区域融通创新程度的调节作用示意

5.4.2 区域研发投资集聚对经济高质量发展的外溢效应

5.4.2.1 区域研发投资集聚对经济高质量发展外溢效应计量模型的建立

地理学第一定律指出，所有事物都与其他事物相关联，但较近的事物比较远的事物更关联（Tobler，1970）。经济事物的空间关联性是经济分析中重要的考察点，空间计量经济学是将经济和地理的理论相结合，将空间因素纳入经济计量模型中，充分考虑横截面单位之间的空间依赖性，将横截面单位的位置信息加入横截面数据或面板数据作为考察对象，从而探究变量之间的空间效应和外溢效应（陈强，2014）。

1. 空间相关性分析

变量具有空间依赖性或空间相关性是运用空间计量经济学进行计量分析的前提，因此，本章首先对变量的空间相关性进行分析。空间自相关分为全局自相关和局部自相关，全局自相关用来分析空间数据在整个研究区域的自相关性，局部自相关能够分析空间数据在局部区域的自相关性（王周伟等，2017）。本章以我国 30 个省级区域为研究对象，主要考察区域研发投资集聚与经济高质量发展在我国整体的空间相关性，因此，本章主要采用全局空间自相关方法检验变量的空间自相关性。全局空间自相关的方法有 Moran's I、Geary's C 和 Getis-Ord's G 三种检验方法，本章采用最常用的基于 Moran 统计系数 I 的空间自相关检验方法检验区域研发投资集聚与经济高质量发展的全局空间相关性，Moran's I 方法可以检验某一变量在我国不同相邻区域中是空间正相关、空间负相关还是相互独立的。Moran's I 指数的计算公式如式（5 - 5）所示（Moran，1950）。

$$
\begin{aligned}
\text{Moran's } I &= \frac{n \sum_{i=1}^{n} \sum_{j=1}^{n} w_{ij}(x_i - \bar{x})(x_j - \bar{x})}{\sum_{i=1}^{n} \sum_{j=1}^{n} w_{ij} \sum_{i=1}^{n}(x_i - \bar{x})^2} \\
&= \frac{\sum_{i=1}^{n} \sum_{j=1}^{n} w_{ij}(x_i - \bar{x})(x_j - \bar{x})}{S^2 \sum_{i=1}^{n} \sum_{j=1}^{n} w_{ij}}
\end{aligned}
\tag{5 - 5}
$$

其中，$S^2 = \dfrac{\sum_{i=1}^{n}(x_i - \bar{x})^2}{n}$ 为样本方差，$\bar{x} = \dfrac{1}{n} \sum_{i=1}^{n} x_i$ 为均值，w_{ij} 为空间权重矩阵的 (i, j) 元素，x_i 和 x_j 分别表示第 i 区域和第 j 区域的观测值，n 表示区域个数。

Moran's I 的取值一般介于 $-1 \sim 1$。当 Moran's I 大于 0 时，说明观测变量为空间正相关，即高值与高值相邻、低值与低值相邻，Moran's I 的取值越接近 1，表示观测变量的正相关性越强；当 Moran's I 小于 0 时，说明观测变量为空间负相关，即高值与低值相邻，Moran's I 的取值越接近 -1，表示观测变量的负相关性越强；当 Moran's I 等于 0 时，说明观测变量在各个区域中相互独立分布，不存在空间自相关性（Moran，1950）。

空间权重矩阵的确定是进行空间自相关性分析必不可少的一个步骤，定义空间权重是对研究对象空间位置的量化，一般采用"距离"量化不同研究对象的空间位置（王周伟等，2017）。常用的测算距离有邻接距离、地理距离和经济距离等，本章采用最常用的邻接距离确定空间权重矩阵。根据两个区域相邻的特点，邻接矩阵可以分为 Bishop 邻接（两个区域存在共同的顶点）、Rook 邻接（两个区域存在共同的边界）和 Queen 邻接（两个区域存在共同边界或共同顶点）（沈体雁和于翰辰，2019）。根据我国各个区域相邻的特点，本书主要采用 Rook 邻接方式定义空间权重矩阵，其表达形式为：

$$w_{ij} = \begin{cases} 1, & i \text{ 和 } j \text{ 邻接} \\ 0, & i \text{ 和 } j \text{ 不邻接} \end{cases} (i \neq j) \qquad (5-6)$$

本章在设置空间权重矩阵时，我国海南省实际上是一个处于岛上的区域，与我国其他区域均不邻接，考虑到海南与我国广东区域距离很近，将海南和广东之间的空间权重设置为 1。

基于已建立的空间权重矩阵，利用 Stata15 软件计算区域研发投资集聚与经济高质量发展的全局 Moran's I 值，计算结果如表 5.6 所示。由于从区域研发投资集聚到对经济高质量发展发挥作用具有时间滞后性，本章将时间滞后期设置为两年，此外，在计算过程中发现，区域研发投资集聚仅从 2012 年开始才具有显著的空间自相关性，因此，本章将考察期设置为 2012 ~ 2018 年，其中，区域研发投资集聚的原始数据选取期间为 2012 ~ 2016 年，经济高质量发展的原始数据选取期间为 2014 ~ 2018 年。

表 5.6　区域研发投资集聚与经济高质量发展的全局 Moran's I 值

区域研发投资集聚			经济高质量发展		
年份	Moran's 值	Z 值	年份	Moran's 值	Z 值
2012	0.134*	1.778	2014	0.372***	3.687
2013	0.145*	1.838	2015	0.386***	3.802
2014	0.158*	1.951	2016	0.374***	3.726
2015	0.165**	2.002	2017	0.381***	3.787
2016	0.165**	1.974	2018	0.345***	3.504

注：*、**、*** 分别表示在 10%、5% 和 1% 水平上显著。

从表5.6可以看出，区域研发投资集聚与经济高质量发展在考察期内均呈现显著的空间正相关，区域研发投资集聚空间正相关的显著性在逐年提高，经济高质量发展的空间正相关均在1%的水平上显著。

2. 空间计量经济学模型建立

空间计量经济学常用的模型形式有空间滞后模型（SLM）、空间误差模型（SEM）和空间杜宾模型（SDM）。下面主要介绍这三种模型，并通过检验选择合适的模型形式。

（1）空间滞后模型。空间滞后模型（spatial lag model，SLM）是通过加入因变量的空间自回归设置来解决空间依赖性，即如果一个区域的经济高质量发展依赖于周围区域的经济高质量发展，在这种情况下，空间数据就适合用空间滞后模型（沈体雁和于翰辰，2019）。本章的空间滞后模型如式（5-7）所示。

$$\ln HQ_{it} = \rho_{54} \sum_{j=1}^{n} w_{ij} \ln HQ_{jt} + \upsilon_{54} \ln FIA_{it} + \beta_{54} \ln MAT_{it} + \delta_{54} \ln LAB_{it}$$
$$+ \gamma_{54} \ln GOV_{it} + \eta_{54} \ln ENV_{it} + \lambda_{54} \ln INF_{it} + \mu_i + \varepsilon_{it}$$
$$\varepsilon_{it} \sim N(0, \sigma_{it}^2 I_n) \tag{5-7}$$

（2）空间误差模型。空间误差模型（spatial errors model，SEM）是将不可观测因素或其他未考虑的因素的空间自相关性加入模型的随机误差项中，以解决其空间依赖效应。本章的空间误差模型的形式如式（5-8）所示。

$$\ln HQ_{it} = \upsilon_{55} \ln FIA_{it} + \beta_{55} \ln MAT_{it} + \delta_{55} \ln LAB_{it} + \gamma_{55} \ln GOV_{it}$$
$$+ \eta_{55} \ln ENV_{it} + \lambda_{55} \ln INF_{it} + \mu_i + \varepsilon_{it}$$
$$\varepsilon_{it} = \xi_{55} W \varepsilon_{it} + \vartheta_{it}, \vartheta_{it} \sim N(0, \sigma_{it}^2 I_n) \tag{5-8}$$

（3）空间杜宾模型。空间杜宾模型（spatial durbin model，SDM）是在模型中同时考虑自变量和因变量的空间自相关性，参考莱萨格和佩斯（Lesage & Pace，2009）的研究，本章的空间杜宾模型如式（5-9）所示。

$$\ln HQ_{it} = \rho_{56}\sum_{j=1}^{n}w_{ij}\ln HQ_{jt} + \upsilon_{56}\ln FIA_{it} + \beta_{56}\ln MAT_{it} + \delta_{56}\ln LAB_{it}$$
$$+ \gamma_{56}\ln GOV_{it} + \eta_{56}\ln ENV_{it} + \lambda_{56}\ln INF_{it} + \upsilon'_{56}W\ln FIA_{it}$$
$$+ \beta'_{56}W\ln MAT_{it} + \delta'_{56}W\ln LAB_{it} + \gamma'_{56}W\ln GOV_{it} + \eta'_{56}W\ln ENV_{it}$$
$$+ \lambda'_{56}W\ln INF_{it} + \mu_i + \varepsilon_{it}$$
$$\varepsilon_{it} \sim N(0, \sigma_{it}^2 I_n) \tag{5-9}$$

其中，w_{ij} 为空间权重矩阵 W 的 (i,j) 元素，μ_i 为区域 i 的个体效应，ε_{it} 为随机误差项，其他符号的含义同式（5-4）。

空间滞后模型和空间杜宾模型估计的参数没有实际的含义，不能准确地代表空间效应，因此，本章根据莱萨格和佩斯（Lesage & Pace，2009）所提出的空间效应解析方法，将其分解为直接效应、间接效应和总效应。直接效应指的是一个区域自变量的变化导致本区域因变量的变化，是本区域自变量对因变量的直接作用；间接效应指的是其他区域自变量的变化导致该区域因变量的变化，是其他区域自变量对该区域因变量的间接作用；总效应指的是所有区域自变量的变化导致该区域因变量的变化，是所有区域自变量对该区域因变量的总作用效果，总效应为直接效应和间接效应的总和（沈体雁和于翰辰，2019）。

为了方便推导，将空间杜宾模型的常数项单独列出且将其一般形式设置为 $y = \rho W y + X\beta + WX\gamma + \alpha l_n + \varepsilon$，其变形后为（陈真玲，2016）：

$$(I_n - \rho W)y = X\beta + WX\theta + \alpha l_n + \varepsilon \tag{5-10}$$

两边同乘 $(I_n - \rho W)^{-1}$，得到：

$$y = (I_n - \rho W)^{-1}X\beta + (I_n - \rho W)^{-1}WX\theta + (I_n - \rho W)^{-1}\alpha l_n + (I_n - \rho W)^{-1}\varepsilon$$
$$= \sum_{r=1}^{k}S_r(W)x_r + V(W)\alpha l_n + V(W)\varepsilon \tag{5-11}$$

其中，

$$S_r(W) = V(W)(I_n\beta_r + W\theta_r)$$
$$V(W) = (I_n - \rho W)^{-1} = I_n + \rho W + \rho^2 W^2 + \rho^3 W^3 + \cdots$$

将式（5-11）展开，得到：

$$
\begin{bmatrix} y_1 \\ y_2 \\ \vdots \\ y_n \end{bmatrix} = \sum_{r=1}^{k} \begin{bmatrix} S_r(W)_{11} & S_r(W)_{12} & \cdots & S_r(W)_{1n} \\ S_r(W)_{21} & S_r(W)_{22} & \cdots & S_r(W)_{2n} \\ \vdots & \vdots & & \vdots \\ S_r(W)_{n1} & S_r(W)_{n2} & \cdots & S_r(W)_{2n} \end{bmatrix} \begin{bmatrix} x_{1r} \\ x_{2r} \\ \vdots \\ x_{nr} \end{bmatrix} + V(W)\alpha l_n + V(W)\varepsilon
$$

$$(5-12)$$

变量 y_i 对 x_{ir} 的偏导 $\dfrac{\partial y_i}{\partial x_{ir}} = S_r(W)_{ii}$ 代表了自变量 x_{ir} 对本区域 y_i 的直接效应，变量 y_i 对 x_{jr} 的偏导 $\dfrac{\partial y_i}{\partial x_{jr}} = S_r(W)_{ji}$ 代表了自变量 x_{jr} 对其他区域 y_i 的间接效应，一般在研究中更关心所有区域平均的效应，即平均直接效应为矩阵 $S_r(W)$ 对角线元素的平均值，平均间接效应为矩阵 $S_r(W)$ 非对角线元素的平均值，平均总效应为矩阵 $S_r(W)$ 所有元素的平均值，在数值上平均总效应等于平均直接效应与平均间接效应的加总（沈体雁和于翰辰，2019）。

5.4.2.2 区域研发投资集聚对经济高质量发展的外溢效应实证结果与分析

在进行空间计量之前，需要通过豪斯曼（Hausman）检验确定选择固定效应模型还是随机效应模型，同时需要对本书中的空间数据进行检验分析以选择合适的模型形式，为了提高检验的准确性，本章通过拉格朗日乘数（LM）检验、似然比（LR）检验和 Ward 检验三种检验方法从三种模型中进行选择，具体检验结果如表 5.7 所示。

表 5.7　　　　　　　　基于 SDM 模型的外溢效应检验结果

变量	系数	Z 值	P 值	95% 置信区间
FIA	0.045	1.49	0.135	[-0.014, 0.103]
MAT	0.035	1.07	0.285	[-0.029, 0.100]
LAB	-0.001	-0.05	0.959	[-0.056, 0.053]

续表

变量	系数	Z 值	P 值	95% 置信区间
ENV	0.149***	3.55	0.000	[0.067, 0.231]
INF	-0.022	-0.61	0.540	[-0.093, 0.049]
GOV	-0.078**	-2.27	0.024	[-0.146, -0.011]
W×FIA	0.125**	2.22	0.026	[0.015, 0.235]
W×MAT	0.133***	3.30	0.001	[0.054, 0.211]
W×LAB	-0.110**	-2.42	0.016	[-0.200, -0.021]
W×ENV	0.025	0.34	0.735	[-0.118, 0.168]
W×INF	0.004	0.07	0.945	[-0.103, 0.111]
W×GOV	0.076*	1.70	0.088	[-0.011, 0.163]
Hausman 检验	—	5.49	0.483	—
LM-lag	—	76.052	0.000	—
Robust-LM-lag	—	45.991	0.000	—
Wald-spatial-lag	—	2.98	0.084	—
Lr-spatial-lag	—	17.84	0.007	—
LM-error	—	72.737	0.000	—
Robust-LM-error	—	42.675	0.000	—
Wald-spatial-error	—	4.35	0.037	—
Lr-spatial-error	—	44.88	0.000	—
R^2	0.843			
Log-L	277.619			
样本数	150			

注：*、**、*** 分别表示在 10%、5% 和 1% 水平上显著。

如表 5.7 所示，Hausman 检验结果显示，P 值为 0.483，因此，认为使用随机效应模型进行计量分析是合适的。本章利用拉格朗日乘数（LM）在空间误差模型和空间滞后模型中进行选择，根据是伯里奇（Burridge，1980）提出的拉格朗日乘数对空间误差模型的检验方法和安瑟兰（Anselin，1988）提出的拉格朗日乘数对空间滞后模型的检验方法。检验的结果表明，LM-lag 检验和 LM-error 检验的 P 值均为 0.000，均拒绝原假设。然后，按照贝拉和尹（Bera & Yoon，1992）提出的 Robust LM-lag 检验和 Robust LM-error 检验进行稳健的 LM 检验。从表 5.7 的检验结果可以看出，Robust LM-lag 检验和 Robust LM-error 的 P 值也均为 0.000，均拒绝原假设，说明本章中的空间数据适用的模型应该既满足因变量的空间自相关性也满足残差的空间自相关性，因此，空间误差模型和空间滞后模型均不适合。

进一步地，通过 Ward 检验和似然比（LR）检验确定空间杜宾模型是否是最合适的模型。Wald-spatial-lag 检验和 Wald-spatial-error 检验的 P 值分别为 0.084 和 0.037，均通过 10% 显著性水平，说明在空间杜宾模型与空间滞后模型以及空间误差模型的比较中，空间杜宾模型都是最合适的；此外，Lr-spatial-lag 检验和 Lr-spatial-error 检验的 P 值分别为 0.007 和 0.000，均通过 1% 显著性水平检验，再次证明在空间杜宾模型与空间滞后模型以及空间误差模型的比较中，空间杜宾模型都是最合适的。因此，本书采用极大似然法（ML）利用空间杜宾模型实证检验区域研发投资集聚对经济高质量发展的空间外溢效应，极大似然法可以有效解决空间滞后项与随机扰动项的相关性带来的内生性问题（Anselin，2008）。

由表 5.8 可见，从直接效应可以看出，区域研发投资集聚对本区域经济高质量发展的作用系数为 0.071，通过 5% 的显著性水平检验，说明区域研发投资集聚能够显著促进本区域经济高质量发展，这一发现与前面不考虑空间效应时的实证检验结果一致，也再次证明了假设 5.1 的正确性。从间接效应可以看出，其他区域研发投资集聚对该区域经济高质量发展总的作用系数为 0.297，通过 5% 的显著性水平检验，说明区域研发投资集聚对周边区域经济高质量发展具有显著的促进作用，区域研发投资集聚具有外溢效应，证明本章中假设 5.4 是正确的。从作用系数的大小比较中可以发现，周边所有区域研发投资集聚对该区域经济高质量发展的作用强度远远大于该区域研发投资集聚对经济高质量发展的作用强度，说明区域研发投资集聚的溢出效应是不容忽视的，邻近所有区域的研发投资集聚通过异质性知识溢出、高超技术溢出以及先进经验溢出对经济高质量发展发挥作用，它对该区域经济高质量发展的促进作用比该区域的研发投资集聚更强烈。这与王淑英等（2021）的研究结论不一致，其研究发现创新资本集聚对周边区域经济高质量发展具有抑制作用，究其原因可能是创新资本集聚和经济高质量发展的测度与本书不同：王淑英等（2021）以各省份研发投资占全国研发总投资的比重衡量创新资本集聚度，本书依据区位熵方法测度各区域研发投资集聚程度，在经济高质量发展测度指标体系的建立上前者与本书也存在较大差别。根据区位理论、新经济地理学理论和创新地理学理论，区域研发投资集聚有助于本区域和周边区域的经济高质量发展。此外，实证检验结果表明，所有区域研发投资集聚对经济高质量发展的促进作用系数为 0.368，表明该区域和周边区域的研发投资集聚程度平均每提高 1%，该区域经济高质量发展会提高 0.368%。

表 5.8　　　　　　　　　　**基于 SDM 模型的效应分解结果**

变量	直接效应		间接效应		总效应	
	系数	P 值	系数	P 值	系数	P 值
FIA	0.071**	0.047	0.297**	0.028	0.368**	0.020
MAT	0.058*	0.062	0.292***	0.000	0.350***	0.000
LAB	−0.017	0.579	−0.214**	0.027	−0.231**	0.043
ENV	0.164***	0.000	0.188	0.168	0.352**	0.026
INF	−0.025	0.465	−0.016	0.869	−0.041	0.701
GOV	−0.070**	0.038	0.068	0.345	−0.002	0.978

注：*、**、*** 分别表示在 10%、5% 和 1% 水平上显著。

由表 5.8 可知，在控制变量方面，物质资本对该区域经济高质量发展具有显著的直接促进作用，作用系数为 0.058，邻近区域的物质资本对该区域经济高质量发展具有显著的间接溢出作用，作用系数为 0.292，所有区域的物质资本对经济高质量发展的平均促进作用强度为 0.350，同样，周边区域的物质资本对该区域经济高质量发展的作用强度大于本区域的物质资本。劳动力对该区域经济高质量发展未呈现显著的促进作用，这与前面未考虑空间效应的实证结果一致，周边区域的劳动力对该区域经济高质量发展具有明显的抑制作用，作用系数为 0.214，且所有区域的劳动力对经济高质量发展的平均抑制作用强度为 0.231，表明该区域和周边区域的劳动力平均每提高 1%，该区域经济高质量发展水平会降低 0.231%。此外，环境规制对该区域经济高质量发展呈现显著的促进作用，政府支持对该区域经济高质量发展具有明显的抑制作用，交通基础设施对该区域以及周边区域的经济高质量发展均未呈现明显的促进作用。

5.4.3 稳健性检验

考虑到在现实情况中创新人员参与以及区域融通创新更多和区域研发投资集聚一起对经济高质量发展发挥作用，因此，将创新人员积极性和区域融通创新程度滞后两年进行稳健性检验，检验结果如表 5.9 所示。从表 5.9 可以看出，区域研发投资集聚对经济高质量发展的促进作用以及创新人员积极性和区域融通创新程度的调节作用均是正向的，而且通过了显著性检验，与表 5.5 实证结果只是存在系数和显著性水平的不同，说明本章中关于区域研发投资集聚对经济高质量发展的直接促进作用以及创新人员积极性和区域融通创新程度的调节作用的实证检验结果是稳健的。

表 5.9　　　　　　　直接作用和调节作用的稳健性检验结果

变量	模型（5）	模型（6）	模型（7）
FIA	0.086*** (0.000)	0.097*** (0.000)	0.088*** (0.000)
$FIA \times RDP$		0.036*** (0.002)	
$FIA \times RT$			0.156*** (0.000)
RDP	−0.042*** (0.000)	−0.037*** (0.001)	−0.048*** (0.000)

续表

变量	模型（5）	模型（6）	模型（7）
RT	− 0.023 （0.478）	− 0.055 （0.135）	0.015 （0.694）
MAT	0.120*** （0.000）	0.127*** （0.000）	0.125*** （0.000）
LAB	− 0.039*** （0.000）	− 0.040*** （0.000）	− 0.043*** （0.000）
ENV	0.030** （0.028）	0.033* （0.064）	0.035** （0.010）
INF	0.057*** （0.004）	0.056*** （0.000）	0.071*** （0.000）
GOV	− 0.015 （0.154）	− 0.010 （0.337）	− 0.008 （0.444）
HQ（−1）	0.584*** （0.000）	0.563*** （0.000）	0.564*** （0.000）
_cons	− 0.860*** （0.000）	− 0.900*** （0.000）	− 0.989*** （0.000）
AR（1）	− 3.055*** （0.002）	− 3.062*** （0.002）	− 3.281*** （0.001）
AR（2）	0.831 （0.406）	0.910 （0.363）	1.078 （0.281）
Sargan 检验	25.174 （0.509）	23.337 （0.614）	24.543 （0.545）

注：*、**、*** 分别表示在 10%、5% 和 1% 水平上显著。

为了验证区域研发投资集聚对周边区域经济高质量发展的正向外溢效应的稳健性，本章采取分别去掉一个控制变量的方法进行稳健性检验，鉴于空间杜宾模型直接估计的参数没有实际的含义，本章只列出了根据空间效应解析方法所确定的直接效应、间接效应和总效应的系数与显著性，同时，本章未列出控制变量的系数，只描述了分别去掉每个控制变量之后区域研发投资集聚的系数变化情况，检验结果如表 5.10 所示。

表 5.10　　　　　　　　　外溢效应的稳健性检验结果

项目	直接效应		间接效应		总效应	
	系数	P 值	系数	P 值	系数	P 值
去掉物质资本	0.112***	0.004	0.558**	0.037	0.670**	0.024
去掉劳动力	0.079**	0.041	0.261*	0.070	0.340**	0.046
去掉环境规制	0.077**	0.039	0.321**	0.035	0.398**	0.025
去掉交通基础设施	0.059**	0.055	0.278**	0.032	0.337**	0.023
去掉政府支持	0.070**	0.050	0.312**	0.022	0.382**	0.017

注: * 、** 、*** 分别表示在 10%、5% 和 1% 水平上显著。

从表 5.10 可以看出，分别去掉每个控制变量之后，与表 5.8 的结果相比，区域研发投资集聚对本区域和周边区域经济高质量发展促进作用的系数和显著性稍微发生变动，但区域研发投资集聚对本区域和周边区域经济高质量发展均呈现正向促进作用，且周边所有区域研发投资集聚对该区域经济高质量发展的作用强度远远大于该区域研发投资集聚对经济高质量发展的作用强度，这与前文的检验结果一致，说明本章关于区域研发投资集聚对经济高质量发展外溢效应的结论具有较强的稳健性。

5.5　异质性分析

为了更加深入地分析区域研发投资集聚对经济高质量发展四个维度的异质性作用，本章利用空间杜宾模型分别实证分析区域研发投资集聚对人民需要满足、经济运行良好、资源利用高效和生态环境美好的直接效应、间接效应和总效应，实证检验结果如表 5.11 ~ 表 5.13 所示。

表 5.11　　　　　　　　基于 SDM 模型的分维度估计结果

变量	人民需要满足		经济运行良好		资源利用高效		生态环境美好	
	系数	P 值	系数	P 值	系数	P 值	系数	P 值
FIA	0.030	0.329	0.003	0.929	0.337***	0.000	0.074**	0.023
MAT	0.079*	0.092	0.056	0.129	−0.511***	0.000	0.056	0.145

续表

变量	人民需要满足		经济运行良好		资源利用高效		生态环境美好	
	系数	P 值	系数	P 值	系数	P 值	系数	P 值
LAB	0.002	0.961	− 0.001	0.983	0.141	0.178	0.018	0.597
ENV	0.074	0.331	0.104**	0.021	0.331	0.133	0.208***	0.002
INF	− 0.059*	0.088	0.028	0.597	− 0.182*	0.069	− 0.080**	0.038
GOV	0.047	0.434	− 0.084**	0.025	− 1.074***	0.000	0.023	0.654
$W \times FIA$	0.139**	0.039	0.242***	0.002	− 0.093	0.633	− 0.038	0.594
$W \times WZ$	0.216***	0.000	0.094**	0.038	0.686***	0.000	0.039	0.433
$W \times LD$	− 0.145***	0.010	− 0.132**	0.022	− 0.239	0.143	− 0.056	0.337
$W \times ENV$	0.097	0.445	− 0.040	0.593	0.097	0.792	0.318***	0.005
$W \times INF$	− 0.036	0.542	0.014	0.863	0.114	0.506	0.153**	0.020
$W \times GOV$	0.054	0.504	0.068	0.156	0.665***	0.003	0.033	0.612
R^2	0.727		0.686		0.450		0.745	
Log-L	206.776		256.908		46.810		220.899	
样本数	150		150		150		150	

注：*、**、*** 分别表示在 10%、5% 和 1% 水平上显著。

表 5.12　　　　　　　　SDM 下前两个维度的效应分解结果

变量	人民需要满足			经济运行良好		
	直接效应	间接效应	总效应	直接效应	间接效应	总效应
FIA	0.044	0.204**	0.248***	0.033	0.390**	0.423**
MAT	0.097**	0.334***	0.431***	0.067**	0.181***	0.248***
LAB	− 0.007	− 0.198***	− 0.204**	− 0.012	− 0.207**	− 0.219*
ENV	0.083	0.150	0.233	0.103**	− 0.005	0.098
INF	− 0.065**	− 0.074	− 0.139*	0.028	0.038	0.066
GOV	0.057	0.097	0.154	− 0.078**	0.052	− 0.026

注：*、**、*** 分别表示在 10%、5% 和 1% 水平上显著。

表 5.13　　　　　　　　SDM 下后两个维度的效应分解结果

变量	资源利用高效			生态环境美好		
	直接效应	间接效应	总效应	直接效应	间接效应	总效应
FIA	0.344***	0.043	0.387	0.075**	0.003	0.078
MAT	− 0.467***	0.738***	0.271	0.064*	0.124*	0.188**

155

变量	资源利用高效			生态环境美好		
	直接效应	间接效应	总效应	直接效应	间接效应	总效应
LAB	0.133	− 0.266	− 0.133	0.014	− 0.084	− 0.070
ENV	0.345	0.263	0.608	0.271***	0.767***	1.038***
INF	− 0.180*	0.077	− 0.103	− 0.064*	0.210*	0.146
GOV	− 1.030***	0.423	− 0.607*	0.034	0.083	0.117

注：＊、＊＊、＊＊＊分别表示在10%、5%和1%水平上显著。

从表5.12可以看出，区域研发投资集聚对本区域人民需要满足情况具有促进作用，作用系数为0.044，但未通过显著性检验；周边区域研发投资集聚对该区域人民需要满足情况具有显著的促进作用，作用系数为0.204，通过5%的显著性水平检验；所有区域研发投资集聚对人民需要满足情况的正向促进作用系数为0.248，说明该区域和邻近区域的研发投资集聚程度平均提高1%，该区域人民需要满足情况就会提高0.248%。区域研发投资集聚通过规模效应、协同效应和外溢效应可以增加知识资本、提高创新效率和促进知识外溢，从而提高企业利润，增加人民收入，提高人民福利水平，在医疗、交通和文娱等方面满足人民的各项需求。同时也可以发现，周边所有区域研发投资集聚对该区域人民需要满足情况的间接促进作用强于该区域研发投资集聚对人民需要满足情况的直接促进作用。原因可能是，间接作用反映了所有邻近区域研发投资集聚对该区域人民需要满足情况的综合溢出效应，周边不同区域的研发投资集聚所带来的技术创新和制度创新更有利于该区域借鉴、学习以满足人民的需要。因此，在作用强度上，周边区域的研发投资集聚要大于该区域自身的研发投资集聚对人民需要满足情况的促进作用。

由表5.12可知，区域研发投资集聚对本区域经济运行良好状况具有正向促进作用，作用系数为0.033，但未通过显著性检验；周边区域研发投资集聚对该区域经济运行良好状况具有显著的促进作用，作用系数为0.390，通过5%的显著性水平检验；该区域和周边区域的研发投资集聚对该区域经济运行良好状况具有显著的促进作用，平均作用强度为0.423，表明该区域和周边区域的研发投资集聚平均每提高1%，该区域经济运行良好状况就会提升0.423%。区域研发投资集聚通过规模效应、协同效应和外溢效应会提高区域技术创新能力、制度创新能力以及整个区域的创新效率，从而提高人均地区生产总值和保证地区生产总值增速维持在稳定的水平，以及提升高新技术产业收入和工业企业新产品销售的收入，并且有利于数字经济的快速发展，有助于城乡区域协调发展。此外，先进的制度创新是区域经济结构优化和高水平对外开放的重要保障。因此，该区域和周边区域的研发投资集聚能够提高经济运行良好状况。同时发现，周边邻近区域的研发投资集聚对该区域经济运行良好状况的间接促进作用强于该区域研发投资集聚对经济运行良好状况的直接促进作用，这一现象与人民需要满足情况类似，在本书中，人民需要满足情况和经济运行良好状况含义丰富，测度指标较多，从周边区域的研发投资集聚带来的先进的制度创新和发展经验更有利于本区域经济运行良好状况的改善。

从表5.13可以看出，区域研发投资集聚对本区域资源利用高效情况具有显著的促进作用，作用系数为0.344，并通过1%的显著性水平检验，说明本区域研发投资集聚程度每提高1%，资源利用效率会提高0.344%；而周边邻近区域的研发投资集聚对该区域资源利用高效情况未呈现显著的促进作用。区域研发投资集聚能够通过规模效应、协同效应和溢出效应提高区域土地、资本、劳动力和能源等资源利用的技术创新水平和制度创新水平，从而提高区域各种资源的利用效率以及全要素生产率。但是，在研究样本期内，周边邻近区域的研发投资集聚对该区域资源利用高效情况还未呈现显著的外溢效应，说明区域资源利用高效情况更依赖于本区域研发投资集聚的程度。

由表5.13还可以看出，区域研发投资集聚对本区域生态环境美好状况具有显著的促进作用，作用系数为0.075，并通过5%的显著性水平检验，说明本区域研发投资集聚程度每提高1%，生态环境美好状况会提高0.075%，区域研发投资集聚程度的提高会通过技术创新改进区域中废水减排和废气减排技术，以及区域内不同企业之间的知识交流和外溢加速区域绿色技术的研发和应用。同时，区域研发投资集聚程度的提高还会通过制度创新改善区域人均公园绿地面积和建成区绿化覆盖率，从而促进区域生态环境更加美好。此外，还发现周边邻近区域的研发投资集聚对该区域生态环境美好状况未呈现显著的促进作用，说明在现阶段，不同区域的研发投资集聚对生态环境美好状况的正向溢出效应还不太明显。

5.6　本章小结

本章从空间分布视角揭示区域研发投资集聚对经济高质量发展的作用机理。首先，利用区位熵方法测算我国各区域研发投资集聚程度，基于资源集聚相关理论分析区域研发投资集聚对经济高质量发展的作用路径；其次，构建区域融通创新程度测算指标体系，实证检验创新人员积极性与区域融通创新程度在区域研发投资集聚对经济高质量发展作用过程中的调节作用；再其次，基于构建的空间邻接矩阵，利用空间杜宾模型实证分析区域研发投资集聚对周边区域经济高质量发展的外溢效应；最后，对实证结果进行稳健性检验，利用空间杜宾模型实证分析区域研发投资集聚对经济高质量发展四个维度的异质性作用。

第6章

区域研发投资作用下经济高质量发展的实现构型研究

本书的第 3~5 章是在控制其他条件不变的情况下，探究区域研发投资规模、结构和集聚对经济高质量发展作用的净效应，本章的主要目的是从组态视角出发，利用模糊集定性比较分析方法明确区域研发投资作用下经济高质量发展的实现构型，有助于区域政府根据不同区域的资源禀赋及特点制定适合区域经济高质量发展的策略。

6.1 区域研发投资作用下经济高质量发展实现构型的理论分析

根据新经济增长理论，区域研发投资是经济高质量发展的动力要素，对经济高质量发展具有重要的推动作用。新经济增长理论通过对新古典增长模型的改进与发展，将技术进步内生到经济增长模型中，形成研发内生经济增长模型（马晓琨，2014；张亚斌和曾铮，2005）。由此可见，区域研发投资是经济增长以及经济高质量发展的内生动力。在经济发展的过程中伴随着知识的不断创造与运用，知识增长是经济质量提升和结构性改变的重要推动力（Northover，1999）。知识的创造与运用离不开创新活动的不断开展与推进，创新活动的持续进行离不开研发投资的资金支持。区域研发投资的增加可以提高区域知识资本存量，知识资本的积累可以提高区域知识创造的能力以及外部知识吸收和消化的能力（Cohen & Levinthal，1989）。一方面，区域研发投资规模的增加可以为区域创新活动提供设备、材料等物资保障，同时对创新人员的工资和福利的增加以及创新环境的改善可以提高其物质满意度和精神满意度，不断激发创新人员的创新积极性。另一方面，随着区域知识存量的增加，区域在吸收和消化外部知识时的阻力减小，时间缩短，区域可以迅速而及时地吸收外部知识以服务本地区的经济发展。

根据创新发展理论，区域研发投资通过提高区域技术创新和制度创新水平对经济高质量发展产生促进作用，区域研发投资为区域技术创新和制度创新提供新的知识与创新动力，同时，技术创新与制度创新是创新发展演化过程中引起结构性变化的关键因素（黄凯南等，2014）。区域研发投资规模的增加可以提高区域知识存量，提高区域技术创新水平，从而提高企业的产品质量和销量，提升企业利润与人民收入水平，通过技术进步改良生产工艺和设备，减少企业污染排放，促进企业绿色生产以及整个区域的绿色发展，从而提高人民对美好生活需要的满意度和对生态环境的改善状况。此外，区域研发投资的增加有助于科技政策类项目的实地调研与访谈，促进建设性成果的产生，为区域经济高质量发展提供针对性的政策建议，不断推动区域进行制度创新，改善经济运行秩序与策略，通过制度创新不断促进经济高质量发展。

以上的分析是从数量视角，即区域研发投资规模的角度阐述区域研发投资对经济高质量发展的推动作用，除了区域研发投资规模，区域研发投资结构和区域研发投资集聚也是推动经济高质量发展的重要因素。区域在配置研发投资时，不仅要关注区域研发投资在地区生产总值中的比例（区域研发投资规模），同时应重视区域研发投资在基础研究、应用研究和试验发展的分配比例，以及区域研发投资在空间上的布局问题。

　　根据新结构经济学理论，一个地区的要素禀赋及其结构对经济发展的作用极其重要，是经济发展分析的最佳出发点（Lin et al.，2013；林毅夫，2019）。在区域研发投资规模固定的情况下，不同的区域研发投资结构会带来不同的经济发展效果。基础研究主要是探究已有现象发生或存在的原理或规律性认识，探索自然世界的本质及运行规律，从而获得新知识和新理论来指导经济发展，基础研究投资对创新增长具有知识积累效应，能够提高区域原始创新能力，通过增加知识积累、提高技术吸收能力和自主创新能力来促进区域技术进步（孙早和许薛璐，2017）。在现阶段我国基础研究投资比例偏低的情况下，基础研究投资比例的提高能够促进区域经济高质量发展。此外，应用研究注重将理论与实践相结合，可以将基础研究获得的新理论与新知识应用于生产和生活中，应用研究投资比例的提高也有助于推动经济高质量发展。

　　根据区位理论、新经济地理学理论和创新地理学理论等资源集聚相关理论，区域研发投资的空间分布尤其是区域研发投资的集聚效应，是推动经济高质量发展不可忽视的重要因素。区域研发投资集聚以企业、高校和科研院所等创新主体为空间集聚的载体，区域创新主体因共享丰富的劳动力市场、多样且低成本的中间投入品，它们的市场规模效应和知识外溢效应在地理位置上逐渐接近（Marshall，1890）。地理位置的邻近性能够节约运输成本，促进研发资金在不同创新主体间的流动，提高创新效率，吸引更多的研发投资在本区域集聚，从而促进本区域经济高质量发展。具体地，区域研发投资集聚可以通过规模效应、协同效应和外溢效应对本区域和周边区域的经济高质量发展产生推动作用。

　　除了区域研发投资，区域经济的高质量发展还依赖于区域的其他资源，比如区域的物质资本、劳动力、政府支持、交通基础设施和环境规制等。物质资本是经济高质量发展的必备条件，为区域经济高质量发展提供物质保障，是经济增长乃至经济高质量发展必须依赖的物质基础。除了物质资本，劳动力在经济高质量发展过程中的作用也不可忽视，在以往的经济增长模型中，物质资本和劳动力是最基本最重要的投入要素（Barro，

1991；严成樑和龚六堂，2013）。劳动力可以为区域经济高质量发展提供人力支持，劳动力是区域经济的真正建设者，无论是农业、工业还是服务业，或者说任何研发、生产和销售活动都需要劳动力的参与，因此，本章将劳动力视作支撑经济高质量发展的重要因素。

物质资本和劳动力在经济高质量发展过程中发挥至关重要的作用，除此之外，在经济高质量发展过程中，尤其是在经济不发达的区域，企业、农场和商店等经济组织的融资渠道较少，运营较为困难，此时，政府支持是经济组织运行过程中资金的重要来源，同时，经济高质量发展是对原有粗放、污染严重发展模式的放弃，进而追求清洁、绿色的发展模式。这一发展模式的转变不是一蹴而就的，而是一个漫长、艰难的转型过程，需要政府制定优惠政策引导企业改良生产工艺，利用低碳技术逐渐转向绿色发展，鼓励企业及社会不断进行数字化转型，建设公共图书馆和公共游乐场所等基础设施满足人民日益增长的对美好生活的需求。此外，区域经济的高质量发展离不开环境规制的支持作用，经济高质量发展意味着经济发展对生态环境的不良影响降低，发展绿色技术，采用低碳环保的工艺，营造一个更加绿色、环保的经济生态系统，环境规制是约束企业污染排放、规范居民生活习惯的有力工具，是支撑经济高质量发展的重要因素。交通基础设施既可以辅助经济生产活动，是劳动力、资金与技术等资源自由流动的重要保障，有利于资源合理分配，提升企业利润和人民生活水平，同时交通基础设施又可以刺激居民对私家车的消费爱好，通过改变居民的消费结构促进经济发展（郭广珍等，2019）。因此，交通基础设施是推动区域经济高质量发展的重要因素。

构型理论从组态视角观察经济现象，认为系统中各种要素的联合作用能够使系统的功能顺利地实现（彭娟，2013）。同样，区域仅靠一种要素无法实现经济高质量发展，区域经济高质量发展是在区域研发投资、物质资本、劳动力、政府支持、交通基础设施和环境规制的共同作用下实现的。本书中区域研发投资包括从不同视角下所呈现的属性与特点，一是从数量视角下的区域研发投资规模，二是从内部结构视角下的区域研发投资结构，三是从空间分布视角下的区域研发投资集聚。根据新经济增长理论、创新发展理论、新结构经济学理论和资源集聚等相关理论，区域研发投资规模、区域研发投资结构和区域研发投资集聚对经济高质量发展具有重要的推动作用。基于以上理论分析，本书认为区域经济高质量发展是在区域研发投资规模、区域研发投资结构、区域研发投资集聚、物质资本、劳动力、政府支持、交通基础设施和环境规制的共同作用下实现的。图 6.1 是区域研发投资作用下区域经济高质量发展实现构型的概念模型。

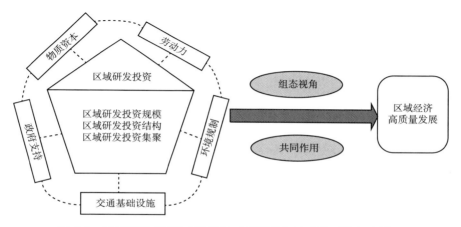

图 6.1　区域研发投资作用下经济高质量发展实现构型的概念模型

6.2　模糊集定性比较分析方法的适用性与操作流程分析

6.2.1　模糊集定性比较分析方法的适用性

构型理论认为从整体和系统的视角看，系统的各组成要素之间不是简单的非线性关系，而是多种要素之间更高阶的交互作用（彭娟，2013）。同时，构型理论坚持殊途同归和元素间等效替代的假设，认为一个系统实现某一结果的路径不是唯一的，存在多条实现某一结果的前因条件的组合，并且为了实现某一结果，个别前因变量之间可以相互替代和相互补充（Katz & Kahn，1978；Fiss，2007）。根据构型理论，区域经济高质量发展是在区域系统中的多种要素联合作用下实现的，由于不同区域的资源禀赋和自然条件存在较大差距，不同区域实现经济高质量发展的路径也不是唯一的，同时也存在不同要素之间相互补充和相互替代的现象。模糊集定性比较分析方法不要求前因条件之间相互独立，前因条件可以是来自不同维度不同层面的变量，主要聚焦于探究某种现象实现时多个前因条件的组合状态。因此，本章将区域研发投资规模、区域研发投资结构与区域研发投资集聚放在同一个模型，利用模糊集定性比较分析方法实证分析区域研发投资作用下经济高质量发展的实现构型是合适的。

模糊集定性比较分析方法是定性比较分析方法中的一种，定性比较分析（qualitative comparative analysis，QCA）方法是由美国社会学家拉金（Ragin）于1987年提出的一种基于集合理论分析社会现象因果复杂性的方法（Ragin，1987）。QCA方法是一种采用组态视角进行分析的方法，采取整体和系统的分析思路，即案例层面的组态而非单个变量被用来分析结果，该方法是一种"案例导向"的方法，将研究的案例视为条件的组态，基于集合论思想从组态效应的视角分析案例的条件组态与结果变量的关系，这一方法并非指明单一变量与其结果的直接关系，而是能够解释一组因变量与结果变量之间的复杂因果关系（杜运周和贾良定，2017；里豪克斯和拉金，2017）。定性比较分析方法具有定量分析和定性分析的双重优势，不仅能够分析大样本案例（定量分析的优势），而且可以对某一案例进行条件组态的系统分析（定性分析的优势）（杜运周和贾良定，2017）。当运用该方法同时分析多个案例时，能够弥补传统定性研究基于对个案的归纳所得结论欠缺普适性的短板，同时该方法可以将变量分析与案例分析相结合，弥补传统统计方法只分析变量间关系的缺陷（宋华和卢强，2017）。定性比较分析方法能够揭示实现某一结果的不同条件的多种组合，明确在实现某一结果的过程中不同条件变量的替代互补关系，采用定性比较分析方法将各区域视作经济高质量发展前因条件的组态，从组态视角可以有效确定前因条件组合与经济高质量发展之间的因果关系，因此，定性比较分析方法非常适合从组态视角下分析区域研发投资作用下经济高质量发展的实现构型。

根据数据编码方式的不同，定性比较分析方法可以分为清晰集定性比较分析方法、多值集定性比较分析方法和模糊集定性比较分析方法（Ragin，2008）。清晰集定性比较分析方法采用二分变量，只允许变量的值为 0 或 1，这可能会导致变量所携带的信息丢失（Proksch et al.，2017）。多值集定性比较分析方法采用多个值对变量进行划分，但是多个值不是连续的。为了分析连续性变量，拉金（Ragin，2000）基于模糊集理论开发了模糊集定性比较分析方法（fuzzy-set qualitative comparative analysis，fsQCA），其通过校准（calibration）可以将等距刻度的数据转化为模糊隶属分数（0～1 之间变化的值）。模糊集定性比较分析方法比清晰集定性比较分析方法和多值集定性比较分析方法更能较多较准确地表达案例的信息。在探究区域研发投资作用下经济高质量发展的实现构型时，本书中所使用的各个变量的原始数据均是连续性的，因此，本章使用模糊集定性比较分析方法探究区域研发投资作用下经济高质量发展的实现构型。

6.2.2　模糊集定性比较分析方法的操作流程

运用模糊集定性比较分析方法时需经历案例选择、条件变量与结果变量的确定、数据的模糊集校准以及构建真值表确定条件组态等步骤（里豪克斯和拉金，2017）。为了从组态视角下揭示区域研发投资作用下经济高质量发展的实现构型，本章以我国 30 个省级区域（由于台湾、香港、澳门和西藏数据无法获得或缺失严重，故未考虑）为研究案例，将区域研发投资规模、区域研发投资结构、区域研发投资集聚、物质资本、劳动力、政府支持、交通基础设施和环境规制等 8 个要素视为前因条件，将各区域的经济高质量发展水平视为结果变量。

数据的模糊集校准需要研究者根据理论和实践知识确定三个定性的转折点（breakpoints）——完全隶属成员（模糊得分 = 0.95）、完全不隶属成员（模糊得分 = 0.05）和交叉点（模糊得分 = 0.5），交叉点是判断某案例是否隶属于或者不隶属于一个集合的最大模糊点（Ragin，2014）。模糊集定性比较分析方法的分析程序将产生三个解——"复杂解""简约解""中间解"。复杂解提供的信息较少，所以复杂解经常是不必要的（Fiss，2011）；简约解经常消除必要条件；中间解不允许消除必要条件，中间解一般优于简约解和复杂解（Ragin，2008）。因此，本章的研究结果均采用中间解。

模糊集定性比较分析方法是基于集合理论而不是概率论进行设计的，所以其不需像统计分析方法那样进行显著性检验（Proksch et al.，2017）。但是，模糊集定性比较分析方法需要采用一致性指标（consistency）和覆盖率（coverage）确定前因条件与结果变量之间的关系。在条件组态的结果分析中，一致性指标代表条件组态与结果的子集关系的接近程度（Tang et al.，2020），条件组态的一致性值高于 0.8 是普遍被接受的（Fiss，2011）。条件组态的覆盖率可以解释符合该组态条件的案例占所有案例的比例，覆盖率分为原始覆盖率（raw coverage）和净覆盖率（unique coverage），覆盖率往往越大越好（Ragin，2008）。一致性指标可以确定条件（组合）是否为结果的充分条件和必要条件，条件（组合）X 是结果 Y 的充分条件的一致性公式如式（6 – 1）所示（里豪克斯和拉金，2017）：

$$Consistency(X_i \leqslant Y_i) = \frac{\sum \min(X_i, Y_i)}{\sum X_i} \qquad (6-1)$$

其中，X_i 指案例 i 在条件（组合）中的隶属分数，Y_i 指案例 i 在结果中的隶属分数。当所有的 X_i 均小于或等于相对应的 Y_i 值时，一致性分数为 1，一致性指标说明了条件（组合）X 是结果 Y 子集的程度。条件（组合）X 是结果 Y 的必要条件的一致性公式为：

$$Consistency(Y_i \leqslant X_i) = \frac{\sum \min(X_i, Y_i)}{\sum Y_i} \qquad (6-2)$$

当该指标大于 0.9 时，则认为条件 X 是结果 Y 的必要条件（黄荣贵，2015）。在真值表计算过程中，必要条件需要提前被去掉。在利用模糊集定性比较分析方法的过程中，单个条件的必要性和条件组合的充分性通常是被分析和描述的（朱亚丽和郭长伟，2020）。

6.3　数据校准与前因条件的必要性分析

6.3.1　数据校准

数据校准是模糊集定性比较分析方法运用过程中非常重要的一步，通过校准可以将等距刻度的数据转换为介于 0 ~ 1 的模糊集分数。由于模糊集定性比较分析方法无法分析面板数据，同时为了避免使用某一年数据所造成的偶然性，参考有关文献，使用我国 30 个省级区域 2016 年、2017 年和 2018 年这 3 年每个指标数据的平均数进行组态效应分析（Khedhaouria，2017；Zhang，2021）。运用 fs/QCA3.0 软件进行数据校准（为了便于区分，本章中 fsQCA 表示模糊集定性比较分析方法，fs/QCA 表示运行软件），并且使用直接方法进行校准。本章中根据实践和理论知识确定的三个转折点分别为：每个变量的"第 90 百分位数"设置为完全隶属成员；"第 10 百分位数"设置为完全不隶属成员；"中位数"属于交叉点。每个变量的转折点如表 6.1 所示。

表 6.1　　　　　　　　　　　　变量的转折点

变量	符号	完全不隶属成员	交叉点	完全隶属成员
区域经济高质量发展	HQ	0.4755	0.5387	0.6698
区域研发投资规模	RDQ	0.0056	0.0130	0.0297
区域基础研究投资比例	JC	0.0199	0.0554	0.1342
区域应用研究投资比例	YY	0.0549	0.1178	0.2119
区域试验发展投资比例	SY	0.6842	0.8281	0.9215

变量	符号	完全不隶属成员	交叉点	完全隶属成员
区域研发投资集聚	FIA	0.2732	0.6330	1.4424
物质资本	MAT	19059.1660	85331.9018	189100.7858
劳动力	LAB	316.2023	1397.4117	3873.8897
环境规制	ENV	88.0233	98.8833	99.9967
交通基础设施	INF	0.1852	0.9410	1.7030
政府支持	GOV	0.1404	0.2372	0.4138

6.3.2 区域经济高质量发展前因条件的必要性分析

基于前面的理论分析，本章将区域研发投资规模、区域基础研究投资比例、区域应用研究投资比例、区域试验发展投资比例、区域研发投资集聚、物质资本、劳动力、环境规制、交通基础设施和政府支持作为区域经济高质量发展的前因条件，其中，物质资本、劳动力、环境规制、交通基础设施和政府支持是推动区域经济高质量发展的重要资源。在利用模糊集定性比较分析方法探究管理问题时，增加条件变量会使组态数量以指数倍增加，为防止出现案例的有限多样性问题，前因条件变量不宜选择太多（Schlosser & Meur，2009）。鉴于本书用于探究区域经济高质量发展实现构型的案例数量只有30个，且创新人员积极性和区域融通创新程度是刻画区域创新系统特征的指标，因此，在本章中未将创新人员积极性和区域融通创新程度视作经济高质量发展的前因条件，只探究了在区域研发投资和区域物质资本、劳动力、环境规制、交通基础设施和政府支持等资源共同作用下区域经济高质量发展的实现构型。

区域经济高质量发展的必要条件是指，当该区域实现经济高质量发展时，该条件也必须存在。在确定区域经济高质量发展的实现构型之前，需要首先分析单个条件变量是否是区域经济高质量发展的必要条件。本章利用 fs/QCA3.0 软件计算单个前因条件的一致性和覆盖率，每个条件变量的必要性的一致性和覆盖率如表 6.2 所示。由表 6.2 可以看出，本章中所选取的区域经济高质量发展的 10 个前因条件的一致性值均小于 0.9，说明区域研发投资规模、区域基础研究投资比例、区域应用研究投资比例、区域试验发展投资比例、区域研发投资集聚、物质资本、劳动力、环境规制、交通基础设施和政府支持均不是区域经济高质量发展的必要条件。

表 6.2 前因条件的必要性分析

变量	一致性	覆盖率
RDQ	0.8545	0.8545
~ RDQ	0.4708	0.4446
JC	0.4598	0.4728
~ JC	0.7900	0.7271
YY	0.5045	0.5198
~ YY	0.7193	0.6608
SY	0.7371	0.7189
~ SY	0.4866	0.4708
FIA	0.8511	0.8552
~ FIA	0.4722	0.4439
MAT	0.7522	0.7253
~ MAT	0.5223	0.5111
LAB	0.8099	0.8404
~ LAB	0.5271	0.4812
ENV	0.8312	0.7094
~ ENV	0.4351	0.4903
INF	0.8353	0.7877
~ INF	0.4461	0.4467
GOV	0.4681	0.4681
~ GOV	0.8469	0.7997

模糊集定性比较分析方法是基于集合理论分析前因条件和结果变量之间的充分性和必要性的因果关系，当所有区域在前因条件的隶属分数一致小于或等于它们在结果变量中相应的隶属分数时，此时模糊子集关系成立，即前因条件是结果变量的充分条件（Ragin，2008）。在前因条件和经

济高质量发展的隶属度 X－Y 分布图中，若各个区域的点均位于左上三角就证明前因条件是经济高质量发展充分条件的因果关系成立。

为了展示单个前因条件能否构成区域经济高质量发展实现的充分条件，本章绘制了区域经济高质量发展的前因条件与经济高质量发展的隶属度 X－Y 分布图，如图 6.2 所示。

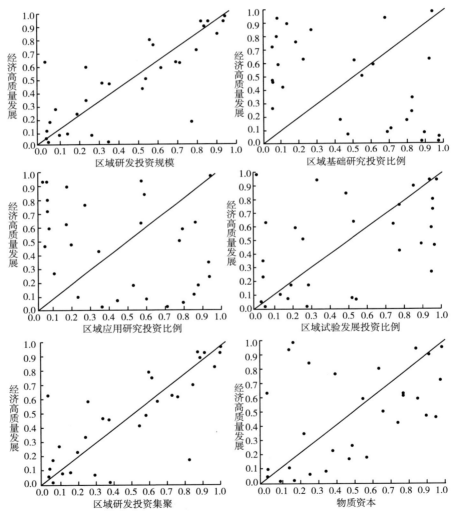

图 6.2　所有区域在前因条件与经济高质量发展的隶属度 X－Y 分布

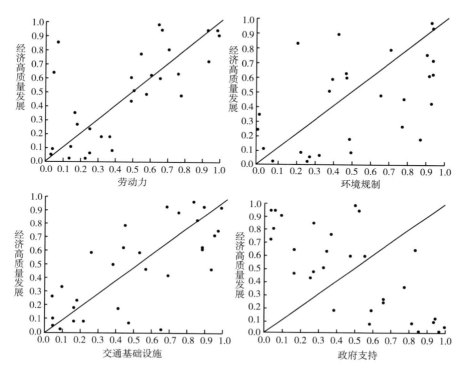

图6.2　所有区域在前因条件与经济高质量发展的隶属度 X – Y 分布（续）

从图6.2可以看出，所有的前因条件与经济高质量发展的隶属度的点均匀地分布于 X – Y 分布图的对角线的两侧，说明区域研发投资规模、区域基础研究投资比例、区域应用研究投资比例、区域试验发展投资比例、区域研发投资集聚、物质资本、劳动力、环境规制、交通基础设施和政府支持均无法独立构成区域经济高质量发展实现的充分条件，因此，有必要分析多个前因条件共同作用下区域经济高质量发展的实现构型。

6.4 区域研发投资作用下经济高质量发展实现构型的实证分析

6.4.1 区域研发投资作用下经济高质量发展的实现构型

运用软件 fs/QCA3.0 分析区域研发投资作用下经济高质量发展的实现构型时，本书将一致性临界值设置为 0.8，样本频数临界值设置为 1。将软件运行所产生的中间解视为我国区域经济高质量发展的实现构型，并综合考虑中间解和简约解，确定每条实现构型中的核心条件和辅助条件，如表 6.3 所示。在表 6.3 中，除了展示区域研发投资作用下经济高质量发展的实现构型之外，也描述了能够刻画经济高质量发展的每条实现构型的参数，包括一致性（consistency）、原始覆盖率（raw coverage）、净覆盖率（unique coverage）、总体一致性（overall solution consistency）和总体覆盖率（overall solution coverage）等。原始覆盖率是指符合此条路径的案例的比例，净覆盖率是指只符合此条路径而不符合其他路径的案例的比例，总体覆盖率解释了所有案例的综合覆盖率。

表 6.3　　区域研发投资作用下经济高质量发展的实现构型

变量	H1	H2	H3	H4	H5	H6
RDQ	●	•	●	●	•	●
JC	⊕	⊕	⊕		⊕	•
YY	⊕		⊕	⊕	•	•
SY	•	•	•	•	⊕	⊕
FIA	•	●	•	●	•	●
MAT	•	•		●	⊕	•
LAB	•	•		•	⊕	•
ENV	●	⊕	●	●	⊕	●

续表

变量	H1	H2	H3	H4	H5	H6
INF		●	●	●	●	●
GOV	⊕	⊕	⊕	⊕	⊕	●
一致性	0.9446	0.9341	0.9439	0.9401	0.8396	0.8733
原始覆盖率	0.5147	0.2629	0.5079	0.4955	0.1832	0.2176
净覆盖率	0.0274	0.0171	0.0096	0.0082	0.0425	0.0474
总体一致性	0.9271					
总体覆盖率	0.6726					

注：●表示核心条件存在，⬤表示辅助条件存在，⊕表示辅助条件缺席，空白表示构型中该条件可存在也可不存在。

由表 6.3 可以看出，存在 6 条实现我国区域经济高质量发展的构型（每一纵列表示一条实现构型），分别为构型 H1、构型 H2、构型 H3、构型 H4、构型 H5 和构型 H6。已有研究证明充分条件一致性比较认可的标准是 0.8（Fiss，2011；Campbell et al.，2016）。这 6 条区域经济高质量发展的实现构型的一致性均超过 0.8，说明这 6 条构型满足对实现区域经济高质量发展的充分性要求，这 6 条构型均是区域经济高质量发展实现的充分条件。在区域研发投资和区域资源共同作用下，构型 H1～H6 均能使区域实现经济高质量发展，且每条构型均包括区域研发投资和区域其他资源等多个条件，说明区域经济高质量发展的实现构型具有等效性以及多重并发性的特点。此外，区域研发投资规模和区域研发投资集聚均存在于每条区域经济高质量发展的实现构型中，说明与区域其他资源相比，区域研发投资规模和区域研发投资集聚在区域经济高质量发展的实现过程中发挥至关重要的推动作用。同时，区域研发投资规模、环境规制、区域研发投资集聚和交通基础设施在多条构型中以核心条件的形式存在，表明这 4 个条件在区域实现经济高质量发展过程中的作用不容忽视，从另一个角度说明区域若想实现经济高质量发展，应该首先使区域在研发投资规模、环境规制、区域研发投资集聚和交通基础设施这 4 个条件达到较高水平。本章所发现的这 6 条构型的总体一致性为 0.9271，这说明在所有满足这 6 条构型的区域中，有92.71%的区域实现较高的经济发展质量；同时，这6条构型的总体覆盖率为0.6726，表明这6条构型可以解释67.26%的实现经济高质量发展的区域（谭海波等，2019）。

观察区域经济高质量发展的6条实现构型可以发现，区域研发投资规模、区域研发投资结构和区域研发投资集聚这3个要素均以较高的水平存在每条实现构型中，而物质资本、劳动力、环境规制、交通基础设施和政府支持不是在每条实现构型中均以较高水平存在，再次证明了区域研发投资在经济高质量发展过程中的关键作用。根据本章所确定的实现区域经济高质量发展的6条构型的特点，且主要根据每条实现构型中区域研发投资的特点，可以将这6条实现构型分为3类。实现构型 H1～H4 为第1类，这4条实现构型与另外2条实现构型的不同之处在于在这4条实现构型中区域试验发展投资的比例均较高，因此将这类构型命名为"试验发展驱动型"，该类实现构型区域研发投资规模大、区域研发投资集聚程度高和劳动力丰富；实现构型 H5 单独为第2类，在实现构型 H5 中，区域应用研究投资比例以较高的水平存在，因此将第2类构型命名为"应用研究驱动型"；实现构型 H6 为第3类，在实现构型 H6 中，区域基础研究投资比例和区域应用研究投资比例均以较高的水平存在，因此，将其命名为"基础研究和应用研究双驱型"。

为了更加清晰地展示我国区域实现经济高质量发展所依据的构型，本章将每条实现构型的解释案例标注在经济高质量发展与每条实现构型的隶属度分布图中，如图6.3所示。

从图6.3可以看出，符合"试验发展驱动型"的区域包括浙江、江苏、山东、福建、广东、湖北、重庆和安徽，这些区域多注重将获得的知识用于产品更新和工艺改良，重视将知识和技术快速转化为现实生产力，这与这些区域的发展实际密切相关，这些区域企业众多，知识转化率较高，快速带动各个区域的生产总值提高；符合"应用研究驱动型"的区域为天津，天津借助京津冀地区的优势，凭借丰富的高校和科研院所，积极探索北京地区或本地区的基础研究和原创性研究成果的可能用途和应用场

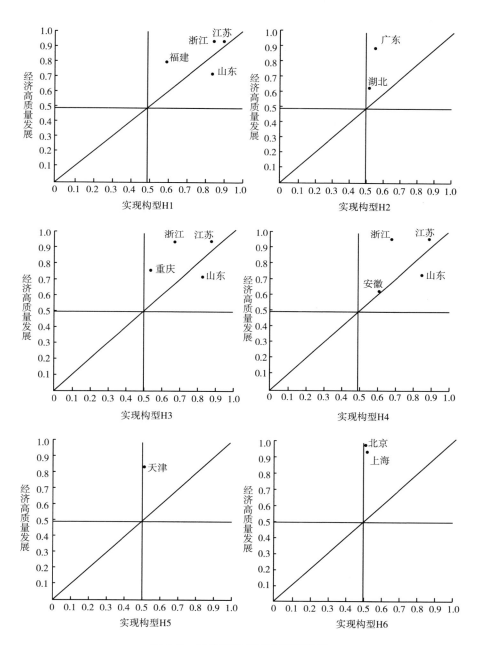

图 6.3 每条实现构型的解释案例

景；符合"基础研究和应用研究双驱型"的区域是北京和上海，北京和上海的高校和科研院所众多，每年研发经费投入较多，具备进行基础研究和应用研究的优势条件，北京和上海在经济高质量发展的过程中符合"基础研究和应用研究双驱型"的特点。

接下来，根据每条实现构型的解释案例对每条实现构型进行解析和归纳。

6.4.1.1　实现构型 H1 的解析与典型案例分析

区域经济高质量发展的实现构型 H1 的一致性为 0.9446，这意味着在满足构型 H1 的区域中，有 94.46% 的区域实现了较高的经济发展质量；原始覆盖率为 0.5147，净覆盖率为 0.0274，表明构型 H1 可以解释51.47% 的实现经济高质量发展的区域，只能由构型 H1 解释的经济高质量发展区域的占比为 2.74%。在区域经济高质量发展的实现构型 H1 中，区域研发投资规模、区域试验发展投资比例、区域研发投资集聚、物质资本、劳动力和环境规制以高水平的形式存在，区域基础研究投资比例、区域应用研究投资比例和政府支持以较低的水平存在，交通基础设施为无关条件，在此构型中，区域研发投资规模和环境规制为核心条件，其他条件为辅助条件。区域经济高质量发展的实现构型 H1 表明，一个区域若拥有较高的研发投资规模，即较高的研发投资强度，同时，区域环境规制严格，区域试验发展投资比例和区域研发投资集聚程度高，物质资本和劳动力丰富，在此条件下，该区域即可实现经济高质量发展。

从图 6.3 中可以看出，在经济高质量发展的区域中，符合实现构型 H1 的区域包括浙江、江苏、山东和福建，这 4 个省级区域均位于我国东部沿海地区，这 4 个区域非常重视创新能力提升，《2020 中国区域创新能力评价报告》显示，江苏、浙江、山东的区域创新能力排在我国各省份的前 10 位，福建排在第 14 位。同时，《中国科技统计年鉴》的统计数据显示，近几年，江苏、浙江、山东的研发投资强度均超过 2%，福建的研发投资强度均超过 1.5%，说明这些区域非常重视研发资金的投入，且这

4 个区域的研发投资也比较集中，长江三角洲和环渤海经济区的建设有利于发挥创新要素的集聚效应。为了打赢污染防治攻坚战和实现绿色发展，这 4 个区域对环境的规制强度较高，山东、江苏和浙江已开始推进政府向社会购买环境监测服务，以弥补各个区域环境监测总站力量的不足，江苏、浙江、山东和福建纷纷出台环保政策引导行业绿色发展。在区域经济高质量发展的实现构型 H1 中，试验发展投资比例较高，表明这 4 个区域主要依靠科学研究和实际经验中获得的知识开发新的产品、生产工艺或者改进现有的产品和生产工艺，以此实现区域经济高质量发展，在探究基本原理和规律性认识的基础研究以及应用研究方面的投资比例较低。此外，这 4 个区域也是人才聚集高地，劳动力资源丰富，全社会固定资产投资规模巨大，区域物质资本丰富。从与符合其他构型的区域的比较可知，只按照此构型实现经济高质量发展的区域是福建，江苏、浙江和山东 3 个省级区域也符合经济高质量发展的实现构型 H3 和 H4。

6.4.1.2　实现构型 H2 的解析与典型案例分析

区域经济高质量发展的实现构型 H2 的一致性为 0.9341，表明在满足构型 H2 的区域中，有 93.41% 的区域实现了较高的经济发展质量；原始覆盖率为 0.2629，净覆盖率为 0.0171，表明构型 H2 可以解释 26.29% 的实现经济高质量发展的区域，只能由构型 H2 解释的经济高质量发展区域的占比为 1.71%。在区域经济高质量发展的实现构型 H2 中，区域研发投资规模、区域试验发展投资比例、区域研发投资集聚、物质资本、劳动力和交通基础设施以高水平的形式存在，区域基础研究投资比例、环境规制和政府支持以较低的水平存在，区域应用研究投资比例为无关条件，其中，区域研发投资集聚和交通基础设施为核心条件，其他条件为辅助条件。区域经济高质量发展的实现构型 H2 表明，一个区域若拥有较高的研发投资规模，同时区域将研发资金用在试验发展的比例较高，研发投资在空间上比较集聚，此外，区域拥有丰富的物质资本和劳动力，交通基础设施也比较发达，那么，该区域就可以使经济实现高质量发展。

在实现经济高质量发展的区域中，符合实现构型 H2 的区域主要是广东和湖北，与实现构型 H1 相比，广东和湖北的环境规制稍微较弱，但这两个区域的交通基础设施发达。湖北是我国的交通大省，是全国重要的交通枢纽，拥有"九省通衢"的武汉和"七省通衢"的襄阳，以及区域性交通枢纽城市——麻城。广东，位于珠江三角洲，是我国粤港澳大湾区建设的重要参与省份，公路、铁路、水运和航空比较发达，2020 年，我国交通运输部将交通强国建设试点设在广东，充分发挥广东省交通基础设施建设方面的示范引领作用。发达的交通基础设施可以弥补环境规制欠佳的不足，为人民的出行提供方便，为企业运行以及创新资源流动提供优越的条件，有效缩短空间上的距离。广东和湖北比较重视创新驱动发展，近几年，广东的研发投资强度超过 2.5%，湖北的研发投资强度在 2% 左右，同时，广东依托珠江三角洲，湖北依托长江中游城市群，研发投资等创新要素在空间上比较聚集，广东和湖北也比较重视研发投资的经济价值，将研发投资用于试验发展的比例较高，此外，广东和湖北的物质资本和劳动力比较丰富，为经济高质量发展提供坚实的物质和人力保障。

6.4.1.3　实现构型 H3 的解析与典型案例分析

区域经济高质量发展的实现构型 H3 的一致性为 0.9439，表明在满足构型 H3 的区域中，有 94.39% 的区域实现了较高的经济发展质量；原始覆盖率为 0.5079，净覆盖率为 0.0096，表明构型 H3 可以解释 50.79% 的实现经济高质量发展的区域，只能由构型 H3 解释的经济高质量发展区域的占比为 0.96%。在区域经济高质量发展的实现构型 H3 中，区域研发投资规模、区域试验发展投资比例、区域研发投资集聚、劳动力、环境规制和交通基础设施以高水平的形式存在，区域基础研究投资比例、区域应用研究投资比例和政府支持以低水平的形式存在，物质资本为无关条件，其中，区域研发投资规模、区域研发投资集聚、环境规制和交通基础设施为核心条件，其他条件为辅助条件。区域经济高质量发展的实现构型 H3 表明，一个区域若在研发上的投资强度较高，同时用在试验发展上的资金比例较高，研发资金在空间上的分布比较集中，此外，区域环境规制严格，劳动力丰富，交通基础设施也比较发达，在这些条件的共同作用下，该区域就能够实现经济高质量发展。

在实现经济高质量发展的区域中，可以解释实现构型 H3 的区域包括浙江、江苏、山东和重庆。浙江、江苏和山东实现经济高质量发展的构型同时符合 H1、H3 和 H4 这 3 条构型，符合经济高质量发展实现构型 H3 的典型区域是重庆。重庆位于我国西部内陆地区，其物质资本相对匮乏，但是重庆对创新活动非常重视，研发投资占地区生产总值的比例在 2% 左右，借助成渝城市群，重庆的创新资金比较聚集，劳动力也比较丰富，从而不断提升重庆的创新能力提升。近几年重庆市在《中国区域创新能力评价报告》中综合排名均在全国前 10 名，重庆市试验发展投资比例较高，重视将创造或者获取的知识和技术应用于实际中，对于转化为实际生产力相对漫长的基础研究和应用研究的投资比例相对较低。同时，重庆对环境的规制强度较高，为经济向着绿色转型发展提供支撑工具，发达的交通基础设施为人民需要满足、经济运行和资源高效利用保驾护航，虽然重庆的物质资本相对薄弱，但是，在研发投资规模大、试验发展投资比例高和研发投资集聚度高等要素的推动下，在劳动力丰富、环境规制严格和交通基础设施发达等要素的支撑下，重庆的经济发展质量保持着较高水平。

6.4.1.4　实现构型 H4 的解析与典型案例分析

区域经济高质量发展的实现构型 H4 的一致性为 0.9401，表明在满足构型 H4 的区域中，有 94.01% 的区域实现了较高的经济发展质量；原始覆盖率为 0.4955，净覆盖率为 0.0082，表明构型 H4 可以解释 49.55% 的实现经济高质量发展的区域，只能由构型 H4 解释的经济高质量发展区域的占比为 0.82%。在区域经济高质量发展的实现构型 H4 中，区域研发投资规模、区域试验发展投资比例、区域研发投资集聚、物质资本、劳动力、环境规制和交通基础设施以高水平的形式存在，区域应用研究投资比例和政府支持以低水平的形式存在，区域基础研究投资比例为无关条件，其中，区域研发投资规模、区域研发投资集聚、环境规制和交通基础设施为核心条件，其他条件为辅助条件。区域经济高质量发展的实现构型 H4 表明，一个区域在较高的研发投资强度、试验发展投资比例和研发投资集聚等要素的推动下，同时物质资本、劳动力、环境规制和交通基础设施等要素的支撑下，可以实现经济高质量发展。

在实现经济高质量发展的区域中，可以解释实现构型 H4 的区域是浙江、江苏、山东和安徽，其中，符合经济高质量发展的实现构型 H4 的典型区域是安徽。安徽位于我国中部内陆地区，其非常重视研发创新活动，研发经费投入强度持续提升，近两年的研发经费投入强度超过 2%，区域创新能力也在不断提升，《中国区域创新能力评价报告》显示，近几年安徽的综合创新能力一直位于我国前 10 名。安徽比较重视试验发展研究，将研发资金主要用于试验发展，立足将新技术和新知识应用于生产工艺和新产品中，而对原理性较强的基础研究和应用研究投资较少，同时依托国务院批复的皖江城市带，不断促进研发资金和优秀人才在安徽集聚，加速安徽创新驱动经济发展的步伐。此外，安徽的物质资本和劳动力丰富，安徽省环境规制严格，推行实施环境污染第三方治理，不断提高环境污染治理效果和有效促进区域绿色发展。安徽是我国东南沿海地区与内陆腹地的过渡带，也是沟通北京、上海、宁夏的南北重要通道，交通运输的发展历史悠久，交通基础设施比较发达。虽然安徽的基础研究和应用研究的投资比例低，政府支持力度小，但是在较高的研发投资强度与集聚度、较高的试验发展投资比例、丰富的物质资本和劳动力、严格的环境规制和发达的交通基础设施的共同作用下，安徽的经济发展质量保持较高水平。

6.4.1.5　实现构型 H5 的解析与典型案例分析

区域经济高质量发展的实现构型 H5 的一致性为 0.8396，表明在满足构型 H5 的区域中，有 83.96% 的区域实现了较高的经济发展质量；原始覆盖率为 0.1832，净覆盖率为 0.0425，表明构型 H5 可以解释 18.32% 的实现经济高质量发展的区域，只能由构型 H5 解释的经济高质量发展区域的占比为 4.25%。在区域经济高质量发展的实现构型 H5 中，区域研发投资规模、区域应用研究投资比例、区域研发投资集聚和交通基础设施以高水平的形式存在，区域基础研究投资比例、区域试验发展投资比例、物质资本、劳动力、环境规制和政府支持以低水平的形式存在，其中，区域研发投资集聚和交通基础设施为核心条件，其他条件为辅助条件。区域经济高质量发展的实现构型 H5 表明，一个区域若基础研究投资比例和试验发展投资比例很低，物质资本和劳动力也较少，环境规制相对松弛，政府支持力度较小，该区域依然可以凭借较高的研发投资强度和应用研究投资比例、较高的研发投资集聚程度以及发达的交通基础设施实现较高的经济发展质量。

在实现经济高质量发展的区域中，可以解释实现构型 H5 的典型区域是天津。与其他实现构型相比，实现构型 H5 所具备的条件是最少的，表明一个区域想实现经济高质量发展，可以先通过构型 H5 使区域经济发展质量得到快速提升。天津位于我国东部沿海地区，有着良好的经济发展条件，并且非常重视创新驱动发展，根据《中国科技统计年鉴》（2019）的统计数据显示，近几年研发经费投入强度超过 3%。借助处于京津冀地区的优势，研发投资不断在天津汇聚，天津的研发投资集聚程度较高。天津注重应用研究，大部分研发资金用在应用研究上，即为了弄清基础研究成果的可能用途，或确定实现实际目的或目标的新方法，开展应用研究有助于加速基础研究或原创性研究的应用，同时天津丰富的高校和科研院所为开展应用研究提供了优越条件。天津的公路、铁路、航空、港口以及轨道等交通运输发达，在铁路方面，天津是北京通往东北和上海的重要铁路枢纽。虽然天津的物质资本、劳动力资源和环境规制相对薄弱，但是在较高的研发投资强度和应用研究投资比例以及研发投资在空间上的高度集聚的推动下，再加上交通基础设施提供了便利的交通，天津实现了经济高质量发展。

6.4.1.6 实现构型 H6 的解析与典型案例分析

区域经济高质量发展的实现构型 H6 的一致性为 0.8733，表明在满足构型 H6 的区域中，有 87.33% 的区域实现了较高的经济发展质量；原始覆盖率为 0.2176，净覆盖率为 0.0474，表明构型 H6 可以解释 21.76% 的实现经济高质量发展的区域，只能由构型 H6 解释的经济高质量发展区域的占比为 4.73%。在区域经济高质量发展的实现构型 H6 中，区域研发投资规模、区域基础研究投资比例、区域应用研究投资比例、区域研发投资集聚、劳动力、环境规制、交通基础设施和政府支持以高水平的形式存在，区域试验发展投资比例和物质资本以低水平的形式存在，其中，区域研发投资规模、区域研发投资集聚、环境规制和交通基础设施为核心条件，其他条件为辅助条件。区域经济高质量发展的实现构型 H6 表明，一个区域的试验发展投资比例虽然很低，物质资本也不丰富，但是，在较高的研发投资强度、基础研究投资比例、应用研究投资比例和研发投资集聚程度等要素的推动下，以及丰富的劳动力、严格的环境规制、发达的交通基础设施和政府的大力支持等要素的共同支撑下，该区域可以满足人民对美好生活的需要和促使经济运行良好、资源高效利用以及塑造美好的生态环境，从而实现经济高质量发展。

在实现经济高质量发展的区域中，可以解释实现构型 H6 的区域是北京和上海。北京是我国的政治中心、文化中心、国际交往中心、科技创新中心[①]，上海是我国的国际经济、金融、贸易、航运和科技创新中心[②]。北京和上海高度重视创新驱动发展，根据《中国科技统计年鉴》，北京近几年的研发经费投入强度始终超过 5%，上海的研发经费投入强度超过 3%，

---

① 中共中央 国务院关于对《北京城市总体规划（2016 年 – 2035 年）》的批复 ［EB/OL］. （2017 – 09 – 27）［2023 – 03 – 27］. http：//www. gov. cn/zhengce/2017 – 09/27/content_5227992. htm.

② 国务院关于上海市城市总体规划的批复 ［EB/OL］.（2017 – 12 – 25）［2023 – 03 – 27］. http：//www. gov. cn/zhengce/content/2017 – 12/25/content_5250134. htm.

创新能力得到显著提升，根据《中国区域创新能力评价报告》，近几年北京和上海的综合创新能力一直处于全国前5位。北京和上海的高校和科研机构众多，具备进行基础研究和应用研究的优势，因此，北京和上海将研发投资用在基础研究和应用研究的比例较高，从而不断增强北京和上海的创新动力。北京和上海分别凭借京津冀和长江三角洲发展地带以及自身优势，吸引大量创新资源在此集聚，因此，研发投资在空间上的集聚程度较高，劳动力也比较丰富。此外，北京和上海的环境规制严格，交通基础设施发达，为经济高质量发展提供发展基础。与其他5条区域经济高质量发展的实现构型不同，在实现构型H6中，政府支持力度较大，即财政一般预算支出占地区生产总值的比例较高，说明政府的大力支持在北京和上海实现经济高质量发展的过程中发挥重要的作用。

6.4.2　条件间的替代关系分析

模糊集定性比较分析方法既可以从组态视角探究区域研发投资作用下区域经济高质量发展多条等效的实现构型，同时也可以通过不同实现构型的比较识别出不同条件间相互替代的关系（谭海波等，2019；唐开翼等，2021）。通过比较区域经济高质量发展的实现构型H1和H3，可以发现物质资本和交通基础设施之间可以相互替代，替代关系如图6.4所示。当区域的研发投资规模较大，将研发投资用在试验发展的比例较高，同时，研发投资在空间上比较聚集，劳动力丰富和环境规制强度高，此时，区域既可以通过提升区域的物质资本实现经济高质量发展，也可以通过加强交通基础设施建设促进区域经济高质量发展。这为提升区域经济发展质量提供了重要的理论依据。当区域的条件资源丰富时，可以考虑同时提升物质资本和交通基础设施以实现经济高质量发展，即按照构型H4实现经济高质量发展；当区域的条件资源有限，无法同时提升物质资本和交通基础设施时，可以采用只提升区域物质资本的方式实现经济高质量发展（实现构型H1），也可以通过只加强交通基础设施建设促进区域经济高质量发展（实现构型 H3）。

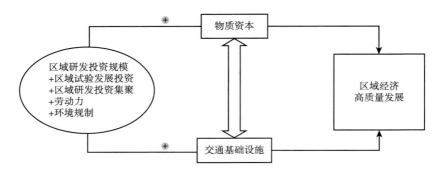

图 6.4　物质资本和交通基础设施的替代关系

6.4.3　稳健性检验

为了验证本章研究的稳健性，本章参考贝尔等（Bell et al.，2014）和陈侃翔等（2018）的方法，从经济高质量发展的反面也就是经济低质量发展的实现构型进行检验，从而确保研究结论的可靠性。本章利用模糊集定性比较分析方法发现存在 4 条实现经济低质量发展的构型，即构型 L1、构型 L2、构型 L3 和构型 L4，如表 6.4 所示。这 4 条经济低质量发展的实现构型的一致性均远远大于 0.8，且接近于 1，有力说明这 4 条构型满足实现经济低质量发展的充分性要求。总体覆盖率为 0.5573，说明这 4 条实现构型解释了 55.73% 的经济发展质量较低的区域。

表 6.4　　　　　　　　　经济低质量发展的实现构型

变量	L1	L2	L3	L4
RDQ	⊕	⊕	⊕	⊕
JC	●	⊕	●	●
YY	●	⊕	⊕	⊕
SY	⊕	●	⊕	●
FIA	⊕	⊕	⊕	⊕

续表

变量	L1	L2	L3	L4
MAT	⊕	⊕	⊕	⊕
LAB	⊕	⊕	⊕	⊕
ENV		⊕	⊕	●
INF	⊕	⊕	●	⊕
GOV	●	●	●	●
一致性	0.9617	0.9872	1	0.9967
原始覆盖率	0.4725	0.1996	0.1970	0.1957
净覆盖率	0.2722	0.0382	0.0253	0.0130
总体一致性	0.9620			
总体覆盖率	0.5573			

注：●表示核心条件存在，⊕表示核心条件缺席，●表示辅助条件存在，⊕表示辅助条件缺席，空白表示构型中该条件可存在也可不存在。

在实现经济低质量发展的 4 条构型中，区域研发投资规模、区域研发投资集聚、物质资本均以核心条件不存在，劳动力以边缘条件不存在，政府支持以核心条件存在。在实现构型 L1 中，仅基础研究投资比例、应用研究投资比例和政府支持以较高水平存在，其他条件不存在或以较低水平存在；在实现构型 L2 中，仅试验发展投资比例和政府支持以较高水平存在，其他条件不存在或以较低水平存在；在实现构型 L3 中，仅基础研究投资比例、交通基础设施和政府支持以较高水平存在，其他条件不存在或以较低水平存在；在实现构型 L4 中，仅基础研究投资比例、试验发展投资比例、环境规制和政府支持以较高水平存在，其他条件不存在或以较低水平存在。可以发现，实现经济低质量发展的 4 条构型与实现经济高质量发展的 6 条构型显著不同，说明本章的研究结论是相对稳健的。

此外，通过比较表 6.3 和表 6.4，即经济高质量发展和经济低质量发展的实现构型，可以发现，政府支持存在每条实现经济低质量发展的构型中，且以核心条件存在，而政府支持仅存在一条实现经济高质量发展的构型（H6）中，并且以辅助条件存在，在构型 H1 ~ H5 中均以辅助条件不存在的形式出现。这是否说明政府支持不利于经济高质量发展？答案是否定的，这说明了政府支持对不同区域的经济高质量发展产生的作用大小存在差别。本书中政府支持采用财政一般预算支出占地区生产总值的比例测量，在经济高质量发展的区域，比如广东、浙江等，政府支持的数值比较小，其作用不如区域研发投资规模和区域研发投资集聚等条件对经济高质量发展的作用更突出；对于新疆和甘肃等经济低质量发展的区域，政府支持的数值比较大，这些区域的政府支持在经济高质量发展实现过程中的作用比研发投资和物质资本等其他资源更明显。

6.5　本章小结

本章从组态视角明确区域研发投资作用下经济高质量发展的实现构型。首先，根据构型理论，对区域研发投资作用下区域经济高质量发展的实现构型进行理论分析；其次，利用模糊集定性比较分析方法探究区域经济高质量发展实现构型的适用性与操作流程；再其次，利用模糊集定性比较分析方法实证分析区域经济高质量发展的实现构型；最后，对区域经济高质量发展实现构型的典型案例进行解析，并通过比较不同的实现构型，得到了在一定条件下物质资本和交通基础设施之间相互替代的关系。

第 7 章

多维视角下区域研发投资促进经济高质量发展的对策与建议

前面几章分别从数量视角、内部结构视角以及空间分布视角等多维视角阐述区域研发投资规模、区域研发投资结构、区域研发投资集聚对经济高质量发展的作用机理，在此基础上，根据从组态视角确定的区域研发投资作用下经济高质量发展的实现构型，本章分别从提高区域研发投资利用率、优化区域研发投资结构、加强区域研发投资集聚效应以及促进研发投资与区域其他资源有效组合等多个角度提出促进区域经济高质量发展的对策与建议。

7.1　从提高区域研发投资利用率角度促进经济高质量发展

7.1.1　提高区域研发投资规模

根据第 3 章中所得出的结论，区域研发投资规模（强度）可以显著促进区域经济高质量发展，同时第 6 章从组态视角得出区域研发投资规模存在每条经济高质量发展的实现构型中，且在多条实现构型中以核心条件存在，因此，区域有必要提高研发投资规模。

在提高区域研发投资规模时，要注重结合区域特点和创新主体特色进行适当提高。我国各地区在研发投资强度方面存在较大的差距，不同区域应根据地理位置、经济发展水平和区域资源适当提高研发投资强度。根据《中国科技统计年鉴》，广东、上海、江苏和浙江等东部沿海地区在近几年的研发投资强度均超过 2%，上海的研发投资强度在 2019 年和 2020 年甚至超过 4%。上海是国际金融和科技创新中心，在研发经费融资方面具有重要的优势，但是上海与北京相比，在研发投资方面还有一定的差距，北京的研发投资强度在近几年接近 6%，因此，上海应该利用融资便捷的优势，继续加大在研发活动中的投资力度。广东、上海、江苏和浙江等东部沿海地区各式各样的企业众多，市场竞争强，对外开放程度较高，这些地区的企业应积极利用与国外企业合作的机会，在吸收国外先进技术及管理理念的基础上，加大自身研究与试验发展投资，提高自主创新能力。湖北、新疆和青海等中西部地区以及吉林和黑龙江等东北地区受到经济发展水平、营商环境和市场机制的影响，在进行研发创新活动时会遇到很多困难，因此，国家应给予中西部地区和东北地区的企业更多研发创新活动的优惠政策，比如在研发费用加计扣除政策中给予更多的减税降费支持。此外，我国应更加注重中西部地区和东北地区的国有企业改革，在资源分配上，国有企业应与各种所有制企业公平竞争研发资源，从而不断激发市场创新活力，优化创新环境和提高区域创新驱动发展动力。

华为、中兴等高新技术企业是技术含量和需求量特别高的企业，需要持续不断的研发投入，这些企业除了加大企业内部研发投资之外，还可以采用鼓励员工买股持股的方式增加研发活动融资渠道，或者与需求方合作，由需求方自己承担研发资金。制造业企业要积极利用政府将该类型企业研发费用加计扣除比例由 75% 提高至 100% 的支持企业创新的税收优惠政策，积极从政府和相关利益者中获得研发投资，同时也要加大自有资金在研发活动的分配比例，以提高制造企业在智能化转型和数字化转型等工艺创新的水平，并且通过市场需求调研和客户反馈对产品进行及时改良和创新。零售业、银行业和金融互联网企业等服务型企业的用户规模庞大，用户的职业类型、教育结构复杂，这类企业需要不断加大研发投资，以提高企业在系统更新等方面的技术创新水平，以及提升企业在服务模式和服务理念升级的制度创新水平，全面提高对人民需求的满足程度。高校和科研院所主要聚焦于基础研究和应用研究，高校和科研院所要加强与企业合作，提高来自企业的研发投资，从而提升研究成果的转化率和实际应用价值，同时政府要加大对高校和科研院所研发活动的资金支持，激发高校和科研院所进行基础研究和应用研究的动力，从而提升整个区域的原始创新水平和创新发展动能。

7.1.2 加强区域研发投资管理

区域研发投资管理的质量对区域研发投资使用效果的直接作用，不是仅仅投入大量的研发资金就可以实现，而是需要精心决策、计划、组织和控制研发投资，才能保证区域研发投资真正有效发挥驱动经济高质量发展的作用。企业、高校和科研院所是区域主要的创新主体，因此，本章主要对企业、高校和科研院所的研发投资管理提出对策与建议。

企业的研发投资在整个区域的研发投资中占据很大的比重，因此，企业研发投资的管理至关重要。对于企业来说，应设置专门的机构和人员管理研发投资，该机构应该由多元化的人员组成，包括财务管理专业的人才。也包括对市场需求精准分析的人才，同时也有熟悉产品研发设计的技术人才，以及有效激发研发人员创新动力的人力资源管理人才，此外，还应具有精通数字技术的人才，多元化的人才结构有助于全方位把握研发投资的使用过程以及提升研发投资的使用效果，最重要的是，利用数字技术将研发资金的使用过程记录在数字系统中，使研发投资的使用过程更加公开与透明，同时数字化平台能够保证研发投资使用过程的全程可追溯性，极大提升研发投资的使用质量。

　　高校和科研院所的研发资金主要来自政府和企业，对于来自政府的研发资金，高校和科研院所主要通过申请项目的方式获得，因此，对于这部分研发投资的管理贯穿于项目管理的过程中。在项目申请阶段，政府要严格把控项目评审过程的公平与公正，杜绝关系项目与人情项目的现象，认真审核项目申请人的资质条件、立项依据和项目申请书的质量，让真正有能力的研究人员获得资助，真正落实"谁有本事谁就揭榜"的新型科研组织模式，同时，专家应本着"科研项目真正服务于经济社会发展"以及"把论文写在祖国大地上"的原则评定项目，使资助的项目真正能够服务于社会发展和现代化经济体系建设，以此在立项阶段为区域研发投资有效推动经济高质量发展做好前期准备。在项目实施阶段，给予科研人员更多研发资金的自主使用权，简化科研经费的报销流程，但同时采用更加柔性合理的方式对资金使用的安全性与有效性进行监督，并且加强项目实施过程中的堵点、难点的解决与资金再扶持，助力项目顺利实施以及资金使用的充足性、有效性和透明性。在项目结题阶段，严格评定项目申请书中所列计划完成的进度与质量，审核资金使用过程的有效性与完整性，使研发资金真正发挥对项目顺利实施的推动作用与保障作用。

　　对于来自企业的研发资金，高校和科研院所在弄清企业所需要的技术要求、产品要求和管理问题的情况下，积极利用丰厚的科研资金，尽量满足研发人员的各项需求，创造优质的工作环境，充分激发研发人员参与创新的热情，及时并且高质量地完成企业的技术或产品所需，同时，利用与企业合作的机会，深入企业实地考察，加强科研成果的转化率与应用水平，使高校和科研院所的科研成果真正为企业所用，或者使高校和科研院所研究的管理理论真正应用于企业实践，促使来自企业的研发资金真正有效发挥促进经济高质量发展的作用。对于高校和科研院所中来自企业的资金，企业会通过验收项目完成的质量加强控制与监督，同时，企业可以与高校和科研院所建立记录研发资金使用过程的数字平台，高校和科研院所将项目运行过程中的每一笔资金记录在数字平台中，有助于企业、高校和科研院所对研发资金使用过程有一个完整、清晰的认识，同时也会督促企业随着研发资金的使用不断加强供给，从加强研发资金管理角度不断提高科研成果的质量。

7.1.3　完善科技成果转化机制

科技成果转化是将研发活动产生的成果真正应用于实践中，科技成果的高转化率是区域研发投资有效促进经济高质量发展的关键，因此，为了提高区域研发投资的利用率以及对经济高质量发展的促进效果，非常有必要及时完善区域科技成果的转化机制。对于企业来说，为了实现盈利的目的，企业的科技成果转化率往往较高，因为其进行研究与试验开发的目的很明确，或者改善企业生产工艺，或者提高企业产品质量，或者攻克领域内的技术关卡。在高校和科研院所的研发成果中，与企业合作完成的科研成果通过企业的实际应用均能实现较高的成果转化，而通过申请项目从政府获得研发资金支持的科研成果，由于与企业的联系较少，或者由于成果转化之后产权问题，科研人员不愿意将科研成果进行商业转化，因此，应制定政策有效促进这部分科研成果的转化或提高科研成果的经济价值和实践意义。

在第 3 章中，区域研发投资规模对人民需要满足和资源利用高效呈现显著的促进作用，而对经济运行良好和生态环境改善未呈现促进作用，原因可能是区域研发投资产生的科研成果未能真正转化为促进经济良好运行和改善生态环境的动力，因此，完善科技成果转化机制能够有效加强研发投资促进经济高质量发展的动力与效果。为了促进科技成果转化，应加强高校、科研院所与企业之间的技术合作，消除高校和科研院所研究的科技成果与企业应用的脱节现象，同时，鼓励高校和科研院所将科研成果转移到企业中，在明确知识产权的情况下，提高对科研成果贡献人的奖励与物质支持。此外，鼓励有条件的高校、科研院所建立科技成果转化机构，专门负责本单位的成果转化工作，同时，区域可以建立更多优质的科技成果转化服务平台，作为连接高校、科研院所以及个人的科技成果与企业应用的桥梁，不断提高技术生产与技术应用的匹配度。对于政策性的研究成果，在增加研究经费的前提下，鼓励科研工作者深入调查企业问题或经济现象，聚焦研究问题，探寻有效解决方案，使咨询报告类研究成果真正应用于企业，提出的政策制度真正服务于社会经济发展，促进经济和谐、稳定地运行，不断提升经济发展质量。

7.2　从优化区域研发投资结构角度促进经济高质量发展

7.2.1　根据机构类型合理设置研发投资结构

为了把我国建设成为科技强国，实现高水平的科技自立自强，仅仅依靠提高研发投资已不够，还要注重研发投资的结构，尤其是研发投资在基础研究、应用研究和试验发展方面的投资比例。第4章的研究发现，我国现阶段提高区域基础研究和应用研究的投资比例有利于促进经济高质量发展，而提高试验发展的投资比例不利于提升经济发展质量，因此，区域应合理设置研发投资结构。具体地，企业、高校和科研院所是区域主要的创新主体，由于企业、高校和科研院所的性质和特点不同，它们在基础研究、应用研究和试验发展方面的侧重点存在较大差别，基于此，应根据机构类型合理设置研发投资结构。

企业是最主要的创新主体，它可以将科研成果真正转化为现实生产力。"十四五"规划特别强调要突出企业创新主体的地位。电子信息技术、航空航天技术、新材料和新能源等高新技术企业具有知识密集和专利密集的特点，高新技术企业的持续发展需要技术的不断更新，需要新技术源源不断的供给。为了提高我国企业对核心技术的自主控制能力，保障产业链的安全与畅通，在关键技术上不受制于其他国家和企业，实现科技自立自强，高新技术企业就应加强原创性基础研究，提高基础研究和应用研究在研发投资中的比例。制造企业具有追求技术高应用性的特点，可以通过将自主研发的新技术或者从国外引进和国内购买的技术应用于生产工艺或生产产品中，改良生产工艺或者提高产品质量，因此，制造企业应重视试验发展研究，注重提高试验发展研究在研发投资中的比例。高校和科研院所应发挥其在基础研究和应用研究的优势，加强数学、物理、化学和生物科学等基础学科的研发资金投入，同时，重视人工智能、数据科学、能源与资源工程等新型交叉学科的人才培养、项目资金支持和项目成果的转移转化等，因此，高校和科研院所应采取措施努力提高在基础研究和应用研究中的投资比例。

7.2.2 加强区域基础研究投资与管理

根据第 4 章的研究，区域基础研究投资比例的提高有助于促进经济高质量发展，同时，区域基础研究投资比例设置在 $[0.0918, 0.0937]$ 区间时为最优区间，此时区域基础研究投资比例对经济高质量发展的作用最强、最显著，但是，我国多数区域的基础研究投资比例较低，还没有达到此最优区间，因此，我国各个区域应加强基础研究投资与管理。为了建设科技强国，实现科技自立自强，基础研究在我国创新系统中的作用日益突显，目前，我国正形成任务导向与自由探索相结合的基础研究格局。企业以追求市场竞争力和利润为主要目的，因此，更多倾向于进行任务导向型的基础研究。基础研究难度大、持续时间长，需要更多更稳定的资金支持和政策扶持。为鼓励企业加大任务导向的基础研究投资，国家和当地政府应在基础研究投资方面给予企业更多的税收优惠和财政补贴政策，同时鼓励企业与高校和科研院所进行基础研究的合作，鼓励金融机构为原创性基础研究项目提供更多融资便利条件，不断提高企业进行基础研究的信心与决心。

加大高校和科研院所在基础研究方面的投资力度。在项目申请方面，建议国家对于贴近政府倡导的"四个面向"的基础研究给予更多项目扶持和资金支持。同时，鼓励高校和科研院所进行任务导向与自由探索相结合的基础研究。一方面，推动高校和科研院所建立有利于数学、物理和化学等基础学科以及人工智能、生物医学等交叉学科良好发展的专门实验室或实验基地，扩大基础学科和交叉学科的硕士生和博士生的招生数量，设立专用基金推动基础学科和交叉学科的稳定持续发展，鼓励其自由探索，不断丰富对宇宙运行和自然万物的规律性认识和原理性总结，推动高校和科研院所不断攀登世界科技前沿领域。另一方面，鼓励高校、科研院所与企业开展以满足市场需求、解决实际问题为目标的基础研究，探索符合国家战略需求技术、"卡脖子"技术以及产业共性技术的基本原理，为实现科技自立自强和创新型国家建设供给充足的基础知识。此外，鼓励高校与科研院所设置专门机构负责基础研究相关的经费管理工作，包括预算、报销和验收等工作，使科研人员专心进行科学研究，不为资金使用、报销的问题浪费精力和时间。

7.3 从加强区域研发投资集聚效应角度促进经济高质量发展

7.3.1 加强科技产业园的建设与管理

根据第 5 章的研究，区域研发投资集聚通过规模效应、协同效应和外溢效应对经济高质量发展产生正向推动作用，同时，实证研究表明区域研发投资集聚对本地区经济高质量发展的促进作用以及周边区域经济高质量发展的正向溢出效应比较显著。区域研发投资集聚以企业、高校和科研院所等创新主体集聚的形式呈现，科技产业园是不同产业集中分布和集中管理的园区，为了突出区域研发投资的集聚效应，非常有必要加强科技产业园的建设与管理。

区域应在合适的位置建立更多高水平的科技产业园区，并加强园区的优化与管理。第一，区域政府应选择在生态环境优美、适宜人居住与办公的位置建立科技产业园，同时，在科技产业园区布局发达的交通基础设施、公园、公共图书馆和娱乐场所以及环境优美的商业区和居住区。第二，引进国内外著名企业入驻产业园区，以及一批具有发展前景的高端装备制造产业、生物产业和新能源产业等新兴产业，同时引进与这些产业相匹配的上下游产业形成完整的产业链。第三，吸引高校和科研院所在产业园区建立分校或科技企业，或者鼓励高校和科研院所将与产业密切相关的重要实验室建立在产业园区，建立成果转移转化服务平台，助力高校和科研院所的研究成果成功转化为产业运行所需要的改良技术、高质量产品或优质解决方案；地理的邻近性使产业、高校和科研院所的合作更加便利，可以促使区域的产业链和创新链深度融合，有效促进经济高质量发展。第四，在科技产业园区内，引进一批金融机构、知识产权保护中心和物流中心等中介服务机构，为科技产业园的创新能力提升和经济发展提供全方位的优质服务。第五，区域政府应为企业、高校、科研院所和服务机构等主体的引进与长久发展提供租金优惠、税收减免等优惠政策，为科技产业园的稳定和谐发展做好服务保障工作，在科技产业园的建设和管理上可以借鉴国内发展较好的科技产业园，例如东莞松山湖科技产业园、南通苏锡通科技产业园和长沙市岳麓科技产业园等。

7.3.2　加强对创新人员的激励

第 5 章的研究发现，创新人员积极性能够显著正向调节区域研发投资集聚对经济高质量发展的促进作用，为了有效发挥区域研发投资集聚促进经济高质量发展的作用，应加强对创新人员的激励，包括物质激励和精神激励，从而不断激发创新人员参与创新活动的积极性和热情。

企业应对在核心技术突破、产品性能提升方面作出重要贡献的研发人员采取提升工资或给予丰厚奖金的方式进行物质激励，抑或给予提升职位或授予荣誉称号和荣誉证书等方式进行精神激励，国家应特别加强国有企业的改革，企业内部注重根据员工能力和业绩评定薪酬和职称；高校和科研院所应对在专业技术上获得专利授权的人员，或者发表高质量论文的人员，或者提出的资政报告政府予以采纳的教师或科研人员，采取提升工资或给予额外的绩效奖金等方式进行物质奖励，或者采取提升职称、提高职务、颁发荣誉证书或授予荣誉称号等方式进行精神激励。此外，在平时的工作过程中，企业、高校和科研院所均应该为创新人员营造舒适的创新环境，比如制定公开公正公平的晋升制度、不强制加班或者创造更弹性的工作时间，协助创新人员制定合适的职业生涯规划，帮助创新人员解决生活中的问题，给予创新人员更多的人文关怀等，使创新人员专心、安心又动力十足地进行研发活动，从而激发创新人员的参与积极性，不断正向调节区域研发投资集聚对经济高质量发展的促进作用。

7.3.3 深入推进区域融通创新

第 5 章的研究发现，区域融通创新程度可以正向调节区域研发投资集聚对经济高质量发展的促进作用，为了加强区域研发投资集聚效应，区域应深入推进融通创新。

区域应采取措施尽量缩小产业链中的上中下游企业以及创新链中的企业、高校和科研院所之间的技术壁垒，加强技术合作与联系，共享创新资源，以促进价值共创和成果共享。强化企业创新主体的地位，可以采取由企业发布技术需求进行招标，其他企业、高校和科研院所进行投标的方式满足企业的产品或技术需求，或者允许各创新主体合作共同完成一项技术任务，加强各创新主体之间的联系，提升各创新主体融通创新的程度。建立产业内共性技术研发平台，由产业内领军企业牵头，各中小微企业共同参与的方式攻克产业内技术难点；通过利用共性技术研发平台中的创新资源，激发中小微企业的创新活力，不断提升中小微企业的创新能力，促进产业转型升级，从而带动整个区域的经济发展质量提升。利用数字平台提升创新资源需求方与供给方的匹配程度，使资金、人员与技术等创新资源在各创新主体间按需高效配置，通过建立科研成果转移转化平台，推动高校和科研院所的科研成果成功转化为企业的生产力，使创新成果与市场需求完美匹配，不断满足人民日益增长的美好生活的需求。区域政府通过建立科技产业园等工业园区，加强研发资金、研发人员等创新资源的空间集聚性，可以缩短产业链上中下游企业和不同创新主体间的空间距离，同时地理邻近性为不同企业以及不同创新主体之间的融通创新提供便利条件。

7.4　从促进研发投资与区域其他资源有效组合角度促进经济高质量发展

7.4.1　根据区域资源禀赋确定经济发展质量提升策略

根据第 6 章的研究，在研发投资与区域资源的共同作用下可以实现区域经济高质量发展，且存在多条可以实现区域经济高质量发展的构型，各个区域的资源禀赋与自然条件存在较大差别，因此，不同区域可以根据自身的资源禀赋确定经济发展质量的提升策略。

资源禀赋相对匮乏的区域，比如云南、甘肃、新疆和青海等，可以选择通过构型 H5 实现本区域经济高质量发展。首先，提高区域研发投资强度，通过鼓励企业增加研发投资或者区域政府加大对企业、高校、科研院所的研发资金支持；同时注意提高区域研发投资在应用研究方面的比例，加大区域在应用研究方面的人员与资金投入，重视以实现特定目的或实际应用的新知识、新方法或新工艺的创造；其次，注意提升区域研发投资在空间上的集聚性，加强科技产业园区的建设与管理；最后，加强区域交通基础设施建设，为区域建设四通八达的交通网络，推动新能源汽车充电桩以及城际和城轨交通等新型交通基础设施建设。

资源禀赋相对丰富的区域，比如辽宁、陕西和河南等，企业众多，拥有进行试验发展研究的条件，可以优先选择构型 H1、H2 或者 H3 实现经济高质量发展。在提高区域研发投资强度、提高试验发展投资比例、加大区域研发投资集聚程度以及劳动力数量的基础上，可以采取加强区域物质资本存量和环境规制的方式实现经济高质量发展（实现构型 H1），或者采取提高区域物质资本存量和加强交通基础设施的方式实现经济高质量发展（实现构型 H2），或者采取同时加强区域环境规制和交通基础设施建设的方式实现经济高质量发展（实现构型 H3）。对于拥有较多高校和科研院所的区域，比如湖南和辽宁等，它们具备进行基础研究和应用研究的条件，同时各地政府对区域经济发展的支持力度较大，这些区域可以选择构型 H6 实现经济高质量发展；区域要提高区域研发投资强度以及区域研发投资在基础研究与应用研究中的投资比例，加强科技产业园的建设以提高区域研发投资集聚程度，提高劳动力数量，加强区域环境规制和交通基础设施建设，以实现区域经济高质量发展。

7.4.2　加强环境规制

第 3 章的研究发现，环境规制在区域研发投资规模对经济高质量发展的过程中起正向调节作用，同时第 6 章从组态视角分析得出环境规制以核心条件存在于经济高质量发展的多条实现构型中，因此，为了有效发挥区域研发投资对区域经济高质量发展的正向推动作用，需要不断加强区域的环境规制。

各区域应深入贯彻新发展理念，促进区域绿色发展，推动区域生态文明建设，依据区域产业特色制定适宜的环境政策。在环境政策的执行方面，加强环保机构监测监察执法垂直管理制度改革，上一级环保机构要对下一级环境保护以及环境治理情况进行监测监察，防范属地政府与企业合谋的现象，切实落实对地方政府及其相关部门的监督责任，增强环境规制执法强度与有效性。鼓励区域将环境污染治理效果和生态文明建设情况作为县市镇政府的绩效考核指标，以提高县市镇政府对环境保护的重视程度和监管力度。强制化工、有色金属、钢铁等高污染的行业进行生产技术改革，在生产过程中采用低碳可循环的生产技术，在源头上控制污染的排放，同时区域政府对高污染企业置换高耗能、高排放的设备给予财政补贴和税收优惠。建立企业污染排放监控系统以及农业秸秆焚烧智能监控系统，利用数字技术实时高效地保证污染排放达标。鼓励群众对当地生产生活中存在的环境污染问题进行举报，环保机构可以给予群众资金奖励，并对群众反映的问题及时核查与反馈，切实保障人民群众的生活质量，满足人民对绿色生态环境的需求。区域应向群众积极宣传碳中和的意识，在室内减少空调的使用，出行减少私家车的使用，多乘坐公共交通工具，多植树造林，号召群众为我国实现碳中和的目标而努力。

7.4.3　加强交通基础设施建设

第 3 章的研究发现，交通基础设施能够正向调节区域研发投资规模对经济高质量发展的推动作用，同时第 6 章的实证发现交通基础设施是促进经济高质量发展的重要保障，交通基础设施以核心条件存在于经济高质量发展的多条实现构型中，因此，为了有效发挥区域研发投资对经济高质量发展的促进作用，需要不断加强区域的交通基础设施建设。

政府应积极投资为偏远地区建设公路、铁路等交通道路，同时为老城区修建、扩建新的道路，丰富城市交通类型，改善区域交通条件，扩展交通可达点，形成四通八达的交通网络，为区域经济发展提供交通支撑，为满足人民日常出行、企业原材料和产品的运输提供便利条件。区域应积极投资推动智慧交通建设，利用物联网、移动互联网和云计算等新兴信息技术，为外出旅行者提供实时全面的交通信息，如道路拥挤情况、最优出行路线、出行时间等，智慧交通的运行将为智慧城市建设贡献力量。为了实现我国碳达峰、碳中和的目标，推行低碳绿色的出行方式，区域应积极倡导新能源汽车的销售与使用，同时在高速公路服务区、城市等多网点密集地设置新能源汽车充电桩，方便新能源汽车及时充电使用。此外，鼓励区域建设城际和城轨交通，积极建设新型交通基础设施，缩短城市间的出行时间，加强城市间的联系，助力不同城市间研发人员、资金与技术及时流动，有助于不同城市间的企业进行合作创新，为区域经济高质量发展提供强劲动能。

7.5　本章小结

本章分别从提高区域研发投资利用率、优化区域研发投资结构、加强区域研发投资集聚效应和促进研发投资与区域其他资源有效组合等多个角度提出促进区域经济高质量发展的对策与建议，具体地，包括提高区域研发投资规模、根据机构类型合理设置研发投资结构、加强基础研究投资与管理、加强科技产业园的建设与管理、加强对创新人员的激励、根据区域资源禀赋确定经济发展质量提升策略、加强环境规制和加强交通基础设施建设等。

第 *8* 章

结论与不足

8.1 本书结论

区域研发投资是一种重要的创新要素，已成为推动经济高质量发展的关键动力。在梳理国内外相关研究的基础上，根据新经济增长理论和新结构经济学理论等相关理论，本书从多维视角分别阐述区域研发投资规模、结构和集聚对经济高质量发展的作用路径，利用系统 GMM 方法、中介效应模型和空间杜宾模型等方法实证分析区域研发投资规模、结构和集聚对经济高质量发展的作用关系，运用模糊集定性比较分析方法从组态视角分析区域研发投资作用下经济高质量发展的实现构型，根据研究结果从区域研发投资的多个角度提出促进经济高质量发展的对策与建议。本书的主要研究结论如下：

（1）通过探究区域研发投资规模对经济高质量发展的作用机理，得出区域研发投资规模主要通过增加区域知识资本进而提升区域技术创新能力和制度创新能力对经济高质量发展产生作用；基于系统 GMM 方法，实证发现区域研发投资规模能够促进经济高质量发展，环境规制和交通基础设施在区域研发投资规模对经济高质量发展的作用过程中起到显著的正向调节作用；利用中介效应模型实证发现区域知识资本在区域研发投资规模在经济高质量发展作用路径中起完全中介作用；分维度的实证检验结果表明区域研发投资规模对人民需要满足和资源利用高效具有显著的正向促进作用，区域研发投资规模对经济运行良好和生态环境美好未表现出促进作用。

（2）通过研究区域研发投资结构对经济高质量发展的作用机理，得出区域研发投资结构通过改变不同研究类型的投资规模和搭配关系作用于区域经济高质量发展，而且，区域研发投资结构还通过改变人才结构和区域原始创新能力对经济高质量发展产生作用；利用系统 GMM 方法进行实证检验，得出现阶段我国区域基础研究投资比例和应用研究投资比例的提高能够显著促进经济高质量发展，区域试验发展投资比例的提高会抑制经济高质量发展；面板门槛回归模型的结果表明区域基础研究投资比例对经济高质量发展的作用过程中存在自身的门槛效应，当区域基础研究投资比例设置在 $[0.0918，0.0937]$ 区间时为最优区间，此时区域基础研究投资比例对经济高质量发展的作用最强、最显著；分维度作用的实证检验结果表明，区域基础研究投资比例的提高能够显著促进人民需要满足、经济运行良好和资源利用高效，区域应用研究投资比例的提高对人民需要满足、资源利用高效和生态环境美好具有显著的正向促进作用，区域试验发展投资比例的提高仅对经济良好运行具有明显的促进作用。

（3）通过探究区域研发投资集聚对经济高质量发展的作用机理，将区域研发投资集聚对经济高质量发展的作用路径总结为通过规模效应、协同效应和外溢效应三种途径分别提升技术创新和制度创新水平、提高创新效率以及促进知识溢出，以促进本区域和周边区域的经济高质量发展；作用关系的实证检验结果表明，区域研发投资集聚可以显著促进本区域经济高质量发展，同时创新人员积极性和区域融通创新程度能够正向调节区域研发投资集聚对经济高质量发展的促进作用；区域研发投资集聚和经济高质量发展具有显著的空间正相关性，空间杜宾模型的实证检验结果表明区域研发投资集聚对经济高质量发展具有空间外溢作用，能够有效促进周边区域的经济高质量发展。分维度作用的实证研究表明，周边区域的研发投资集聚对人民需要满足和经济运行良好的间接促进作用强于本区域研发投资集聚的直接促进作用，区域研发投资集聚对本区域资源利用高效和生态环境美好具有显著的促进作用，而对周边区域的资源利用高效和生态环境美好未呈现显著的正向溢出效应。

（4）通过对区域研发投资作用下经济高质量发展的实现构型研究，基于构型理论，本书认为在区域研发投资规模、区域研发投资结构、区域研发投资集聚、物质资本、劳动力、政府支持、交通基础设施和环境规制共同作用下能够实现区域经济高质量发展；通过利用模糊集定性比较分析方法实证发现，区域研发投资规模、区域研发投资结构、区域研发投资集聚、物质资本、劳动力、环境规制、交通基础设施和政府支持均不是区域经济高质量发展的必要条件；单个条件无法实现经济高质量发展，区域研发投资和区域其他资源共同作用下可以实现经济高质量发展，存在6条实现区域经济高质量发展的构型，按照研究类型将其分为"试验发展驱动型""应用研究驱动型""基础研究和应用研究双驱型"三类；同时发现在一定条件下，物质资本和交通基础设施之间可以相互替代。

（5）根据在多维视角下阐述区域研发投资对经济高质量发展的作用机理，本书分别从提高区域研发投资利用率、优化区域研发投资结构、加强区域研发投资集聚效应和促进研发投资与区域其他资源有效组合等多个角度提出促进区域经济高质量发展的对策与建议，包括提高区域研发投资规模、完善科技成果转化机制、根据机构类型合理设置研发投资结构、加强基础研究投资及管理、加强科技产业园的建设与管理、深入推进区域融通创新、加强环境规制以及根据区域资源禀赋确定经济发展质量的提升策略等。

8.2　本书存在的不足

本书从多维视角剖析区域研发投资对经济高质量发展的作用机理，对于深入实施创新驱动发展战略具有重要的借鉴意义，但是，本书也存在一定的不足之处，主要体现在：

（1）本书仅研究了基础研究、应用研究和试验发展在研发投资中的比例，即区域研发投资使用结构对经济高质量发展的作用机理，未对政府资金、企业资金和国外资金等区域研发投资来源结构对经济高质量发展的作用机理展开探究，未来将对此进行完善。

（2）根据新经济增长理论、新结构经济学理论和资源集聚理论等相关理论，本书对区域研发投资对经济高质量发展的作用路径进行理论分析，仅实证检验了区域知识资本的中介作用，未对区域创新效率、人才结构和原始创新能力的中介作用进行实证检验，未来的研究可选择这些指标进行科学测量，利用中介效应模型实证检验区域研发投资对经济高质量发展的作用路径。

（3）本书仅探究了区域研发投资的规模、结构、集聚对经济高质量发展的作用机理，而区域研发投资效益同样对经济高质量发展具有重要作用，未来将选取指标测量区域研发投资效益，实证分析投资效益对经济高质量发展的作用机理。

参 考 文 献

[1] 安淑新. 促进经济高质量发展的路径研究: 一个文献综述 [J]. 当代经济管理, 2018, 40 (9): 11 - 17.

[2] 白俊红, 蒋伏心. 协同创新、空间关联与区域创新绩效 [J]. 经济研究, 2015, 50 (7): 174 - 187.

[3] 毕朝辉. 创新要素集聚对全要素生产率增长的影响研究 [D]. 南京: 南京师范大学, 2018.

[4] 伯努瓦·里豪克斯, 查尔斯·C. 拉金. QCA 设计原理与应用: 超越定性与定量研究的新方法 [M]. 杜运周, 等译. 北京: 机械工业出版社, 2017.

[5] 蔡玉蓉. 创新要素集聚对中国制造业结构优化的影响研究 [D]. 兰州: 兰州大学, 2020.

[6] 曹威麟, 姚静静, 余玲玲, 刘志迎. 我国人才集聚与三次产业集聚关系研究 [J]. 科研管理, 2015, 36 (12): 172 - 179.

[7] 陈菲琼, 任森. 创新资源集聚的主导因素研究: 以浙江为例 [J]. 科研管理, 2011, 32 (1): 89 - 96.

[8] 陈劲, 刘海兵, 杨磊. 科技创新与经济高质量发展: 作用机理与路径重构 [J]. 广西财经学院学报, 2020, 33 (3): 28 - 42.

[9] 陈劲, 阳镇. 融通创新视角下关键核心技术的突破: 理论框架与实现路径 [J]. 社会科学, 2021 (5): 58 - 69.

[10] 陈侃翔, 谢洪明, 程宣梅, 王菁. 新兴市场技术获取型跨国并购的逆向学习机制 [J]. 科学学研究, 2018, 36 (6): 1048 - 1057.

[11] 陈鸣，邓荣荣. 农业 R&D 投入与农业全要素生产率——一个空间溢出视角的解释与证据 [J]. 江西财经大学学报，2020（2）：86-97.

[12] 陈强. 高级计量经济学及 stata 应用 [M]. 北京：高等教育出版社，2014.

[13] 陈诗一，陈登科. 雾霾污染、政府治理与经济高质量发展 [J]. 经济研究，2018，53（2）：20-34.

[14] 陈新光，吴轶兰，娄梦娇. R&D 规模与结构对经济增长的分析研究 [J]. 中国统计，2015（8）：57-59.

[15] 陈信伟，姚佐文. 安徽省 R&D 投入及其结构与经济增长关系的实证研究 [J]. 技术经济，2011，30（2）：16-22.

[16] 陈义华，董玉成. 东西部科技投入与经济增长关联关系比较 [J]. 重庆大学学报（自然科学版），2003（12）：84-87.

[17] 陈钰芬，黄娟，王洪刊. 不同类型研发活动如何影响 TFP？——基于 2000-2010 年我国省际面板数据的实证 [J]. 科学学研究，2013，31（10）：1512-1521.

[18] 陈真玲. 生态效率、城镇化与空间溢出——基于空间面板杜宾模型的研究 [J]. 管理评论，2016，28（11）：66-74.

[19] 程惠芳，陈超. 开放经济下知识资本与全要素生产率——国际经验与中国启示 [J]. 经济研究，2017（10）：23-38.

[20] 程惠芳，陆嘉俊. 知识资本对工业企业全要素生产率影响的实证分析 [J]. 经济研究，2014（5）：174-187.

[21] 池毛毛，赵晶，李延晖，王伟军. 企业平台双元性的实现构型研究：一项模糊集的定性比较分析 [J]. 南开管理评论，2017，20（3）：65-76.

[22] 崔浩琛. 呼包银榆经济区创新要素集聚及其产出效应研究 [D]. 包头：内蒙古科技大学，2020.

[23] 董金阳，刘铁忠，董平，鲁云蒙. 我国基础研究管理及科研合作模式的多层次对比研究 [J]. 科技进步与对策，2021，38（8）：1-8.

［24］董小君，石涛．驱动经济高质量发展的科技创新要素及时空差异——2009—2017年省级面板数据的空间计量分析［J］．科技进步与对策，2020，37（4）：52–61．

［25］董直庆，赵星．要素流动方向、空间集聚与经济增长异地效应检验［J］．东南大学学报（哲学社会科学版），2018，20（6）：57–67，147．

［26］杜立民．我国二氧化碳排放的影响因素：基于省级面板数据的研究［J］．南方经济，2010（11）：20–33．

［27］杜运周，贾良定．组态视角与定性比较分析（QCA）：管理学研究的一条新道路［J］．管理世界，2017（6）：155–167．

［28］杜运周，刘秋辰，程建青．什么样的营商环境生态产生城市高创业活跃度？——基于制度组态的分析［J］．管理世界，2020，36（9）：141–155．

［29］范庆泉，储成君，高佳宁．环境规制，产业结构升级对经济高质量发展的影响［J］．中国人口·资源与环境，2020（6）：84–94．

［30］冯海波，葛小南．R&D投入与经济增长质量——基于绿色全要素生产率的省际面板数据分析［J］．软科学，2020，34（4）：7–12．

［31］弗里曼，纳尔逊．技术进步与经济理论［M］．北京：经济科学出版社，1992．

［32］干春晖，郑若谷，余典范．中国产业结构变迁对经济增长和波动的影响［J］．经济研究，2011，46（5）：4–16，31．

［33］高培勇，袁富华，胡怀国，刘霞辉．高质量发展的动力、机制与治理［J］．经济研究，2020，55（4）：4–19．

［34］郭晨．地方债对区域经济发展质量的影响研究［D］．武汉：华中科技大学，2019．

［35］郭广珍，刘瑞国，黄宗晔．交通基础设施影响消费的经济增长模型［J］．经济研究，2019，54（3）：166–180．

［36］郭亚军．一种新的动态综合评价方法［J］．管理科学学报，

2002（2）：49－54.

［37］韩箫亦. 电商主播属性对消费者在线行为意向的作用机理研究［D］. 长春：吉林大学，2020.

［38］郝大江，张荣. 要素禀赋、集聚效应与经济增长动力转换［J］. 经济学家，2018（1）：41－49.

［39］何飞，蓝定香. R&D 强度、就业结构与经济增长［J］. 经济体制改革，2020（4）：72－77.

［40］何明志，王晓晖. 财务柔性、研发投入与企业全要素生产率［J］. 产经评论，2019，10（4）：81－94.

［41］何秋琴，郭美晨，汪同三. 品牌资本、R&D 资本和全要素生产率［J］. 科学学研究，2019，37（3）：462－469.

［42］胡长玉. R&D 投入、资源错配与全要素生产率［D］. 重庆：西南大学，2019.

［43］胡绪华，吕程扬，丁绪辉. 基础研究与应用研究对地区经济高质量发展的异质性作用——基于“中等收入陷阱风险”视角［J］. 科技进步与对策，2022，39（1）：60－68.

［44］华坚，胡金昕. 中国区域科技创新与经济高质量发展耦合关系评价［J］. 科技进步与对策，2019，36（8）：19－27.

［45］黄凯南，何青松，程臻宇. 演化增长理论：基于技术、制度与偏好的共同演化［J］. 东岳论丛，2014，35（2）：26－38.

［46］黄清煌，高明. 环境规制对经济增长的数量和质量效应——基于联立方程的检验［J］. 经济学家，2016（4）：53－62.

［47］黄荣贵，郑雯，桂勇. 多渠道强干预、框架与抗争结果——对40个拆迁抗争案例的模糊集定性比较分析［J］. 社会学研究，2015（5）：90－114.

［48］黄永明，姜泽林. 金融结构、产业集聚与经济高质量发展［J］. 科学学研究，2019，37（10）：1775－1785.

［49］简新华，聂长飞. 论从高速增长到高质量发展［J］. 社会科学

战线，2019（8）：86 – 95.

［50］江蕾，安慧霞，朱华. 中国科技投入对经济增长贡献率的实际测度：1953 – 2005［J］. 自然辩证法通讯，2007（5）：50 – 56，111.

［51］蒋殿春，王晓娆. 中国 R&D 结构对生产率影响的比较分析［J］. 南开经济研究，2015（2）：59 – 73.

［52］焦翠红，陈钰芬. R&D 资源配置、空间关联与区域全要素生产率提升［J］. 科学学研究，2018，36（1）：81 – 92.

［53］金碚. 关于"高质量发展"的经济学研究［J］. 中国工业经济，2018（4）：5 – 18.

［54］靖学青. R&D 投入类型结构与经济增长的灰色关联分析［J］. 东南大学学报（哲学社会科学版），2013，15（6）：26 – 29，134.

［55］赖一飞，覃冰洁，雷慧，李克阳. "中三角"区域省份创新要素集聚与经济增长的关系研究［J］. 科技进步与对策，2016，33（23）：32 – 39.

［56］蓝乐琴，黄让. 创新驱动经济高质量发展的机理与实现构型［J］. 科学管理研究，2019，37（6）：10 – 17.

［57］李柏洲，郭韬，孙冰. 管理学［M］. 哈尔滨：哈尔滨工程大学出版社，2012.

［58］李柏洲，张美丽. 数字化转型对区域经济高质量发展的作用机理——区域创新能力的调节作用［J］. 系统工程，2022，40（1）：57 – 68.

［59］李兵，王铮，李刚强，初钊鹏. 我国科技投入对经济增长贡献的实证研究［J］. 科学学研究，2009，27（2）：196 – 201.

［60］李光龙，范贤贤. 财政支出、科技创新与经济高质量发展——基于长江经济带 108 个城市的实证检验［J］. 上海经济研究，2019（10）：46 – 60.

［61］李梦欣，任保平. 新时代中国高质量发展的综合评价及其路径选择［J］. 财经科学，2019（5）：26 – 40.

［62］李平，付一夫，张艳芳．生产性服务业能成为中国经济高质量增长新动能吗［J］．中国工业经济，2017（12）：5－21．

［63］李伟．高质量发展的六大含义［J］．中国林业产业，2018（Z1）：50－51．

［64］李文涛，苏琳．制度创新理论研究述评［J］．经济纵横，2001（11）：61－63．

［65］李晓佼．"新常态"下我国R&D规模和结构对经济增长的影响分析［D］．北京：北京理工大学，2016．

［66］李亚杰．研发投资、技术并购与企业持续竞争力的实证研究［D］．沈阳：辽宁大学，2019．

［67］李彦，付文宇，王鹏．高铁服务供给对城市群经济高质量发展的影响——基于多重中介效应的检验［J］．经济与管理研究，2020，41（9）：62－77．

［68］李彦宏．以融通创新助力高质量发展［J］．上海企业，2021（3）：71．

［69］李玉虹，马勇．技术创新与制度创新互动关系的理论探源——马克思主义经济学与新制度经济学的比较［J］．经济科学，2001（1）：87－93．

［70］李元旭，曾铖．政府规模、技术创新与高质量发展——基于企业家精神的中介作用研究［J］．复旦学报：社会科学版，2019，61（3）：161－172．

［71］李兆亮，罗小锋，张俊飚，丘雯文．农业R&D投入、空间溢出与中国农业经济增长［J］．科研管理，2020（9）：268－277．

［72］廖诺，张紫君，李建清，赵亚莉．基于C－C－E链的人才集聚对经济增长的贡献测度［J］．人口与经济，2016（5）：74－83．

［73］林春，孙英杰．创新驱动与经济高质量发展的实证检验［J］．统计与决策，2020（4）：96－99．

［74］林毅夫．新结构经济学［M］．北京：北京大学出版社，2019．

［75］林兆木．关于我国经济高质量发展的几点认识［N］．人民日报，2018 – 01 – 17．

［76］蔺鹏，孟娜娜．环境约束下京津冀区域经济发展质量测度与动力解构——基于绿色全要素生产率视角．经济地理，2020，40（9）：36 – 45．

［77］刘波，胡宗义，龚志民．金融结构、研发投入与区域经济高质量发展［J］．云南社会科学，2021（3）：84 – 92，188．

［78］刘传明，刘一丁，马青山．环境规制与经济高质量发展的双向反馈效应研究［J］．经济与管理评论，2021，37（3）：111 – 122．

［79］刘和东，刘童．区域创新驱动与经济高质量发展耦合协调度研究［J］．科技进步与对策，2020，37（16）：64 – 71．

［80］刘林，郭莉，李建波，丁三青．高等教育和人才集聚投入对区域经济增长的共轭驱动研究——以江苏、浙江两省为例［J］．经济地理，2013，33（11）：15 – 20．

［81］刘树林，刘奥勇．空间溢出效应视角下 R&D 经费结构对全要素生产率的影响［J］．北京邮电大学学报（社会科学版），2018，20（4）：71 – 80．

［82］刘思明，张世瑾，朱惠东．国家创新驱动力测度及其经济高质量发展效应研究［J］．数量经济技术经济研究，2019，36（4）：4 – 24．

［83］柳卸林，何郁冰．基础研究是中国产业核心技术创新的源泉［J］．中国软科学，2011，（4）：104 – 117．

［84］柳卸林，杨博旭．多元化还是专业化？产业集聚对区域创新绩效的影响机制研究［J］．中国软科学，2020（9）：141 – 161．

［85］卢方元，靳丹丹．我国 R&D 投入对经济增长的影响——基于面板数据的实证分析［J］．中国工业经济，2011（3）：149 – 157．

［86］卢飞，刘梅，刘明辉．政策性诱导集聚、资源错配与经济增长——来自开发区企业的证据［J］．科学学研究，2021，39（7）：1188 – 1198．

［87］吕拉昌，黄茹，廖倩．创新地理学研究的几个理论问题［J］．

地理科学，2016，36（5）：653 – 661.

[88] 吕忠伟，李峻浩. R&D 空间溢出对区域经济增长的作用研究 [J]. 统计研究，2008（3）：27 – 34.

[89] 罗斌元，马梦. 创新投资对经济高质量发展的影响研究——基于产业结构升级的中介视角 [J]. 科技和产业，2021，21（4）：1 – 8.

[90] 马茹，罗晖，王宏伟，王铁成. 中国区域经济高质量发展评价指标体系及测度研究 [J]. 中国软科学，2019（7）：60 – 67.

[91] 马晓琨. 经济学研究主题与研究方法的演化——从古典经济增长理论到新经济增长理论 [J]. 西北大学学报（哲学社会科学版），2014，44（4）：51 – 57.

[92] 毛华. 要素集聚对中国绿色全要素生产率的影响研究 [D]. 武汉：华中师范大学，2018.

[93] 孟猛猛，雷家骕，焦捷. 专利质量、知识产权保护与经济高质量发展 [J]. 科研管理，2021，42（1）：135 – 145.

[94] 聂长飞，简新华. 中国高质量发展的测度及省际现状的分析比较 [J]. 数量经济技术经济研究，2020，37（2）：26 – 47.

[95] 欧进锋，许抄军，刘雨骐. 基于"五大发展理念"的经济高质量发展水平测度 [J]. 经济地理，2020，40（6）：77 – 86.

[96] 庞瑞芝，范玉，李扬. 中国科技创新支撑经济发展了吗？[J]. 数量经济技术经济研究，2014，31（10）：37 – 52.

[97] 裴凯栋. 技术引进与 R&D 对制造业全要素生产率的影响 [D]. 武汉：中南财经政法大学，2019.

[98] 彭娟. 基于构型理论的人力资源系统与组织绩效的关系研究 [D]. 广州：华南理工大学，2013.

[99] 彭伟斌，曹稳键. 人力资本集聚对区域高质量发展的影响及其异质性 [J]. 求索，2020（5）：180 – 189.

[100] 乔美华，石东领. 质量文化、经济高质量发展的测度与时空演进 [J]. 统计与决策. 2020（13）：10 – 14.

[101] 秦晓钰. 创新型人力资本驱动的中国经济增长模式转型研究 [D]. 济南：山东大学，2020.

[102] 任保平，李禹墨. 新时代背景下高质量发展新动能的培育 [J]. 黑龙江社会科学，2018，169 (4)：37 - 42.

[103] 任保平，文丰安. 新时代中国高质量发展的判断标准、决定因素与实现途径 [J]. 改革，2018 (4)：5 - 16.

[104] 单红梅，李芸. 1991 - 2003 年间中国科技投入经济效果的实证分析 [J]. 系统工程，2006 (9)：88 - 92.

[105] 上官绪明，葛斌华. 科技创新，环境规制与经济高质量发展——来自中国 278 个地级及以上城市的经验证据 [J]. 中国人口·资源与环境，2020 (6)：95 - 104.

[106] 邵帅，张可，豆建民. 经济集聚的节能减排效应：理论与中国经验 [J]. 管理世界，2019，35 (1)：36 - 60，226.

[107] 沈体雁，于翰辰. 空间计量经济学 [M]. 北京：北京大学出版社，2019.

[108] 师博，任保平. 中国省际经济高质量发展的测度与分析 [J]. 经济问题，2018 (4)：1 - 6.

[109] 宋华，卢强. 什么样的中小企业能够从供应链金融中获益？——基于网络和能力的视角 [J]. 管理世界，2017 (6)：104 - 121.

[110] 宋志贤. R&D 投入影响开发区全要素生产率的门槛效应研究 [D]. 上海：华东师范大学，2020.

[111] 苏屹，安晓丽，王心焕，雷家骕. 人力资本投入对区域创新绩效的影响研究——基于知识产权保护制度门限回归 [J]. 科学学研究，2017 (5)：134 - 144.

[112] 苏屹，李柏洲. 大型企业原始创新支持体系的系统动力学研究 [J]. 科学学研究，2010，28 (1)：141 - 150.

[113] 苏屹，李忠婷. 区域创新系统主体合作强度对创新绩效的影响研究 [J]. 管理工程学报，2021，35 (3)：64 - 76.

［114］苏屹，王洪彬，林周周．东三省现代化经济体系创新要素结构优化策略研究［J］．科技进步与对策，2019，36（1）：44－50.

［115］眭纪刚．创新发展经济学［M］．北京：科学出版社，2019.

［116］孙早，许薛璐．前沿技术差距与科学研究的创新效应——基础研究与应用研究谁扮演了更重要的角色［J］．中国工业经济，2017（3）：5－23.

［117］谭海波，范梓腾，杜运周．技术管理能力、注意力分配与地方政府网站建设——一项基于 TOE 框架的组态分析［J］．管理世界，2019，35（9）：81－94.

［118］唐开翼，欧阳娟，甄杰，任浩．区域创新生态系统如何驱动创新绩效？——基于 31 个省市的模糊集定性比较分析［J］．科学学与科学技术管理，2021，42（7）：53－72.

［119］唐晓彬，王亚男，唐孝文．中国省域经济高质量发展评价研究［J］．科研管理，2020，41（11）：44－55.

［120］藤田昌久，克鲁格曼，维纳布尔斯．空间经济学：城市、区域与国际贸易［M］．梁琦，主译．北京：中国人民大学出版社，2012.

［121］田地．中国企业国际双元路径的实现构型研究［D］．济南：山东大学，2019.

［122］田喜洲，郭新宇，杨光坤．要素集聚对高技术产业创新能力发展的影响研究［J］．科研管理，2021，42（9）：61－70.

［123］万莉丽，商宇楠．R&D 投资结构对我国经济增长的影响［J］．现代商业，2018（3）：64－65.

［124］王兵，刘光天．节能减排与中国绿色经济增长——基于全要素生产率的视角［J］．中国工业经济，2015（5）：57－69.

［125］王桂梅，赵喜仓，罗雨森．政府干预对中国经济高质量发展的影响研究——基于面板数据的空间计量模型［J］．统计与信息论坛，2020（5）：44－52.

［126］王如玉，王志高，梁琦，陈建隆．金融集聚与城市层级［J］.

经济研究, 2019, 54 (11): 165 – 179.

[127] 王韶华, 于维洋, 张伟. 我国能源结构对低碳经济的作用关系及作用机理探讨 [J]. 中国科技论坛, 2015 (1): 119 – 124.

[128] 王淑英, 寇晶晶, 卫朝蓉. 创新要素集聚对经济高质量发展的影响研究——空间视角下金融发展的调节作用 [J]. 科技管理研究, 2021, 41 (7): 23 – 30.

[129] 王伟龙, 纪建悦. 研发投入、风险投资对产业结构升级的影响研究——基于中国 2008—2017 年省级面板数据的中介效应分析 [J]. 宏观经济研究, 2019 (8): 71 – 80, 114.

[130] 王文, 孙早. 中国地区间研发资源错配测算与影响因素分析 [J]. 财贸经济, 2020, 41 (5): 67 – 83.

[131] 王晓娆, 李红阳. 不同执行部门 R&D 投入对全要素生产率的影响——基于中美比较的视角 [J]. 科学学研究, 2017, 35 (6): 853 – 862.

[132] 王秀婷, 赵玉林. 产业间 R&D 溢出、人力资本与制造业全要素生产率 [J]. 科学学研究, 2020, 38 (2): 227 – 238, 275.

[133] 王艳, 彭良玉. 创新驱动发展视角下的安徽省研发投入研究 [J]. 合肥学院学报 (综合版), 2021, 38 (3): 35 – 40.

[134] 王友春, 王益民, 李凤娟. 区位战略—CSR 战略协同实现企业绩效提升的构型研究 [J]. 贵州财经大学学报, 2021 (6): 77 – 86.

[135] 王智初. 中国人口集聚的经济增长效应研究 [D]. 长春: 吉林大学, 2018.

[136] 王周伟, 崔百胜, 张元庆. 空间计量经济学: 现代模型与方法 [M]. 北京: 北京大学出版社, 2017.

[137] 魏敏, 李书昊. 新时代中国经济高质量发展水平的测度研究 [J]. 数量经济技术经济研究, 2018, 35 (11): 3 – 20.

[138] 温忠麟, 叶宝娟. 中介效应分析: 方法和模型发展 [J]. 心理科学进展, 2014, 22 (5): 731 – 745.

［139］文春艳. R&D 资本化背景下制造业分行业全要素生产率再分析［J］. 当代经济科学，2019，41（6）：86 - 97.

［140］吴敏洁，程中华，徐常萍. R&D、FDI 和出口对制造业环境全要素生产率影响的实证分析［J］. 统计与决策，2018，34（14）：132 - 136.

［141］吴婷，易明. 人才的资源匹配、技术效率与经济高质量发展［J］. 科学学研究，2019，37（11）：1955 - 1963.

［142］吴延兵. 自主研发、技术引进与生产率——基于中国地区工业的实证研究［J］. 经济研究，2008（8）：51 - 64.

［143］夏建白. 基础研究是中国科学院发展的土壤和驱动力［J］. 中国科学院院刊，2018，33（4）：427 - 428.

［144］夏杰. 创新投入对经济高质量发展影响研究［D］. 蚌埠：安徽财经大学，2021.

［145］向国成，邝劲松，文泽宙. 研发投入提升经济发展质量的分工门槛效应研究——来自中国的经验证据［J］. 世界经济文汇，2018，（4）：84 - 100.

［146］谢会强，封海燕，马昱. 空间效应视角下高技术产业集聚、技术创新对经济高质量发展的影响研究［J］. 经济问题探索，2021（4）：123 - 132.

［147］谢泗薪，胡伟. 区域科技创新水平与经济发展质量协调性评价研究——基于京津冀经济圈科技及经济发展质量数据的实证分析［J］. 价格理论与实践，2020（4）：164 - 167，178.

［148］徐彬，吴茜. 人才集聚、创新驱动与经济增长［J］. 软科学，2019，33（1）：19 - 23.

［149］徐伟，汤筱晓，王新新. 传承还是创新? 老字号品牌双元性实现路径研究——一项模糊集的定性比较分析［J］. 经济管理，2020，42（8）：85 - 104.

［150］严成樑，龚六堂. R&D 规模、R&D 结构与经济增长［J］. 南

开经济研究，2013（2）：3－19.

[151] 严成樑，朱明亮．我国 R&D 投入对经济增长的影响及其传导机制分析 [J]．产业经济评论，2016（1）：20－29.

[152] 杨晨，周海林．创新要素向企业集聚的机理初探 [J]．科技进步与对策，2009，26（17）：89－91.

[153] 杨钧，苑小丰．中国 R&D 投入与经济增长质量问题实证研究 [J]．宏观质量研究，2014，2（2）：45－51.

[154] 杨立岩，潘慧峰．论基础研究影响经济增长的机制 [J]．经济评论，2003（2）：13－18.

[155] 杨鸣京．高铁开通对企业创新的影响研究 [D]．北京：北京交通大学，2019.

[156] 杨伟民．贯彻中央经济工作会议精神，推动高质量发展 [J]．宏观经济管理，2018（2）：13－17.

[157] 叶娟惠．环境规制与中国经济高质量发展的非线性关系检验 [J]．统计与决策，2021，37（7）：102－108.

[158] 叶祥松，刘敬．异质性研发、政府支持与中国科技创新困境 [J]．经济研究，2018，53（9）：116－132.

[159] 余奕杉，高兴民，卫平．生产性服务业集聚对城市群经济高质量发展的影响——以长江经济带三大城市群为例 [J]．城市问题，2020（7）：56－65.

[160] 余泳泽．创新要素集聚、政府支持与科技创新效率——基于省域数据的空间面板计量分析 [J]．经济评论，2011，（2）：93－101.

[161] 余泳泽，杨晓章，张少辉．中国经济由高速增长向高质量发展的时空转换特征研究 [J]．数量经济技术经济研究，2019，36（6）：3－21.

[162] 余泳泽，张莹莹，杨晓章．创新价值链视角的创新投入结构与全要素生产率分析 [J]．产经评论，2017，8（3）：31－46.

[163] 曾蔚．基于联合风险投资的创业智力资本对企业价值创造的作

用机理研究［D］. 长沙：中南大学，2012.

［164］战焰磊. 资源禀赋、空间集聚与植物油加工业全要素生产率变化研究［D］. 南京：南京农业大学，2014.

［165］张成，陆旸，郭路，于同申. 环境规制强度和生产技术进步［J］. 经济研究，2011，46（2）：113－124.

［166］张德茗，吴浩. 高校和科研机构的 R&D 对 TFP 的溢出效应研究［J］. 科学学研究，2016，34（4）：548－557.

［167］张景波. 科技创新对区域经济高质量发展的影响——基于中国城市的实证分析［J］. 山东科技大学学报（社会科学版），2020，22（4）：88－95.

［168］张利娜. 我国区域 R&D 资本与经济增长关系的研究［D］. 开封：河南大学，2019.

［169］张美丽，陈希敏. 金融杠杆、技术创新与经济高质量发展［J］. 统计与决策，2020，（11）：134－137.

［170］张美丽，李柏洲. 创新资金使用结构对创新产出的影响：基于中国区域工业企业的实证研究［J］. 科技进步与对策，2021，38（20）：37－46.

［171］张美丽，李柏洲. 中国人才集聚时空格局及影响因素研究［J］. 科技进步与对策，2018，35（22）：38－44.

［172］张荣权. 我国研发投入对经济发展作用研究［D］. 北京：中央财经大学，2015.

［173］张斯琴. 要素集聚、公共支出对城市经济效率的影响研究［D］. 北京：中央财经大学，2018.

［174］张斯琴，张璞. 创新要素集聚、公共支出对城市生产率的影响——基于京津冀蒙空间面板的实证研究［J］. 华东经济管理，2017，31（11）：65－70.

［175］张小筠. 基于增长视角的政府 R&D 投资选择——基础研究或是应用研究［J］. 科学学研究，2019，37（9）：1598－1608.

［176］张亚斌，曾铮．有关经济增长理论中技术进步及研发投资理论的述评［J］．经济评论，2005（6）：63－66．

［177］张一弛，张正堂．高绩效工作体系的生效条件［J］．南开管理评论，2004（5）：70－76．

［178］张优智．我国科技投入与经济增长的动态关系研究［J］．科研管理，2014，35（9）：58－68．

［179］赵建吉，曾刚．创新的空间测度：数据与指标［J］．经济地理，2009，29（8）：1250－1255．

［180］赵立雨，师萍．政府财政研发投入与经济增长的协整检验——基于1989－2007年的数据分析［J］．中国软科学，2010（2）：53－58，186．

［181］赵秋运，王勇．新结构经济学的理论溯源与进展——庆祝林毅夫教授回国从教30周年［J］．财经研究，2018，44（9）：4－40．

［182］赵志坚．我国科技投入对GDP拉动效应的实证分析［J］．经济数学，2008（1）：58－63．

［183］郑钦月，王铮，刘昌新，王利赞．研发投资对经济增长影响——基于异质性研发部门的动态CGE分析［J］．中国软科学，2018，335（11）：31－40．

［184］钟喆鸣．网购平台信息技术能力对消费者在线评价信息采纳意愿作用机理研究［D］．长春：吉林大学，2019．

［185］周璇，陶长琪．要素空间集聚、制度质量对全要素生产率的影响研究［J］．系统工程理论与实践，2019，39（4）：1051－1066．

［186］周忠宝，邓莉，肖和录，吴士健，Liu Wenbin．外商直接投资对中国经济高质量发展的影响——基于Index DEA和面板分位回归的分析［J］．中国管理科学，2020（10）：1－12．

［187］朱春奎．财政科技投入与经济增长的动态均衡关系研究［J］．科学学与科学技术管理，2004（3）：29－33．

［188］朱佳，张萌物，王津津．国家级中心城市经济高质量发展水平

测度与分析 [J]. 生产力研究, 2019 (12): 6-11.

[189] 朱平芳. 全社会科技经费投入与经济增长的关联研究 [J]. 数量经济技术经济研究, 1999 (3): 3-5.

[190] 朱喜安, 张秀, 李浩. 中国高新技术产业集聚与城镇化发展 [J]. 数量经济技术经济研究, 2021, 38 (3): 84-102.

[191] 朱亚丽, 郭长伟. 基于计划行为理论的员工内部创业驱动组态研究 [J]. 管理学报, 2020, 17 (11): 1661-1667.

[192] 邹婷, 周作昂, 韩爱华, 任冬梅. R&D 资本化估算及经济增长效应分析 [J]. 统计与决策, 2020, 36 (13): 134-137.

[193] Aghion P, Caroli E, Garcia-Penalosa C. Inequality and economic growth: The perspective of the new growth theories [J]. Journal of Economic Literature, 1999, 37 (4): 1615-1660.

[194] Aghion P, Howitt P. A model of growth through creative destruction [J]. Econometrica, 1992 (60): 23-51.

[195] Ailun X, Senmao X, Zhen P Y, Cao D M, Jing Y G, Li H Y. Can innovation really bring economic growth? The role of social filter in China [J]. Structural Change and Economic Dynamics, 2020 (53): 50-61.

[196] Andrew B, Jonathan D, Ostry J Z. What makes growth sustained? [J]. Journal of Development Economics, 2012, 98 (2): 149-166.

[197] Anselin L, Gallo J L, Jayet H. Spatial Panel Econometrics [M]. Berlin: Springer, 2008.

[198] Anselin L. Lagrange multiplier test diagnostics for spatial dependence and spatial heterogeneity [J]. Geographical Analysis, 1988, 20 (1): 1-17.

[199] Baneliene R, Melnikas B. Economic growth and investment in R&D: Contemporary Challenges for the European Union [J]. Contemporary Economics, 2020, 14 (1): 38-57.

[200] Barro R J. Economic growth in a cross section of countries [J].

NBER Working Paper, 1989: 3120.

［201］Barro R J. Economic growth in a cross section of countries ［J］. The Quarterly Journal of Economics, 1991 (106): 407 - 433.

［202］Barro R J. Quality and quantity of economic growth ［R］. Central Bank of Chile, 2002: 3 - 5.

［203］Barro R, Lee J W. A new data set of educational attainment in the world, 1950 - 2010 ［J］. NBER Working Paper, 2010 (4): 15902.

［204］Baumol W J, Batey B, Sue A. Wolff E J. Productivity and Amarican Leadership: The Long View ［M］. Cambridge: MIT Press, 1989.

［205］Beaudreau B C, Lightfoot H D. The physical limits to economic growth by R&D funded innovation ［J］. Energy, 2015, 84 (5): 45 - 52.

［206］Bell R G, Filatotchev I, Aguilera R V. Corporate governance and investors' perceptions of foreign IPO value: An institutional perspective ［J］. The Academy of Management Journal, 2014, 57 (1): 301 - 320.

［207］Benhabib J, Spiegel M M. The role of human capital in economic development evidence from aggregate cross-country data ［J］. Journal of Monetary Economics, 1994, 34 (2): 143 - 173.

［208］Bera A, Yoon M. Simple diagnostic tests for spatial dependence ［R］. Working Paper, Champaign, 1992.

［209］Berg-Schlosser D, Meur G D, Rihoux B, Ragin C C. Configurational Comparative Methods: Qualitative Comparative Analysis (QCA) and Related Techniques ［M］. Chicago: University of Chicago Press, 2009.

［210］Bontis N. Intellectual capital: An exploratory study that develops measures and models ［J］. Management Decision, 1998, 36 (2): 63 - 76.

［211］Burridge P. On the cliff-ord test for spatial correlation ［J］. Journal of the Royal Statistical Society, 1980, 42 (1): 107 - 108.

［212］Camagni R, Capello R, Caragliu A. Static vs. dynamic agglomeration economics: Spatial context and structural evolution behind urban growth

［J］. Paper in Regional Science, 2016, 95 (1): 133 – 158.

［213］Campbell J T, Sirmon D G, Schijven M. Fuzzy logic and the market: A configurational approach to investor perceptions of acquisition announcements ［J］. Academy of Management Journal, 2016, 59 (1): 163 – 187.

［214］Chang C L, Oxley L. Industrial agglomeration, geographic innovation and total factor productivity: The case of Taiwan ［J］. Mathematics and Computers in Simulation, 2008, 79 (9): 2787 – 2796.

［215］Charles W C, Paul H D. A theory of production ［J］. American Economic Review, 1928, 18 (1): 61 – 94.

［216］Coe D S, Helpman E. International R&D spillovers ［J］. European Economic Review, 1995, 39 (5): 859 – 887.

［217］Cohen W M, Levinthal D A. Innovation and learning: The two faces of R&D ［J］. Economic Journal, 1989, 397 (99): 569 – 596.

［218］Cooke P. Regional innovation systems: Competitive regulation in the new Europe ［J］. Geoforum, 1992, 23 (3): 365 – 382.

［219］Corbo V K, Ossa F. Export Oriented Development Strategies: The Success of Five Newly Industrializing Countries ［M］. Westview Press, 1985.

［220］Corrado C A, Hulten C R, Sichel D E. Intangible capital and economic growth ［J］. NBER Working Papers, 2006.

［221］Crespi G, Zuniga P. Innovation and productivity: Evidence from six Latin American countries ［J］. World Development, 2012, 40 (2): 273 – 290.

［222］David H W, Tiffany H Y, Hong Q L. Heterogeneous effect of high-tech industrial R&D spending on economic growth ［J］. Journal of Business Research, 2013, 66 (10): 1990 – 1993.

［223］Deepika C. Economic growth and R&D expenditures in selected OECD countries: Is there any convergence? ［J］. African Journal of Science, Technology, Innovation and Development, 2020, 12 (1): 13 – 25.

[224] Duch-Brown N, Panizza D A, Rohman I K. Innovation and productivity in a science-and-technology intensive sector: Information industries in Spain [J]. Science and Public Policy, 2018, 45 (2): 175 - 190.

[225] Du L, Wei C, Cai S. Economic development and carbon dioxide emissions in China: Provincial panel data analysis [J]. China Economic Review, 2012, 23 (2): 371 - 384.

[226] Eaton J. International Technology Diffusion [M]. Mimeo: Boston University. 1993.

[227] Esubalew A T, Evelyn W, Bruno S S. Does productivity in Africa benefit from advanced countries' R&D? [J]. Technology Analysis & Strategic Management, 2017, 29 (7): 804 - 816.

[228] Fan C C, Scott A J. Industrial agglomeration and development: A survey of spatial economic issues in east Asia and a statistical analysis of Chinese regions [J]. Economic Geography, 2003, 79 (3): 295 - 319.

[229] Feldman M P. The Geography of Innovation [M]. Netherland: Springer, 1994.

[230] Fiss P C. A set-theoretic approach to organizational configurations [J]. The Academy of Management Review, 2007, 32 (4): 1180 - 1198.

[231] Fiss P C. Building better causal theories: A fuzzy set approach to typologies in organization research [J]. Academy of Management Journal, 2011, 54 (2): 393 - 420.

[232] Fritsch M, Franke G. Innovation, regional knowledge spillovers and R&D cooperation [J]. Research Policy, 2004, 33 (2): 245 - 255.

[233] Galbraith J K. The New Industrial State [M]. Harmondsworth: Penguin Books Ltd, 1969.

[234] Garate S, Pennington C. Measuring the impact of agglomeration on productivity: Evidence from Chilean retailers [J]. Urban Studies, 2014, 51 (8): 1653 - 1671.

［235］Griliches Z, Lichtenberg F. Inter-industry technology flows and productivity growth: A reexamination ［J］. Review of Economics Studies, 1984 (86): 324 – 329.

［236］Griliches Z. Market value, R&D and patents ［J］. Economics Letters, 1981, 7 (2): 183 – 187.

［237］Griliches Z. Productivity, R&D and basic research at the firm level in the 1970s ［J］. American Economic Review, 1986, 76 (6): 141 – 154.

［238］Griliches Z. R&D and Productivity: The Econometric Evidence ［M］. Chicago: University of Chicago Press, 1998.

［239］Griliches Z. R&D and the productivity slowdown ［J］. The American Economic Review, 1980, 70 (2): 343 – 348.

［240］Grossman G, Helpman E. Comparative advantage and long-run growth ［J］. American Economic Review, 1990 (80): 796 – 815.

［241］Grossman G, Helpman E. Quality ladders in the theory of growth ［J］. Review of Economic Studies, 1991 (58): 43 – 61.

［242］Guellec D, Pottelsberghe B. R&D and productivity growth: Panel data analysis of 16 OECD countries ［J］. OECD STI Working Paper, 2001: 103 – 126.

［243］Guellec D, Pottelsberghe V B, Potterie D L. From R&D to productivity growth: Do the institutional settings and the sources of funds of R&D matter ［J］. Oxford Bulletin of Economics & Statistics, 2004, 65 (3): 353 – 378.

［244］Gumus E, Celikay F. R&D expenditure and economic growth: New empirical evidence ［J］. Social Science Electronic Publishing, 2015, 9 (3): 205 – 217.

［245］Gu W T, Wang J Y, Hua X Y, Liu Z D. Entrepreneurship and high-quality economic development: Based on the triple bottom line of sustainable development ［J］. International Entrepreneurship and Management Journal, 2020 (12): 1 – 27.

[246] Hansen B E. Threshold effects in non-dynamic panels: Estimation, testing, and inference [J]. Journal of Econometrics, 1999, 93 (2): 345 – 368.

[247] Harald B. Cyclical expenditure policy, output volatility and economic growth [J]. Applied Economics, 2012, 44 (7): 835 – 851.

[248] Hashiguchi Y, Tanaka K. Agglomeration and firm-level productivity: A Bayesian spatial approach [J]. Papers in Regional Science, 2015, 94 (S1): S95 – S114.

[249] Higon D A, Antolin M M, Manez J A. Multinationals, R&D, and productivity: Evidence for UK manufacturing firms [J]. Industrial and Corporate Change, 2011, 20 (2): 641 – 659.

[250] Holmstrom B. Agency costs and innovation [J]. Journal of Economic Behavior & Organization, 1989, 12 (3): 305 – 327.

[251] Hong J, Feng B, Wu Y R, Wang L B. Do government grants promote innovation efficiency in China's high-tech industries? [J]. Technovation, 2016 (58): 4 – 13.

[252] Hsu P H, Xuan T, Yan X. Financial development and innovation: Cross-country evidence [J]. Journal of Financial Economics, 2014, 112 (1): 116 – 135.

[253] Huang Q J, Marshall S, Miao J J. Effect of government subsidization on Chinese industrial firms' technological innovation efficiency: A stochastic frontier analysis [J]. Journal of Business Economics & Management, 2016, 17 (2): 187 – 200.

[254] Ibukun J O, Opeyemi E A, Oluwafemi O A, Luke O A. The role of research and development (R&D) expenditure and governance on economic growth in selected African countries [J]. African Journal of Science, Technology, Innovation and Development, 2020 (1): 1 – 8.

[255] Jae-pyo H. Causal relationship between ICT R&D investment and economic growth in Korea [J]. Technological Forecasting & Social Change, 2017 (116): 70 - 75.

[256] Johannes B, Artem K, Carsten S. Assessing spatial equity and efficiency impacts of transport infrastructure projects [J]. Transportation Research Part B: Methodological, 2009, 44 (7): 795 - 811.

[257] John N I. The contribution of R&D expenditure to economic growth in developing economies [J]. Social Indicators Research, 2015, 124 (3): 727 - 745.

[258] Jones C I. R&D-based models of economic growth [J]. Journal of Political Economy, 1995, 103 (4): 759 - 784.

[259] Ju J D, Lin J Y, Wang Y. Endowment structures, industrial dynamics, and economic growth [J]. Journal of Monetary Economics, 2015 (76): 244 - 263.

[260] Katz D, Kahn R L. The Social Psychology of Organizations [M]. New York: Wiley, 1978.

[261] Keller W. Trade and the transmission of technology [J]. Journal of Economic Growth, 2002, 7 (1): 5 - 24.

[262] Khedhaouria A, Thurik R. Configurational conditions of national innovation capability: A fuzzy set analysis approach [J]. Technological Forecasting & Social Change, 2017 (120): 48 - 58.

[263] Kijek A, Kijek T. Nonlinear effects of human capital and R&D on TFP: Evidence from European regions [J]. Sustainability, 2020, 12 (5): 1808.

[264] Krueger A O. Foreign Trade Regimes and Economic Development [M]. Cambridge, 1978.

[265] Krugman P. Increasing returns and economic geography [J]. Journal of Political Economy, 1991, 99 (3): 483 - 499.

［266］ Kuznets P W. An east Asian model of economic development: Japan, Taiwan, and South Korea ［J］. Economic Development and Cultural Change, 1988 (36): S31 – S43.

［267］ Landau D. Government expenditure and economic growth: A cross-country study ［J］. Southern Economic Journal, 1983 (49): 783 – 792.

［268］ Lee D. Role of R&D in the productivity growth of Korean industries: Technology gap and business cycle ［J］. Journal of Asian Economics, 2016 (45): 31 – 45.

［269］ Lesage J, Pace R. Introduction to Spatial Econometrics ［M］. Boca Raton: CRC Press Taylor & Francis Group, 2009.

［270］ Levon B, Riccardo D. Entry costs, industry structure, and cross-country income and TFP differences ［J］. Journal of Economic Theory, 2011, 146 (5): 1828 – 1851.

［271］ Lichtenberg F R. R&D investment and international productivity difference ［R］. NBER Working Paper, 1992.

［272］ Lin J Y, Sun X F, Jiang Y. Endowment, industrial structure, and appropriate financial structure: A new structural economics perspective ［J］. Journal of Economic Policy Reform, 2013, 16 (2): 1 – 14.

［273］ Li R R, Jiang R. Investigating effect of R&D investment on decoupling environmental pressure from economic growth in the global top six carbon dioxide emitters ［J］. Science of the Total Environment, 2020 (740): 140053.

［274］ Lucas R E. On the mechanics of economic development ［J］. Journal of Monetary Economics, 1988, 22 (1): 3 – 42.

［275］ MacKinnon D P, Warsi G, Dwyer J H. A simulation study of mediated effect measures ［J］. Multivariate Behavioral Research, 1995 (30): 41 – 62.

［276］ Manuelli R, Seshadri A. Human capital and the wealth of nations

[J]. American Economic Review, 2014, 104 (9): 2736 – 2762.

[277] Marshall A. Principles of Economics [M]. Britain: Prometheus Books, 1890.

[278] Marshall A. Principles of Economics [M]. New York: Macmillan, 1920.

[279] Martinez M, Mlachila M. The Quality of the Recent High-growth Episode in Sub-Saharan Africa [M]. Imf Working Papers, 2013.

[280] Metcalfe J S, Foster J. Evolutionary growth theory [J]. Discussion Papers, 2009 (3): 64 – 94.

[281] Meyer A D, Tsui A S, Hinings C R. Configurational approaches to organizational analysis [J]. The Academy of Management Journal, 1993, 36 (6): 1175 – 1195.

[282] Miller D, Friesen P H. Archetypes of strategy formulation [J]. Management Science, 1978, 24 (9): 921 – 933.

[283] Mlachila M, Tapsoba R, Tapsoba S J A. A quality of growth index for developing countries: A proposal [J]. Social Indicators Research, 2017 (134): 675 – 710.

[284] Moran P. Notes on continuous stochastic phenomena [J]. Biometrika, 1950 (37): 17 – 23.

[285] Nastaran N, Mohammad R K, Mohammad G. Impact of industrial agglomeration on productivity: Evidence from Iran's food industry [J]. Chinese Geographical Science, 2020, 30 (2): 309 – 323.

[286] Ngai R, Pissarides C A. Structural change in a multisector model of growth [J]. American Economic Review, 2007, 97 (1): 429 – 443.

[287] Northover P. Evolutionary growth theory and forms of realism [J]. Cambridge Journal of Economics, 1999 (23): 33 – 63.

[288] Okubo B T. Heterogeneous firms, agglomeration and economic geography: Spatial selection and sorting [J]. Journal of Economic Geography,

2006，6（3）：323 - 346.

［289］Proksch D，Haberstroh M M，Pinkwart A. Increasing the national innovative capacity：Identifying the pathways to success using a comparative method ［J］. Technological Forecasting & Social Change，2017（116）：256 - 270.

［290］Raffaello B，Paolo P. Determinants of long-run regional productivity with geographical spillovers：The role of R&D，human capital and public infrastructure ［J］. Regional Science and Urban Economics，2009，39（2）：187 - 199.

［291］Ragin C C. Fuzzy-set Social Science ［M］. Chicago：University of Chicago Press，2000.

［292］Ragin C C. Redesigning Social Inquiry：Fuzzy Sets and Beyond ［M］. Chicago：University of Chicago Press，2008.

［293］Ragin C C. The Comparative Method：Moving beyond Qualitative and Quantitative Strategies ［M］. Berkeley：University of California Press，2014.

［294］Ragin C C. The comparative method：Moving beyond qualitative and quantitative strategies ［M］. Berkeley：University of California Press，1987.

［295］Ramachandran R，Reddy K，Sasidharan S. Agglomeration andproductivity：Evidence from Indian manufacturing ［J］. Studies in Microeconomics，2020，8（1）：75 - 94.

［296］Reinsdorf M，Cover M. Measurement of Capital Stocks，Consumption of Fixed Capital，and Capital Services ［M］. Santo Domingo：Report on a Presentation to the Central American Ad Hoc Group on National Accounts，2005.

［297］Risso W A，Sanchez E J. On the impact of innovation and inequality in economic growth ［J］. Economics of Innovation and New Technology，

2019, 28 (2): 64 – 81.

[298] Romer P M. Endogenous technological Change [J]. Journal of Political Economy, 1990, 98 (5): 71 – 102.

[299] Romer P M. Human capital and growth: Theory and evidence [J]. Social Science Electronic Publishing, 2004, 32 (1): 251 – 286.

[300] Romer P M. Increasing returns and long-run growth [J]. Journal of Political Economy, 1986, 94 (5): 1002 – 1037.

[301] Scitovsky T. Two concepts of external economies [J]. Journal of Political Economy, 1954, 62 (2): 143 – 151.

[302] Shaw S L, Fang Z X, Lu S W, Tao R. Impacts of high-speed rail on railroad network accessibility in China [J]. Journal of Transport Geography, 2014 (40): 112 – 122.

[303] Sliker B. R&D satellite account methodologies: R&D capital stocks and net rates of return [R]. R&D satellite account background paper, Bureau of Economic Analysis/National Science Foundation, 2007.

[304] Sokolov-Mladenovi S, Cvetanovi S, Mladenovi I. R&D expenditure and economic growth: EU28 evidence for the period 2002 – 2012 [J]. Ekonomska Istraivanja, 2016, 29 (1): 1005 – 1020.

[305] Sun X H, Wang Y, Li M S. The influences of different R&D types on productivity growth in OECD countries [J]. Technology Analysis & Strategic Management, 2016, 28 (6): 651 – 663.

[306] Tang P, Yang S, Yang S. How to design corporate governance structures to enhance corporate social responsibility in China's mining state-owned enterprises? [J]. Resources Policy, 2020 (66): 101619.

[307] Tobler W. A computer movie simulating urban growth in the Detroit region [J]. Economic Geography, 1970 (46): 234 – 240.

[308] Tsamadias C, Pegkas P, Mamatzakis E. Does R&D, human capital and FDI matter for TFP in OECD countries? [J]. Economics of Innovation

& New Technology, 2019, 28 (4): 386 – 406.

[309] Wei W, Zhang W L, Jun W, Wang J S. TFP growth in Chinese cities: The role of factor-intensity and industrial agglomeration [J]. Economic Modelling, 2020 (91): 534 – 549.

[310] Yuan H X, Feng Y D, Lee C C, Yan C. How does manufacturing agglomeration affect green economic efficiency? [J]. Energy Economics, 2020: 92.

[311] Zachariadis M. R&D-induced growth in the OECD [J]. Review of Development Economics, 2004, 8 (3): 423 – 439.

[312] Zhang M L, Li B Z. How do R&D inputs affect green economic development? Evidence from China [J]. Technology Analysis & Strategic Management. 2021 (1): 1 – 16.

[313] Zhang M L, Li B Z. How to design regional characteristics to improve green economic efficiency: A fuzzy-set qualitative comparative analysis approach [J]. Environmental Science and Pollution Research, 2021, 29 (4): 6125 – 6139.

[314] Zhang M L, Li B Z, Yin S. Configurational paths to regional innovation performance: The interplay of innovation elements based on a fuzzy-set qualitative comparative analysis approach [J]. Technology Analysis & Strategic Management, 2020, 32 (12): 1422 – 1435.

[315] Zhuo C, Deng F. How does China's western development strategy affect regional green economic efficiency? [J]. Science of the Total Environment, 2020 (707): 135939.